하나님을 웃게 하는 깡통교회

하나님을 웃게 하는 깡통교회

지은이 박용규
펴낸이 안용백
펴낸곳 (주)넥서스

초판 1쇄 인쇄 2011년 2월 25일
초판 1쇄 발행 2011년 3월 5일

출판신고 1992년 4월 3일 제311-2002-2호
121-840 서울시 마포구 서교동 394-2
Tel (02)330-5500 Fax (02)330-5555

ISBN 978-89-5797-479-7 03230

www.nexusbook.com
넥서스CROSS는 (주)넥서스의 기독 브랜드입니다.

선교가 행복한
전주 안디옥교회 이야기

하나님을 웃게하는

깡통교회

박용규 지음

넥서스CROSS

선교의 또 다른
열매를 기대합니다

    전주 안디옥교회는 "오직 성령이 너희에게 임하시면 너희가 권능을 받고 예루살렘과 온 유대와 사마리아와 땅끝까지 이르러 내 증인이 되리라 하시니라"(행 1:8)를 표어 성구로 삼고 교회 개척 때부터 지금까지 29년째 선교 사역을 진행해왔습니다. 이 표어 성구는 담임목회자가 바뀐 지금까지도 여전히 바뀌지 않았습니다. 선교는 성령님께서 주관하시고 이끌어 가십니다. 그렇기 때문에 수리아 안디옥교회가 금식하며 기도할 때 성령님께서 바울과 바나바를 선교사로 파송할 것을 교회에 명령하셨고 교회는 그 명령에 순종하였습니다(행 13:1~4). 드디어 개척교회였던 수리아 안디옥교회가 세계 선교를 위해 선교사들을 파송하기 시작한 것입니다. 전주 안디옥교회도 수리아 안디옥교회처럼 주님의 명령에 순종하여 교회를 개척하자마자 선교를 시작하였습니다. 그래서 전주 안디옥교회와 바울선교회는 현재 92개국에 400여 명의 선교사를 파송하여 섬기고 있으며, 이제는 파송받은 선교사의 자녀들이 선교사로 파송되는 제2세대 선교사 시대가 열리고 있습니다. 2005년부터는 부족한 제가 하나님의 인도하심으로 교회의 부름을 받아 선교사 입장에서 선교사를 섬기는 입장으로 바뀌어 안디옥교회에서 선교를 배워가면서 사역하고 있습니다. 전주 안디옥교회의 장로님들과 성도님들은 마치 선교를 위해 태어나신 것 같습니다. 안디옥 성도님들은 선교를 위해 각종 사역을 즐겁고 기쁜 마음으로 감당하고 계시는데, 저는 그 사역의 현장에서 성도님들을 바라볼 때마다 눈시울이 뜨거워집니다.

《하나님을 웃게 하는 깡통교회》의 저자이신 박용규 집사님은 직장을 따라 여러 지역으로 이사 다니면서 다양한 교회에서 신앙생활 하신 분으로, 지금은 안디옥교회에 정착하여 기쁘고 즐거운 마음으로 행복하게 신앙생활 하고 계십니다. 특히, 독수리 제자훈련을 받은 후 '선교하는 전주 안디옥교회'와 '안디옥신앙'에 대하여 더 많은 분과 나누기 원하여 안디옥교회의 특징과 안디옥교회의 각종 사역에 대한 이야기들을 책으로 내놓으시게 되었습니다. 〈사도행전〉에 흐르는 선교의 영이신 성령님께서 이 책을 읽으시는 모든 분과 한국교회 위에 함께 하시길 기도드립니다.

전주 안디옥교회 박진구 담임목사

불편해도 좋은
전주 안디옥교회의 숨겨진 이야기

나는 참 많은 교회를 다녔다. 그동안 내가 다닌 교회를 손으로 꼽으라면 열 손가락 안에 넣기도 힘들 것이다. 교회 선택을 위해 탐방한 교회까지 합치면 30여 개는 족히 될 것이다. 교단도 기장, 예장 통합, 합동, 감리, 성결 등 다양하고, 교회 크기도 대형, 중형, 소형 가리지 않았다. 내가 이렇게 많은 교회를 다니게 된 것은 직장 때문이었다. 직장 따라 전국을 돌아다니다 보니 그렇게 된 것이다. 직장과 가까운 곳에 교회도 정하고 집도 구해야 신앙생활 하는 데 지장이 없기 때문에 이사를 많이 하게 되었고, 그러다 보니 많은 교회를 다니게 됐다. 그런데 7년 전 쯤 전주에 정착하면서 전주 안디옥교회를 만나게 되었다. 안디옥교회는 몇 개의 교회를 탐방한 끝에 최종적으로 선택한 곳이었다.

그렇게 안디옥교회에서 신앙생활 하다가 한국교회의 부흥이 정체되고 교회가 세상 사람들로부터 손가락질 받는 상황이 안타까워 좀 특이한 교회,

'전주 안디옥교회'를 소개하고자 펜을 들었다. 물론 안디옥교회가 완벽한 교회는 아니다. 하지만 부흥에 목말라하는 한국교회에 대안이 될 수 있지 않을까 하는 마음에서 시작했다. 안디옥교회는 선교를 많이, 그리고 잘하는 교회로 유명하다. 그래서 많은 교회에서 안디옥교회를 배우러 탐방 온다. 그러나 안디옥교회는 일회성 탐방을 통해서는 알 수 없는 숨겨진 이야기가 많다. 그 숨겨진 이야기들을 이 책에 담았다.

내가 《하나님을 웃게 하는 깡통교회》를 쓰느라 고증 작업을 하던 중, 성도들이 선교를 위해 많은 주의 일을 감당하고 있는 것을 보았다. 그 순간 '난 그동안 뭐하고 있었나?' 하는 마음이 들었다. 이 글을 쓰면서도 순간순간 그리고 지속적으로 느껴지는 것이 있다. 찬송가 중에 '내 하는 일들이 하도 적어'라는 한 구절이다. 정말 놀고먹는 사람은 나 같은 사람을 말한다. 교회에서도 하는 일이 변변치 못하고, 직장에서도 직장선교사로서의 사명을 잘 감당하지 못하고 있다. 그러나 전주 안디옥교회의 이동휘 원로목사는 선교사 파송식 때 이렇게 말했다. "선교사가 파송될 때는 부족한 그 사람만 가는 것이 아닙니다. 성령님께서 그를 끌고 가고 계심을 경험하게 될 것입니다." 나는 이 말씀에 용기를 얻어 이 책의 집필을 결심하게 되었다. 쓰는 중에도 몇 번을 망설이며 갈팡질팡했다. 개인적으로 어려운 시기였고 내 믿음도 너무나 약했기 때문이다. 그렇게 부족한 나였지만 해야 할 일이라 생각했기에 성령님을 의지하고 집필을 결심하였다.

나는 이 글을 쓰면서 그동안의 신앙생활을 되돌아보는 시간을 가졌다. 도저히 쓸 자격이 없었다. 나는 이처럼 귀한 사역에 관한 글을 쓸 자격이 없는 사람이었다. 나의 신앙은 그동안 세상과 주님 품 사이를 들락날락한 양다리 신앙이었다. 그렇게 행함이 없는 너무도 부족한 사람이었다.

　나는 《하나님을 웃게 하는 깡통교회》를 쓰면서 응답받지 못한 나의 기도 제목이 있는지를 살펴보았는데, 두 가지가 있었다. 사회성 부족과 내 안에 남아 있는 죄성이었다. 나에게 그것들은 사도 바울이 가졌던 육체의 가시와 같았다. 그래서 나는 그것들에 대해 감사하기로 했다. 그리고 그것들은 교만한 내가 더 이상 교만해지지 않도록 제어해줬다. 오히려 주님께서 주신 축복 덩어리였다. 그러고 보니 나는 이미 응답을 다 받은 사람이 된 셈이다. 하나님은 무응답으로 응답해주실 때도 있기 때문이다. 하나님은 나를 괴롭히는 그것을 "하나님의 은혜"라고 말씀하신다. 그래서 그냥 "아멘" 하기로 했다.

> 나에게 이르시기를 내 은혜가 네게 족하도다 이는 내 능력이 약한 데서
> 온전하여짐이라 하신지라 그러므로 도리어 크게 기뻐함으로 나의 여러
> 약한 것들에 대하여 자랑하리니 이는 그리스도의 능력이 내게 머물게
> 하려 함이라(고후 12:9).

　이동휘 목사가 자주 하는 말이 있다. "내가 하나님이라면 나는 이동휘를 중도에 포기시켰을 것입니다." 나는 그 말이 생각나서 아내에게 "내가 하나님이라면 박용규에게 벼락을 쳤을 거다. 벼락을 쳐도 열두 번도 더 쳤을 거

다"라고 하자 나를 잘 아는 아내는 내 말이 맞다는 듯 손뼉을 쳐가며 웃어댔다. 나는 하나님 보시기에도, 사람 보기에도 불의한 자이다.

나는 이 땅에 제2, 제3의 안디옥교회가 탄생하기를 소망한다. 그렇다면 안디옥교회는 완벽한 교회인가? 아니다. 완벽하지 않다. 이 땅에 완벽하게 주님의 뜻을 이루어나가고 있는 교회는 한 군데도 없다. 오직 예수님만이 완전하신 분이다. 그러나 나는 안디옥교회가 성장을 멈춘 한국교회를 재도약할 수 있게 해주는 처방전 역할을 할 거라는 믿음을 가지고 있다.

나는 안디옥교회에서 제자훈련을 받는 동안 이동휘 목사와 박진구 목사에 대한 내용을 교재에 적을 때가 있었는데 그때마다 한 번도 이 목사, 박 목사 등으로 존칭을 생략해본 일이 없었다. 그런 내가 책을 쓰면서 두 분 목사님의 존칭을 생략하려니 마음이 너무 힘들었다. 하지만 각계각층의 독자 입장을 고려해서 존칭이 생략되었고 그래서 너무 죄송스럽다.

이 책이 나오기까지 사랑이 듬뿍 담긴 코멘트로 완성도를 높여주신 이동휘 원로목사님, 박진구 담임목사님께 감사드린다. 그리고 우리 가족에게 믿음의 유산을 물려주시고 온 가족, 친척들의 복음화를 위해 기도해오시다 책이 출간되기 직전에 소천하시어 주님 품에 안기신 장인어른(안병두 권사)께도 감사드린다.

박용규

선 교 가 행 복 한 전 주 안 디 옥 교 회 이 야 기

1 안디옥교회는 깡통이다

2 꼬리에 꼬리를 무는 신앙

하나님을 웃게하는
깡통교회

전주 안디옥 교회

1

안디옥교회는 깡통이다

오직 성령이 너희에게 임하시면 너희가 권능을 받고
예루살렘과 온 유대와 사마리아와 땅끝까지 이르러 내 증인이 되리라 하시니라(행 1:8).

왜 깡통교회 인가

기독교에 있어 전주와 전북은 특별한 지역이다. 전주의 복음화율은 28%이고, 전북 전체로 따지면 26%, 그 밖의 군산은 30%, 익산은 32%에 달한다. 전북은 타 시도에 비해 규모도 작고 도세도 약한 편이어서 다른 분야에서는 하위권을 면치 못하고 있지만, 기독교의 복음화율로는 전국 1위이다. 그래서 전주와 전북 지역에 사는 기독교인들은 자부심을 느끼고 산다. 그래서 그런가? 안디옥교회 박진구 담임목사는 전주를 '전적으로 주님만 섬기는 도시'라고 표현한다. '전주 성시화'를 향해 힘차게 달리고 있는 이곳 전주에서 안디옥교회는 선교에 대한 열정으로 규모면에서도 전북에서 가장 큰 교회로 성장하였다. 안디옥교회 성도들은 '안디옥교회 성도'라는 것에 대해 자부심이 아주 대단하다. 복음화가 많이 된 지역에 산다는 것, 그중에서도 안디옥교회에 다닌다는 것만으로도 행복을 느끼는 성도들이다.

그런데 안디옥교회는 불편한 교회다. 왜냐하면 예배당이 깡통으로 만들어져서 여름이면 엄청 덥고, 겨울이면 엄청 춥다. 냉난방 시설도 요즘에 와서야 마련했는데 그것도 깡통과 잘 어울리게 허름하다. 에어컨은 오래되고 용량도 작은 벽걸이 에어컨이어서 사람들이 많이 모이는 주일에는 에어컨과 선풍기를 동시에 가동해도 그다지 시원하지 않다. 난방 시설도 마찬가지다. 오래된 벽걸이 온풍기뿐이다. 이런 낡은 시설의 예배당이지만 성도들은 안디옥교회를 '좋은 교회'라고 자랑한다. 뿐만 아니라 다른 교회 성도들도 인정해준다. 심지어 불신자들까지도 "교회 다니려면 안디옥교회로 가야 한다"라고 말한다.

그렇다면 어떤 교회가 '좋은 교회'일까? 예배당 건물이 아름다운 교회가 좋은 교회일까? 교회 버스, 에어컨, 난방기, 음향 시설, 식당, 화장실 등이 좋아야 좋은 교회일까? 아니면 친절한 교회가 좋은 교회일까? 어떤 면에서는 그렇게 생각할 수 있다. 그러나 그보다 더 중요한 것이 있다. 나는 성경에 나오는 초대교회처럼 '하나님께서 좋은 교회라고 인정해주시는 교회'가 좋은 교회라고 생각한다. 구원의 감격 속에서 주님의 지상명령에 순종하는 교회, 교회가 해야 할 일인 복음 전파와 강도 만난 이웃을 돌보는 일을 하는 교회, 헌금으로 지나치게 호사스럽게 먹고 마시지 않는 교회를 하나님께서는 좋은 교회로 인정해주실 것이다. 다시 말해 예수님의 지상명령인 '복음 전파'

를 실천하고, '이웃을 사랑하는' 교회가 좋은 교회인 것이다. 모두가 알고 있는 내용이지만 제대로 실천하는 교회는 많지 않다. 그러나 여기 전주 안디옥 교회가 있다. 안디옥교회가 어떤 교회인가를 지금부터 한번 만나보자.

안디옥교회 2기 박진구 담임목사는 언젠가 부활절 칸타타가 끝나고 이렇게 말했다. "찬양대 지휘자와 반주자를 위한 사례비도 없고, 오히려 찬양대 가운비, 점심식사비, 간식비까지 모두 스스로 해결하는 교회, 교회학교에서는 상도 안 주고 모조리 걷어서 선교만 하는 교회에서 이렇게 기쁨으로 일하시는 여러분들! 고맙습니다. 세상에 이런 교회가 어디 있습니까? 제 마음 같아서는 찬양대 지휘자 사례비로 몇백만 원씩 드리고 싶은 심정입니다. 페이 뮤지션들이 받는 것보다 더 많이 드리고 싶은 심정입니다. 하나님은 이런 사정을 아십니다. 교회에서 못 드리는 거 아시고 하나님께서 더 좋은 것으로 주십니다."

49세의 늦깎이 개척

안디옥교회 1기 담임목사는 이동휘 목사다. 이 목사는 현역으로 45년간 목회를 했고 은퇴 후 선교목사로 파송되어 사역한 지 5년 정도가 되어간다. 이렇게 50년에 달하는 목회 기간 중 19년간은 농촌 교회에서 목회하였다. 이 목사가 농촌 교회의 목회를 마치고 잠시 도시 교회에서 목회하던 시절이었다. 이 목사는 항상 복음 전파의 사각지대인 농촌 교회를 도와야 한다는 믿음을 가지고 있었다. 그래서 당회에 농촌 교회를 돕자는 제안을 하였다. 그런데 당회로부터 "금년에는 예산이 없어서 도와줄 수가 없습니다"라는 답변이 돌아왔다. 이 목사는 잠시 생각에 잠겼다. '예산이 없는 것은 이해가 되지만 주님의 사업이 꼭 1년 예산안에 갇혀 있어야 하나?' 이 목사는 예산을 세워 계획성 있게 사용하는 것도 좋지만 필요한 시기에 필요한 것을 사용할 수 없다는 점이 너무 안타까웠다. 그리고 하나님의 헌금이 각종 시상품, 연말 선물 등 그리 급하지 않은 곳에 많이 쓰이고 있는 반면에 선교비로 사용되고 있는 비율이 너무 적다는 점도 안타까웠다. 그래서 이 목사는 새로운 교회를 개척하여 농촌 교회도 돕고, 복음이 아직 들어가지 않은 해외에도 선교하리라 마음먹었다. 그리고 하나님께 이 문제를 놓고 기도하기 시작했다. 하나님께서는 드디어 이 목사에게 새로운 교회, 즉 '안디옥교회'를 개척할 수 있도록 허락하셨다. 선교하고 싶은데 선교할 수 없는 환경이 안디옥교회를 개척하게 만든 계기가 된 것이다. 이 목사가 전에 목회하던 교회에서도 더 많이 선교하고, 구제하고 싶었지만 예산에 갇혀 많이 할 수가 없었다. 그리고 스스로 개척한 것이 아니라 기존 교회의 청빙을 받아 부임한 것이기 때문에 재정 시스템이 대부분의 교회가 사용하는 전통적인 방식이어서 획기적으로 선교하고 구제하려면 개척할 수밖에 없었다.

　안디옥교회를 개척하기 1년 전부터 하나님께 기도하던 이 목사는 하나님으로부터 특별한 감동을 받았다. 삭개오가 회개하는 마음으로 재산의 50%를 하나님께 바쳤지만, 이 목사가 교회를 개척하면 주님의 선한 사업을 위한 일이니 그보다 더 많이 드리라는 감동이었다. 이 목사는 하나님께서 주신 감동을 붙들고 그분께 순종의 기도를 드렸다. "하나님께서 주신 감동에, 그리고 주님의 지상명령에 전적으로 순종하겠습니다."

개척할 시기가 되어 이 목사는 주변 사람들에게 예배처소와 전셋집을 알아봐 달라고 부탁하였다. 몇 주일이 지난 후 75평의 부지에 깡통으로 만든 예배당이 준비되었고 주님의 지상명령에 절대적으로 순종하기 위한 선교 사역이 시작되었다. 이 목사는 이전 교회에서 목회할 때 제공받았던 괜찮은 아파트와 여러 가지 혜택을 내려놓고 만 49세의 나이에 교회를 개척한 것이다. 3명의 대학생 자녀를 둔 상태에서 개척을 결심하기란 여간 단단한 마음으로는 내리기 어려운 결단이었지만, 순종의 기쁨이 일상에서의 불편함을 이겨낸 것이다. 이전 교회에서의 편안한 삶을 내려놓고 주를 위해 불편한 삶을 시작한 것이다. 이때부터 이 목사는 성도들에게 "불편하게 삽시다. 선교하며 삽시다"를 입버릇처럼 말했다. 삶은 불편했지만 주님께 순종했기에 마음만은 평안했다. 그리고 자녀들도 학업을 잘 마치고 좋은 직장에 취직했지만, 그 좋은 조건들을 다 내려놓고 결국은 모두 선교사의 길을 걷고 있다.

인간적인 생각으로 본다면 전에 목회하던 교회에서도 얼마든지 존경받고 편안한 삶을 살다가 구원받은 자녀로 하나님 앞에 설 수 있었지만 농촌 교회를 떠나 편안한 목회를 하는 자신을 도저히 용납할 수가 없어서, 그리고 주님의 지상명령에 전적으로 순종하지 못한 상태로 목회하는 자신이 하나님께 너무 죄송해서 안디옥교회를 개척한 것이다. 이 목사는 지금도 기회가 있을 때마다 "안디옥교회 개척하기 참 잘했습니다"라고 말한다. 또한 깡통교회의 탄생에 대해 이 목사는 "당시에는 개척 초기라 적은 비용으로 사용할 수 있는 건물이 깡통밖에 없었습니다"라고 고백한다. 주님은 우리에게 깡통을 보여주셨고 우리는 주님이 보여주신 것에 순종했다고 말이다.

교회 이름은 '전주 안디옥교회'로 지었다. 이유는 성경에 나오는 수리아 안디옥교회처럼 사역을 하고 싶어서였다. 이 목사는 초대교회 중에서 최초로 선교한 교회가 수리아 안디옥교회이므로 그 교회를 본받기 위해서 그렇게 지었다고 말한다. 수리아 안디옥교회가 땅끝까지 이르러 예수님의 증인이 되라는 주님의 지상명령에 잘 순종했기 때문에 그 교회처럼 선교하고 싶어서 이름을 '전주 안디옥교회'로 정한 것이다.

안디옥 교회를 닮은 교회 02 수리아

전주 안디옥교회는 개척 후부터 지금까지 수리아 안디옥교회를 닮기 위해 노력해왔다. 수리아 안디옥교회는, 스데반 집사의 순교 후 예루살렘에 있었던 큰 핍박을 피해 흩어진 무리들이 예루살렘에서 500km 정도 떨어진 곳에 세워, 최초로 이방인들에게 복음을 전한 곳이다. 그들은 복음을 땅끝까지 전하라는 예수님의 명령에 순종하여 그 시대 선교의 출발지이자 중심지가 되었다. 그리고 예수님을 믿는 무리가 수리아 안디옥교회에서 비로소 그리스도인이라 일컬음을 받게 되었다(행 11:26). 이 목사는 이러한 수리아 안디옥교회를 본받는 것이 예수님의 지상명령을 지키는 바른 길이라 생각했다.

그러면 전주 안디옥교회는 수리아 안디옥교회의 어떤 점을 닮기 위해 노력해왔고, 어느 정도 닮았는지 두 교회를 비교해보자.

수리아 안디옥교회 특징	전주 안디옥교회 특징
예수님을 닮은 교회다.	담임목사 스스로 예수님을 닮기 위해 기도하고 노력하며 성도들에게 예수님 닮으라고 가르치는 교회다.
환란과 핍박 중에 세워진 교회다.	불편을 감수하는 교회다.
차별 없는 교회다.	기존 성도들의 텃세가 없는 교회다.
기도하는 신령한 교회다.	기도로, 성령님의 지시로 일하는 교회다.
하나님의 뜻과 성령님의 지시에 절대복종하는 교회다.	예수님의 지상명령에 절대복종하는 교회다.
부흥하는 교회다.	끊임없이 부흥하는 교회다.
선교하는 교회다.	선교하는 교회다.
도와주는 교회다.	도와주는 교회다.

이 목사는 안디옥교회를 개척한 이후부터 지금까지 "전주 안디옥교회는 수리아 안디옥교회를 닮아야 합니다"라고 설교 시간에 수시로 강조했다. 이 목사의 설교 내용을 참조하여 전주 안디옥교회가 2천 년 전의 수리아 안디옥교회와 얼마나 닮았는지 구체적으로 살펴보자.

첫째, 수리아 안디옥교회는 예수님을 닮은 교회였다. 수리아 안디옥교회 성도들은 사람들로부터 처음으로 '그리스도인'이라는 칭호를 받았다. 그리스도인은 '그리스도를 닮은 사람'이라는 뜻이다. 다른 말로는 '예수 같은 사람', '예수 닮은 사람'이라는 뜻이다. 그리스도인이라는 칭호를 받기 전에는

'갈릴리 사람'이라 불렸지만 수리아 안디옥교회에 와서 복음을 전하며 그리스도처럼 살아가는 모습을 보고 사람들이 그렇게 부른 것이다. 이 목사는 안디옥교회 성도들에게도 "예수님 닮은 사람 되라. 마귀 닮지 말고 예수님 닮아야 한다"라고 가르쳤다. 그러면 전주 안디옥교회 성도들은 예수님을 얼마나 닮았을까? 죄송한 말씀이지만 예수님을 많이 닮았다고 자신 있게 말하지는 못한다. 그러나 예수님을 닮기 위해 힘쓰고 애쓴다. 불편한 교회 시설에서의 신앙생활을 감수하고 오직 선교하는 일에만 열정을 가지고 살아가는 성도들이다. 성도들은 안디옥교회에 다니는 것에 대해 대단한 자부심을 가지고 있다. 그것은 안디옥교회가 선교하는 모범적인 교회이기 때문이다. 그리고 자신들이 겪는 그 불편 덕택에 한 생명이라도 더 살릴 수 있다면 '불편이 곧 행복'이라고 생각한다. 그러나 이 목사는 비록 안디옥교회가 선교를 많이 하는 교회지만, 선교를 자랑하지 말고 예수님을 자랑해야 하고 예수님을 닮아야 한다고 말한다. "안디옥교회 성도들은 어쩌면 그렇게 예수님 닮았나?" 하는 말을 들을 수 있어야 한다며, 가정이나 사회에서의 생활이 모범적이고 신사적이어야 한다고 가르친다.

안디옥교회가 선교를 열심히 하는 교회로 한창 소문이 났던 때의 어느 날이었다. 대학부의 한 학생이 기도 시간에 이렇게 기도했다. "하나님, 우리 안디옥교회가 선교 자랑하는 교회 되지 말고 예수님 자랑하는 교회 되게 해주세요." 이 목사는 잠시 '목사 까는(?) 방법도 여러 가지구나'라고 생각했으나 곧바로 '우리 교회가 선교나 사역을 자랑하면 안 되겠구나. 열심히 예수님만 자랑해야겠구나'라는 깨달음을 얻었다고 한다. 그때부터 이 목사는 입에서 선교 자랑하는 표현이 나올까 봐 조심했다고 한다. 그런 이 목사의 신앙을 성도들도 그대로 이어받았다. 그래서 선교 자랑보다 예수님 자랑하려고 애쓰며 예수님 닮으려고 애쓴다.

둘째, 수리아 안디옥교회는 환란과 핍박 중에 세워진 교회였다. 수리아 안디옥교회는 스데반이 사울의 핍박을 받아 순교한 후에 흩어진 무리들이 도피하다가 안디옥에 정착하여 세운 교회였다(안디옥은 지금의 터키에 있는 작은 도시 '안타키아'로 시리아 국경 부근에 위치해 있으며 이 도시는 기원전 300년경에 알렉산더 대왕의 후계자 셀레우코스 1세가 세웠다. 지명은 자신의 아버지인 안디옥의 이름을 땄다. 안디옥은 로마 제국의 3대 도시 중 하나로 손꼽히기도 했다). 그들은 안디옥에 있는 동굴에 피신하여 그곳에서 예배를 드렸다. 그들은 환란 중에 도망가서 숨지 않았다. 피난민들이 교회를 개척한 것이다. 이 목사는 이러한 수리아 안디옥교회 성도들의 신앙을 본받아 안디옥교회도 '주님 오시는 그날까지 수리아 안디옥교회처럼 개척교회의 모습을 잃지 않으리라'고 다짐했다.

안디옥교회는 개척 초기에 예배처소를 마련하기 위해 이곳저곳을 알아보았으나 하나님께서 인도하신 곳은 허허벌판이었다. 하나님께서는 개발지구였지만 허허벌판에 깡통 하나만 덜렁 놓여 있는 곳으로 이 목사와 성도들을 인도하셨다. 그 깡통은 군산 비행장의 비행기 격납고였던 것을 민간인이 창고로 쓰려고 가져다놓은 것이었는데, 그 깡통 창고를 전세로 빌린 후 내부를 일부 수리해서 예배당 건물을 대신하였다. 지금은 안디옥교회가 제법 큰 규모의 교회로 성장했지만 선교하느라 아직까지 번듯한 예배당 건물을 짓지 못했다. 그래서 예배를 드릴 때나 교회 봉사를 할 때 항상 불편함이 있다. 그래도 이 목사는 스스로 편안한 삶을 내려놓고 선교를 위해 안디옥교회를 개척했기 때문에 성도들에게도 권면하며 "불편하게 삽시다. 우리도 예수님처럼 삽시다"를 외쳤다. 이 목사의 솔선수범하는 신앙에서 나온 이 외침은 모든 성도로부터 "아멘"이라는 화답으로 돌아왔다. 그리고 "우리 교회는 명절날 교역자들에게 손수건 한 장 준 일이 없습니다. 장로님들 당회 할 때 다과 사먹은 일도 없습니다. 주일학교 학생들에게 상품을 주지 않았습니다. 성탄절, 연말에도 성도들에게 선물을 주지 않았습니다"라고 고백한다. 실제로 성탄절에는 기념선물을 나누어주는 교회가 많은데, 안디옥교회는 아무것도 없고 각 교구별로 준비한 흰 가래떡 몇 조각으로 성탄절의 기쁨을 대신한다. 사실 성탄절에는 눈에 보이는 선물을 받는 것이 그리 중요하지 않다. 우리를 위해 십자가에서 죽으신 예수님을 선물로 받았는데 무엇이 그 큰 선물을 대신할 수 있겠는가? 참으로 훌륭한 발상에 마음이 숙연해진다.

셋째, 수리아 안디옥교회는 차별 없는 교회였다. 수리아 안디옥교회는 선교사를 파송할 때 담임목사 격인 바나바, 노예 출신이었던 구레네 시몬과 루기오, 왕족인 분봉 왕 헤롯의 젖동생 마나엔, 그리고 부목사 격인 바울을 파견했다. 성경(행 13:1)은 선교사를 파송할 때에 왕족인 마나엔보다 노예 출신 선교사인 구레네 시몬과 루기오를 먼저 거명한다. 그 당시 노예는 짐승처럼 취급받았으나 예수님의 사랑을 체험한 수리아 안디옥교회는 사람에 대한 차별을 하지 않았다. 전주 안디옥교회도 사람을 차별하지 않는다. 빈부나 사회적 신분에 따라 사람을 차별하지 않는 교회다. 대부분의 교회도 "우리 교회도 그렇다"라고 말할지 모르나 안디옥교회는 별나다 싶을 정도로 차별이 없다. 안디옥교회를 개척할 때부터 다녔던 성도들은 한결같이 이야기한다. "안디옥교회는 있는 사람, 없는 사람 다 편하게 다닐 수 있는 교회입니다. 사람 차별하지 않아요."

이 목사에 대한 성도들의 존경심도 대단하다. 어떤 성도는 "목사님은 사람 대하는 것이 한결같아요. 제가 27년을 다녔는데 사람 차별하는 것을 못 봤어요"라고 말한다. 교회는 각계각층의 사람이 모이는 곳이다. 고위 공무원, 의사, 변호사, 교수에서부터 일용 노동자까지 다양하다. 그래서 교회도 눈에 보이지 않는 차별이 존재할 수 있다. 그러나 안디옥교회는 그런 차별을 거의 느낄 수 없고 찾아볼 수도 없다. 서로가 주 안에서 당당하다. 사회적으로 높은 위치에 있는 사람들에게 원장님, 교수님, 국장님 등의 호칭으로 부르지 않는다. 그 대신 집사님, 장로님 등으로 호칭하는 것이 너무도 자연스럽다. 하나님은 사람을 외모로 취하지 않으신다. 그리고 우리에게 외모로 사람을 취하지 말며 차별하지 말라고 말씀하신다(롬 2:11; 삼상 16:7).

안디옥교회는 주일 낮 점심시간에 누구든지 식당에 와서 식사를 할 수 있도록 하고 있다. 그동안은 무료였으나 최근에는 한 사람당 천 원을 받고 있다. 그러나 장애우들은 여전히 무료다. 식사 시간이 되면 목회자와 성도들의 구분 없이 줄을 서서 기다린다. 목회자와 장로들이 따로 모여서 식사하지도 않는다. 천 원짜리 식사를 목회자와 성도들이 한자리에서 하는데 나는 이것이 중요하다고 생각한다. 장애우들 중에 장애가 심한 사람은 입가에 침이 흐르고 지저분할 때도 있지만 성도들은 개의치 않고 같이 식사를 한다. 안디옥교회에서의 식사 시간은 너무 좋다. 사람을 차별하지 않기 때문이다.

> 너희가 아름다운 옷을 입은 자를 눈여겨 보고 말하되 여기 좋은 자리에
> 앉으소서 하고 또 가난한 자에게 말하되 너는 거기 서 있든지 내 발등상
> 아래에 앉으라 하면 너희끼리 서로 차별하며 악한 생각으로 판단하는
> 자가 되는 것이 아니냐 … 만일 너희가 사람을 차별하여 대하면 죄를 짓
> 는 것이니 율법이 너희를 범법자로 정죄하리라(약 2:3~4, 9).

내가 다녀본 여러 교회 중에서 안디옥교회만큼 차별이 없는 교회도 없었
다. 지도자가 차별의식을 갖지 않으니 온 성도가 차별의식을 갖지 않는다.
이것이 바로 예수 믿는 냄새이고, 예수 믿는 맛이다. 나는 안디옥교회에 다
니면서 교회에 차별이 있을 때 분규가 생기거나 분열하고, 차별이 없을 때
부흥한다는 것을 깨달았다. 예수님의 복음은 실로 놀랍다. 우리나라에 복음
이 들어온 초기에 예수님을 믿고 신분제도의 견고한 진이 깨어진 놀라운 이
야기들이 있다. 그중에 하나를 소개하고자 한다.

시골에 어떤 부자가 살고 있었는데 어느 날 대문 앞에서 조실부모하고 오
갈 데 없는 한 소년이 "먹을 것만 해결해주면 무슨 일이든지 열심히 하겠습
니다"라고 간청하였다. 부자는 그 소년을 거두어 자신의 집 머슴으로 삼아
데리고 있으면서 말을 씻기고 관리하는 마부의 일을 맡겼다. 그러던 어느 날
미국의 선교사가 그 마을에 와서 예수님을 전했고 부자와 머슴은 같은 시기
에 예수님을 믿게 되었다. 부자는 예수님을 믿게 되자 그 머슴을 예수님의

사랑으로 대해주었다. 신분의 차별 없이 주 안에서 자신과 동등한 형제로 대해준 것이다. 어느덧 소년은 청년이 되었고, 그 청년은 워낙 믿음이 좋아서 선교사가 그 머슴 청년에게 '영수'라는 직분을 주었다. 그 청년은 교회에서 성도들에게 성경을 가르치는 일까지 맡게 되었다. 그러자 그 부자는 기꺼이 자신의 머슴에게 가르침을 받았다. 그리고 장로 선거에서 머슴 청년이 자신을 누르고 먼저 피택 되었을 때도 그 부자는 "아멘"으로 받아들였다.

예수님의 복음에는 능력이 있다. 개화 초기 우리나라의 깊고 깊은 신분제도마저 주 안에서는 아무런 장벽이 되지 못했던 것이다. 그 당시 많은 교회가 양반, 상민 등으로 나눠지는 신분제도에 얽매여 갈라지고 분열된 사례가 많았는데, 예수님의 복음으로 성령이 강하게 역사한 교회는 이런 놀라운 일도 있었던 것이다. 그 부자는 선임 장로까지 된 그 청년을 신학교에 보내어 목사가 될 수 있도록 도와주었고, 그 목사를 자신이 다니는 교회에 청빙하여 담임목사로 섬기기까지 하였다.

이 놀라운 이야기의 주인공들은 기역자교회로 유명한 전북 김제 금산교회의 조덕삼 장로와 이자익 목사이며 이들에게 복음을 전한 선교사는 미국 남장로교에서 온 테이트 선교사다. 조덕삼 장로는 조세형 국회의원(1931~2009)의 할아버지이기도 하다. 이자익 목사는 일제의 핍박이 심했던 그 어려운 시기에 총회장을 세 번이나 역임하였고, 경남 거창 선교부 순회목사 시절에는 분규가 있는 교회를 화합시키는 역할을 많이 했는데, 특히 1928년경에는 우리나라 대표적인 순교자 주기철 목사의 모교회인 웅천교회가 분규로 6년간이나 어려움을 겪고 있을 때(이때 주기철 목사는 부산 초량

교회에서 목회하고 있던 시기였다) 이자익 목사의 중재로 문제가 잘 해결된 적도 있다.

차별받지 않은 사람은 화합하고 또 화합시킬 수 있는 능력이 생긴다. 머슴이라고 차별받지 않고 주 안에서 똑같은 형제로 예수님의 사랑을 받았을 때 이자익 목사와 같은 화합하고 화평하게 하는 목회자가 나올 수 있었다. 예수님의 복음이 만드는 세상은 천국과도 같다. 이 두 분의 자녀, 손자들 중에는 다양한 분야에서 하나님께 쓰임받은 사람들이 많이 배출되었다. 교회가 성도들을 사회적 신분에 따라 차별하지 않을 때 주님께서 말씀(약 2:3)하신 대로 세상을 변화시킬 수 있는 지도자가 나오는 것이다. 차별 없는 안디옥교회의 1기, 2기 두 담임목사의 자녀들 역시 하나님께 크게 쓰임받고 있다.

넷째, 수리아 안디옥교회는 기도하는 신령한 교회였다. 수리아 안디옥교회는 선교사를 파송할 때 금식하며 기도했다(행 13:3). 전주 안디옥교회도 선교를 위해 열심히 기도하는 교회다. 이 목사는 "우리 교회는 기도 없으면 파산하는 교회입니다. 우리 교회는 지난달 헌금으로 이번 달 선교하는 교회가 아닙니다. 이번 달 헌금으로 이번 달 선교하는 교회입니다. 만일 우리 교회에 분열이 생기면 그대로 파산합니다"라고 말한다. 전주 안디옥교회는 이렇게 28년 동안 항상 두근두근하는 마음으로 선교해왔다.

안디옥교회는 기도 프로그램이 많이 있다. 그중에서 '엘리야 제단'이라고 하는 24시간 릴레이 기도 시간이 있는데 거의 20년째 계속해오고 있다. 이 릴레이 기도 시간에는 선교 사역을 위해, 목회자들과 직분자들을 위해, 환우들을 위해 24시간 동안 쉬지 않고 온 성도가 번갈아가며 릴레이식으로 기도를 드린다. 이렇게 쉬지 않고 드리는 기도 때문에 안디옥교회가 지탱하고 있는 것이다. 현재는 엘리야 제단만으로는 부족함을 느껴서 예레미야 제단을 추가로 만들었고 청년들을 위한 다니엘 제단도 만들어서 릴레이 기도실이 세 군데로 늘어났다.

이 목사는 개척 때부터 은퇴할 때까지 작은 다툼이 있을 때마다 하나님께 매달려 기도했다. 교회에 쓴뿌리가 생기지 않게 해달라고, 포도원을 허는 여우가 일어나지 않게 해달라고 간절히 기도하였다. 그래서 이 목사는 그렇게 수많은 기도의 능력을 체험했기에 "기도는 원수의 화살을 막는 방패인 것 같습니다"라고 고백한다. '기도'가 있었기 때문에 그동안 분열이나 분란 없이 여기까지 왔던 것이다. 이 목사는 성도들에게 강조하여 말한다. "무엇보다도 기도에 힘쓰시기 바랍니다. 쉬지 말고 기도하시기 바랍니다." 기도는 하나님의 은혜를 초청하는 통로가 된다며 가정을 위해서도 기도의 등불이 꺼지지 않고 지켜져야 한다며 가정을 위한 기도도 열심히 하라고 권면한다.

다섯째, 수리아 안디옥교회는 하나님의 뜻과 성령님의 지시에 절대복종하는 교회였다. 사도행전 13장 2절을 보면 수리아 안디옥교회는 담임목사 격인 바나바와 부목사 격인 바울을 선교사로 파송하기로 결정한다. 금식기도 후에 이 두 사람을 선교사로 파송하라는 기도 응답을 받은 것이다. 교회 운영상 담임목사를 선교사로 파송하면 문제가 많이 생길 거라 생각해 반대하는 사람들이 있을 법도 한데 반대하거나 반란을 일으킨 사람들이 없었다. 수리아 안디옥교회 성도들은 이해가 안 되더라도 순종했다. 하나님께 절대복종했던 것이다.

전주 안디옥교회가 재정의 60% 이상을 선교비로 지출하는 것도 마찬가지였다. 담임목사가 하나님께서 주신 감동을 교회 앞에 선포하였고 성도들도 담임목사의 결정에 따랐다. 예언은 주로 목회자들을 통해서 나온다. 베드로후서 1장 21절에서도 "예언은 언제든지 사람의 뜻으로 낸 것이 아니요 오직 성령의 감동하심을 받은 사람들이 하나님께 받아 말한 것임이라"라고 하였고 사도행전 21장 1~16절에서 사도 바울은 예언의 내용을 잘 분별하여 하나님의 뜻에 순종하였다.

이 목사가 교회 개척을 위해 1년 동안 기도하다가 개척할 즈음에 "교회 재정의 60%를 선교비로 쓰라"는 성령님의 감동이 와서 이를 개척 전날 선포했다. 그때는 성도들이 몇 명이 모일지도 모르는 상황이었다. 당회나 재직회도 없는 상태에서 재정의 60% 이상을 선교비로 쓰겠다고 선포한 것이다. 안디옥교회는 그때 하나님께서 주신 감동에 순종하기 시작하여 오늘날까지 왔고, 60% 이상을 하겠다고 했지만 실제로는 70% 이상을 했다. 십일조와 선교헌금은 전부 선교비로 쓰기로 했기 때문이다. 이 목사는 고백한다. "남 퍼주고 우리는 별로 쓸 것도 없었습니다. 그런데도 오히려 하나님께서는 우리 교회에 골고루 은혜를 주셨습니다. 안디옥교회를 선교하는 유명한 교회로 만들어주셨습니다. 하나님 뜻에만 아멘하시기 바랍니다. 하나님 뜻에만 복종하시기 바랍니다. 왜 60%인가 자꾸 해석하려 하지 말고 그냥 아멘으로 순종하시기 바랍니다. 순종하면 내일 일은 걱정할 것이 없습니다. 하나님께서 다 알아서 해주십니다."

여섯째, 수리아 안디옥교회는 부흥하는 교회였다. 수리아 안디옥교회는 열정적인 복음 전파로 수리아 안디옥 주민 50만 명 중에서 10만 명이 예수님을 믿게 되었다. 그 지역에 복음의 씨앗이 떨어지면서 20%가 복음화된 것이다. 전주 안디옥교회는 어떤가? 전주 안디옥교회도 1983년에 개척한 이후 몇십 명에 불과했던 성도 수가 지속적으로 늘어나 지금은 1만 명이 넘는 교회로 성장하였다. 성도 수가 늘어나면서 깡통예배당을 뒤쪽으로 두 차례 늘려서 좀 더 긴 예배당으로 만들었지만 그래도 넘쳐나는 성도 수에 비해 공간이 좁아 많은 어려움을 겪었다.

그래서 예배드리는 횟수를 1부에서 5부까지 늘리고 깡통예배당 외에 교육관, 식당 등에도 영상장비를 설치하여 예배당 겸용으로 쓰고 있다. 그래도 늘 자리가 부족하여 궁여지책으로 의자 간격을 좁히고 통로마다 임시 의자를 놓고 예배를 드린다. 그리고 예배 참석인원이 가장 많은 3부 예배보다는 2부나 4부 예배에 참석하기 운동(?)을 벌이고 있다. 이 목사와 박 목사는 성도들에게 "의자 간격이 좁아서 불편하지만 더 많은 생명을 구원하기 위해 좀 참읍시다. 중국에 있는 지하 교회들은 10평 남짓한 공간에서 100명, 200명이 예배드린답니다"라고 양해를 구한다.

안디옥교회 성도들은 이 말씀에 순종한다. 오히려 "중국의 지하 교회는 핍박을 받아가면서 좁은 공간에서 예배드리느라 고생하는데 이 정도의 불편은 개의치 않습니다. 더 불편해도 더 선교해야 합니다"라고 마음먹는다. 하나님은 수리아 안디옥교회를 닮으려는 전주 안디옥교회 성도들의 마음을 아시고 교회를 크게 부흥시켜주셨다.

일곱째, 수리아 안디옥교회는 선교하는 교회였다. 수리아 안디옥교회는 바울과 바나바를 선교사로 파송함으로써 선교 사역을 시작하였다. 전주 안디옥교회는 1983년 3월 27일 개척하고 다음 달인 4월부터 선교하기 시작했다. 개척하자마자 선교를 시작한 것이다. 개척 초기에는 무엇이든지 잘 갖추어지지 않은 상태였고 예배당도 깡통이었다. 그 당시 어떤 사람들은 "우리나라도 다 복음화되지 않았는데 개척하자마자 선교를 해야 합니까?"라고 말하기도 했다. 그 사람들 말대로 안디옥교회는 사람의 생각으로는 선교할 수 없는 상황이었다. 땅도 건물도 없어서 전세로 빌려서 개척했는데 무슨 수로 선교비를 마련할 수 있겠는가? 그러나 이 목사는 "선교는 미루는 것이 아닙니다"라며 곧바로 선교를 시작하였다. 그리고 선교를 최우선적인 사명으로 삼아 목회를 했다. 그리고 성도들에게 "우리가 시작만 한다면 하나님께서 선한 일을 감당할 수 있도록 힘을 주십니다"라고 권면했다.

만일 다른 어떤 교회에서 이러한 시도가 있었다면 그 교회 성도들은 이렇게 말할지도 모르겠다. "교회 땅도 건물도 없이 전세로 들어와서 예배드리는데 어떻게 선교해요? 아직 성도 수가 많지 않아서 헌금도 적고, 주일학교와 찬양대 예산 지원하기도 바쁜데 어떻게 선교해요?" 그러나 어느 신학자는 이렇게 말했다. "신약 시대의 교회가 선교하지 않으면 교회가 아니다." 예수님의 지상명령을 받은 신약 시대의 교회는 어느 교회든지 지상명령에 순종해야 마땅하다는 것이다. 선교할 여건이 되는 교회인가, 아닌가의 문제가 아니다. 예수님은 무조건 국내 선교, 해외 선교, 특수 선교까지 동시에 해야 한다고 명령하셨다. 명령하신 분이 대책 없이 명령하시겠는가? 어떤 교회든 주님의 명령에 순종만 한다면 하나님께서 다 길을 열어주실 것이다. 이 목사는 말한다. "전주 안디옥교회도 선교 안 하고 변명하려면 얼마든지 할 수 있었습니다."

당시 안디옥교회는 일반적인 상식으로 도저히 선교할 수 없는 상황이었다. 교회 앞 도로는 포장도 안 된 상태였고, 성도들은 최소한 20~30분 이상 걸어야 교회에 올 수 있었다. 그래서 성도들이 이 목사에게 졸랐다. "목사님! 우리 교회도 봉고차 한 대 사요." 그때 이 목사는 대답했다. "버스 한 대 운영할 돈이면 농촌 개척교회 열 군데는 도울 수 있습니다." 그러자 성도들은 이 목사의 선교 열정에 다 수긍하며 불편을 감수하곤 했다. 그렇게 교회에 오기가 힘들었어도 더 많은 사람이 몰려왔고 교회는 부흥하였다.

그 결과 전주 안디옥교회는 지금도 교회 버스가 없다. 그리고 예배당 관리인이 없어서 늦게 가는 사람이 전깃불을 끄고 문도 닫고 간다. 청소도 교구별로, 선교회별로 돌아가면서 한다. 이 목사는 "우리가 불편하게 살면 그만큼 혜택받는 사람이 있기 마련입니다"라고 설명한다. 이 말을 뒤집어보면 풍선효과와 같다. 내가 편하게 살면 그만큼 혜택받는 사람들의 숫자는 줄어들고, 내가 절약하며 불편하게 살면 우리보다 더 어려운 다른 사람들이 그만큼 혜택을 받을 수 있게 되는 원리이다.

여덟째, 수리아 안디옥교회는 도와주는 교회였다. 수리아 안디옥교회는 천하가 흉년들어 어려울 때 고참 교회인 예루살렘교회를 도왔다(행 11:27~30). 예루살렘교회에서 핍박을 피해 흩어진 성도들이 수리아 안디옥에 정착하여 교회를 세우고 크게 부흥하여 자신들의 신앙의 뿌리가 되었던 예루살렘교회를 도운 것이다. 이 목사는 천하가 흉년든 상태에서 수리아 안디옥교회가 예루살렘교회를 도울 수 있었던 그때의 상황을 두 가지로 추정하여 설명했다. 하나는 수리아 안디옥교회는 최초로 그리스도인이라 일컬음을 받게 된 좋은 교회였고 하나님께 인정받는 교회였기 때문에 흉년이 비껴갔을 것이라는 추정이다. 하나님의 명령에 절대복종한 수리아 안디옥교회를 하나님께서는 환경을 초월한 교회로 만들어주셔서 남을 도울 수 있게 하셨다는 것이다. 다른 하나는 수리아 안디옥교회도 어려운 상태이었지만 예루살렘교회는 더 어려웠기 때문에 도와주었다는 추정이다. 즉, 남을 도와주는 교회는 어려운 가운데에서도 계속해서 남을 도울 수 있다는 것이다. 어떤 추정이 맞을지 정확히는 몰라도 한 가지 확실한 사실은 수리아 안디옥교회가 '도와주는 교회'였다는 것이다.

위의 두 가지 추정은 전주 안디옥교회가 어려울 때 어떻게 선교지의 교회들을 도왔는가를 설명해준다. 전주 안디옥교회는 우리나라가 1998년 IMF 시절 전국적으로 너나 할 것 없이 어려움에 처했을 때도 흔들림 없이 선교를 했다. 당시에 환율은 1달러에 1,800원까지 치솟았다. 한국에서는 똑같은 금액의 선교비를 송금하더라도 해외 선교지에서는 달러로 환전되어서 받기 때문에 실질적으로는 절반 정도만 받는 것이나 마찬가지가 되었다. 이 목사는 하는 수 없이 환율이 내려갈 때까지 더 기다리기로 했다. 선교지에서는 일시적으로 고통을 감내해야만 했다. 얼마 지나자 환율은 1,800원대에서 1,600원대로, 그리고 1,400원대까지 떨어졌다. 그 정도로 떨어졌을 때 밀린 선교비를 한꺼번에 송금해서 선교지에서는 목마름이 해갈되었다. 그렇게 송금 시기를 늦추었어도 선교지에서 필요로 하는 금액을 맞추다 보니 선교비의 비율이 재정의 80%까지 치솟았다. 80%까지 보내지 않으면 선교지의 필요를 채워주지 못하는 상황이었기 때문이다.

그때 만일 전주 안디옥교회가 "우리는 당초에 60% 이상을 선교비로 지원하기로 하였고 실천 강령에도 그렇게 나와 있으니 금년에는 60%까지만 하겠습니다. 전혀 예상치 못한 IMF 상황이 발생해서 그러니 하나님! 이해해주세요. 선교사님들께서도 양해해 주세요"라고 말한다 하더라도 뭐라고 할 사람이 없는 때였다. 그러나 안디옥교회는 그렇게 하지 않았다. 힘들 때에도 변함없이 선교에 최선을 다했던 것이다.

> 극심한 가난이 그들의 풍성한 연보를 넘치도록 하게 하였느니라 내가 증언하노니 그들이 힘대로 할 뿐 아니라 힘에 지나도록 자원하여 이 은혜와 성도 섬기는 일에 참여함에 대하여(고후 8:2~4).

수리아 안디옥교회가 온 천하에 흉년이 든 상황에서도 고참 교회인 예루살렘교회를 도운 것처럼 전주 안디옥교회도 깡통예배당을 유지하면서 선교지의 필요를 맞추기 위해 선교비의 지출을 80%까지 늘린 것이다. IMF 환란 당시에는 전국적으로 어렵지 않은 사람이 없었기 때문에 우리나라에 있는 거의 모든 교회의 헌금이 줄었다. 그래서 선교비 지원을 중단했거나 줄였던 교회들도 많았다.

물론 안디옥교회도 명퇴자들로 넘쳐나고 어려움을 겪은 성도들이 많았다. 그러나 성도들의 숫자가 계속해서 늘어나면서 헌금 곡선도 올라갔다. 이 목사도 그동안 헌금 곡선이 한 번도 하향 곡선을 그린 적이 없었다고 말한다. 물론 그렇게 해서 선교의 지경도 계속 넓힐 수 있었다. 요즈음은 미국도 선교비를 줄이는 추세라고 한다. 하지만 전주 안디옥교회는 뒤로 물러나지 않고 계속 앞으로 나아갔다. 한 번도 후퇴하지 않고 전진만 했다. 이 목사는 달란트의 비유(마 25:15~30)를 들어 "하나님은 있는 자에게 더 많이 주십니다. 없는 자는 있는 것도 빼앗깁니다. 대신 더 많이 도우면 그보다 더 많이 도울 수 있는 상태로 만들어주십니다"라며 하나님께서 인도하신 놀라운 일들을 회고한다.

실천 강령
7+1

이 목사는 개척 당시에 수리아 안디옥교회의 특징들을 바탕으로 실천 강령을 만들어 지금까지 실천해오고 있다. 초대교회인 예루살렘교회와 수리아 안디옥교회의 특징을 열거하면 이동휘 목사가 주창한 전주 안디옥교회의 실천 강령과 거의 일치한다.

전주 안디옥교회 1기 실천 강령

1. 그리스도를 닮아가는 성도가 된다.

2. 본 교우는 모두 예수의 제자가 되고 선교사가 된다.

3. 주는 교회가 되어 해외 선교와 농촌 선교 및 특수 선교에 주력한다.

4. 교회 재정의 60% 이상(십일조, 선교헌금 등)을 선교 사역에 사용한다.

5. 교회 내 모든 기관은 선교 체제로 조직 운영하며 자립을 원칙으로 한다.

6. 모든 봉사직은 자발적이며 희생 봉사를 원칙으로 한다.

7. 교회의 모든 사업과 집회에는 책임감을 가지고 참여하며 협력한다.

전주 안디옥교회 2기 실천 강령

1. 그리스도를 닮아가는 두 날개의 건강한 성도가 된다.

2. 본 교우는 모두 예수의 제자가 되고 선교사가 되어 재생산한다.

3. 주는 교회가 되어 해외 선교, 농촌 선교, 특수 선교 및 교육 선교에 주력한다.

4. 교회 재정의 60% 이상(십일조, 감사헌금 등)을 선교 사역에 사용한다.

5. 교회 내 모든 기관은 선교 체제로 조직 운영하며 자립을 원칙으로 한다.

6. 모든 봉사직은 자발적이며 희생 봉사를 원칙으로 한다.

7. 교회의 모든 사업과 집회에는 책임감을 가지고 참여하며 협력한다.

여기까지가 눈에 보이는 7개의 실천 강령이다. 그러나 아직까지 외부에 소개되지 않은 실천 강령이 하나 더 있다. 이 실천 강령은 교회 앞에 공표되지 않았지만 이번 기회를 통해서 소개하고자 한다.

공개되지 않은 여덟 번째 실천 강령은, '담임목회자의 사례비는 보너스, 도서비, 학자금, 은퇴적금 등이 없이 12개월 생활비만 지급한다'이다. 이 목사는 개척 당시 '목사의 평등법칙'이라는 것을 만들어서 선포했다. 이 목사가 안디옥교회를 개척하고 선교를 해보니 선교하는 데 가장 걸림돌은 목회자의 사례비였다고 한다. 개척교회에서 교회 재정의 60% 이상을 선교비로 쓰려면 보너스, 은퇴적금, 자녀 학자금 등을 다 받고는 도저히 할 수가 없다는 것을 알게 된 것이다. 그래서 이 목사는 결단을 내려 매월 받는 사례비 외에는 아무것도 받지 않기로 하였다. 심지어 자녀 학자금도 받지 않기로 결정했다. 이는 사례비를 이전 교회의 1/3 정도로 낮추는 것과 같은 의미였다.

개척 당시 자녀들 중에 대학생이 3명이나 있었지만 그렇게 하지 않는다면 하나님께서 주신 감동에 순종할 수 없었기 때문이다. '목사의 평등법칙'은 담임목사와 부교역자가 똑같은 대접을 받는다는 것을 의미하기도 한다. 이 목사가 이렇게 스스로 사례비를 낮추어 불편한 생활을 자청한 이유는 예수님도 불편하게 사셨기 때문에 우리도 그렇게 살아야 한다는 믿음 때문이다. 그리고 그 불편한 삶을 산 대가로 다른 많은 지역에 복음을 전할 수 있기 때문이다. 이 목사의 신앙은 성도들에게 그대로 전달되어 그들도 불편한 깡통 예배당에서의 생활을 기꺼이 감수하고 있다. 이 목사는 스스로 결정한 이 자비량 불편을 은퇴할 때까지 지켰다. 목회자의 사례비는 일반적으로 어느 교회나 성도 수에 비례하기 마련인데, 이 목사는 자신의 사례비 수준을 개척교회 수준으로 하향 평준화시켰다. 나는 이렇게 철저하게 자신을 내려놓은 이 목사가 별종을 넘어서 '천연기념물' 수준이라는 생각까지 들었다.

이러한 '목사의 평등법칙'은 '하나님과 동등 됨을 취할 것으로 여기지 않으시고' 이 땅에 오신 예수님께서 모본을 보이셨고 그 본을 이 목사가 따른 것이다. 주보에 기록하지 않은 이 여덟 번째 실천 강령이 있었기에 60% 이상의 선교비 지출이 가능했다. 특히, 개척 초기에는 그런 희생적인 마음 없이 60% 이상을 선교하는 것은 불가능했다. 이 목사는 이 '적은 사례비 선언'

을 오직 자기 자신에게만 적용했다. 이러한 사례비 구조를 실천 강령에 기록하지 않은 이 목사의 마음을 다음 글에서 느낄 수 있다.

> "오른손이 하는 것을 왼손이 모르게 하라"(마 6:3)는 예수님의 당부는 희생적인 수
> 고로 걸출한 업적을 쌓고도 행여 자기 자녀들이 하늘의 상을 받지 못하는 억울함
> 이 있을까 하여 내리신 정겨운 훈계이시다. 자기의 공적을 뽐내어 융숭한 대접을
> 받는 순간 천국의 상은 불 꺼지듯 사라지고야 말 것이기 때문이다. 이 비밀을 깨달
> 은 눈치 빠른 바울은 하늘 상급이 더 풍성해지기 위해 응당 받을 보수의 권리까지
> 포기했다(자비량 선교사였다). "그런즉 내 상이 무엇이냐 내가 복음을 전할 때에 값
> 없이 전하고 복음으로 말미암아 내게 있는 권리를 다 쓰지 아니하는 이것이로다."[1]

사도 바울이 실천한 "응당 받아야 할 보수의 권리까지 포기", "내게 있는 권리를 다 쓰지 아니하는 이것"은 이 목사가 스스로 정한 '궁핍한 사례비'의 바탕이 되었다. 이는 이 목사가 '자비량 선교사'인 바울의 신앙을 따랐다는 증거이기도 하다. 안디옥 2기에 와서도 1기 때의 8강령은 그대로 지켜졌다. 박진구 담임목사는 전임자인 이동휘 목사의 목회 철학을 따라 자신의 사례비는 전임자인 이 목사와 같은 수준으로 정하고 동역하는 목회자들과 교회 직원들에 대해서는 호봉제를 채택하여 약간 현실화하였다. 2기 박 목사는 1기 이 목사가 선포하고 지켜온 이러한 자기희생적 목회를 빌립보서 2장에 표현된 예수님의 희생적인 사랑에서 찾는다.

그는 근본 하나님의 본체시나 하나님과 동등 됨을 취할 것으로 여기지 아니하시고 오히려 자기를 비워 종의 형체를 가지사 사람들과 같이 되셨고 사람의 모양으로 나타나사 자기를 낮추시고 죽기까지 복종하셨으니 곧 십자가에 죽으심이라(빌 2:6~8).

안디옥교회는 목회자들이나 성도들이나 '동등 됨을 취할 것으로 여기지 않는 부분'들이 많이 있다. 나는 주보에 없는 여덟 번째 실천 강령을 기록하면서 잠시 생각에 잠겼다. 그리고 안디옥교회 1기, 2기 두 담임목사의 예수님을 닮으려는 몸부림을 생각하니 눈에서 눈물이 흘러내렸다. 특히, 이 목사의 신앙을 생각해보았다. 이 목사는 예수님의 삶과 우리의 삶을 비교해보자는 말을 자주 했다. 예수님은 출생부터 말구유(말 밥통)를 침대 대신으로 사용하여 낮고 천한 자리에 누우셨다. 낮에는 성전에서 가르치시고 밤에는 감람원이라 하는 산에서 노숙자처럼 새우잠을 자는 불편한 생활을 하셨다. 그리고 아무런 죄도 없으신 분이 우리의 죄를 짊어지고 그 당시 흉악한 죄인들만을 처형하는 '사형기계'인 십자가에서 죽으셨다. 이 목사는 "나는 예수님과 비교하면 귀족과도 같은 삶을 살고 있습니다"라고 말한다. 그리고 자신을 나타내지 않으려고 주보에 기록하지 않은 실천 강령 8번을 은퇴하는 날까지 말없이 실천해왔다. 2기 박 목사도 이러한 '자기희생적 목회 철학'을 그대로 따르고 있다. 나는 예수 믿고 세례받은 지 올해로 29년째다. 그동안 여러 교회를 다녀보았지만 이런 교회, 이런 목회자가 또 어디 있을까? 나는 눈을 감고 안디옥교회를 만나게 하신 하나님께 감사기도를 드렸다.

나와 같이 찬양대를 섬기고 있는 어떤 집사가 나에게 이야기해준 일화가 있다. 이 목사의 둘째아들이 한창 클 나이인 중학생이었을 때, 스테인리스 밥그릇에 하나 가득 담긴 정부미 밥을 퍼서 먹었다고 한다. 두 그릇에 가까운 양의 밥과 쉰 열무김치, 밑반찬 몇 개를 밥상에 놓고 맛있다고 한 그릇을 다 비워내는 둘째아들의 모습을 보고 그 집사는 아버지의 신앙을 그대로 물려받아 불편을 감내해내는 것 같아 무척 대견스러웠다고 한다.

평소 이 목사는 가정에서 반찬을 3가지만 놓고 식사하려고 노력했고 성도들에게도 검소한 식단을 많이 강조했다. 그러나 성도들이 이 목사를 대접할 일이 있을 때에는 이런 '1식 3찬' 정신이 잘 지켜지지 않았다. 대접하는 사람의 입장은 또 다르기 때문이다. 하지만 이 목사 스스로는 예수님을 닮기 위한 노력으로 검소한 식단을 애용했다.

목회자 가정이 정부미 밥을 먹게 된 사연은 이렇다. 개척 초기에는 값싼 정부미가 시중에 많이 유통되던 시절이었다. 성도들 중에는 형편이 가난하여 정부미를 사다 먹는 가정이 많았고 그런 가정에서는 정부미로 하나님께 성미를 드린 경우가 대부분이었다. 그런데 정부미는 오래된 쌀이어서 쌀 속에 '바구미'라고 하는 벌레가 많이 들어 있었다. 그래서 햅쌀과 정부미가 섞이면 정부미, 햅쌀 할 것 없이 온 쌀에 바구미가 퍼져서 쌀을 아무리 깨끗이 씻어도 완전히 제거하기가 어려웠다. 그래서 밥을 해도 바구미가 많이 섞여 있는 밥이 되고 만다. 하는 수 없이 성미 담당 집사가 햅쌀로 바꿔서 이 목사 가정에 드리면, 이 목사는 "절대로 그렇게 하지 마시고 그냥 주세요"라고 말했다. 그래서 이 목사의 자녀들은 정부미 밥을 많이 먹고 자랐다고 한다. 그래도 이 목사의 자녀들은 하나님께서 채식과 물만 먹었던 다니엘과 세 친구의 얼굴을 아름답고 윤택하게 하셨던 것(단 1:15)처럼 하나님의 은혜로 정부미 밥을 먹으면서 건강하게 잘 자랐다.

한편 '적은 사례비 선언'을 실천하는 이 목사에게 자녀를 위한 사교육은 엄두도 내지 못했다. 그래도 하나님께서는 이 목사의 자녀들을 놀랍게 사용하셨다. 자녀들은 가정 형편이 어려운 것을 알았기 때문에 열심히 공부하여 대학교 재학 중에 장학금을 받거나 주변 사람들의 도움을 받아 학업을 마쳤다. 그리고 지금은 선교사로 파송받아서 열정적으로 활동하고 있다. 이 목사의 자녀들도 대학교, 대학원 등의 진학을 위해 학비가 필요했지만 이 목사가 '적은 사례비 선언'을 충실히 지키려고 하다 보니 교회 차원에서 이 목사의 자녀들에게 학비를 지원해주고 싶어도 지원하지 못했다. 어떤 교회는 자녀의 유학자금을 과도하게 지원하거나 졸업한 후에도 변칙적으로 제공해서 물의를 빚기도 하는데 이 목사는 '내게 있는 권을 다 쓰지 않기로 작정한 사람'처럼 그렇게 살아왔다. 이 목사의 이러한 결정이 어떻게 보면 일반 사람들에게 매정한 아버지로 비추어질 수 있을지도 모르겠다. 하지만 이 목사 가족들의 철저한 희생과 헌신은 오늘의 전주 안디옥교회를 낳는 데 초석이 되었다.

그 결과, 이 목사의 큰딸은 아프가니스탄에서 선교사로 일하고 있다. 큰사위는 의사이며 병원 사역을 감당하고 있다. 작은딸은 인도네시아 선교사로 음악 선교 사역을 하고 있다. 사위는 인도네시아 신학교 사역을 하다가 지금은 바울선교회 미주 개발원 사역을 감당하고 있다. 그 뒤로 첫째아들은 미국에서 신학교를 졸업한 뒤 키프로스(바울이 처음 전도하러 간 섬 구브로를 말하며 바나바의 고향이기도 하다)에서 선교사로 방송 사역에 종사하고 있으며, 둘째아들은 영국에서 공부하였고, 필리핀에서 현지인을 훈련시키는 선교대학원 책임자로 일하고 있다. 이 목사의 신앙은 현재 손자들에게까지도 잘 전해지고 있다고 한다.

이는 박 목사의 자녀들도 마찬가지다. 박 목사의 큰아들 내외는 태국에 선교사로 파송되어 방콕에 교회를 개척하였고 그 교회를 3년 동안 섬기다가 지금은 파송 교회인 미국의 뉴송(New Song)교회에서 대학부 담당 목회자로 섬기고 있다. 작은아들도 미국에서 자비량 전도사로 베다니(Bethany)교회를 활발하게 섬기고 있다.

실천의 분량이
믿음의 분량

나는 안디옥교회가 왜 이렇게 부흥하고 유명해졌을까를 생각해보았다. 선교를 많이 하는 교회여서? 그것도 하나의 이유가 될 수 있다. 그러나 선교로만 본다면 다른 훌륭한 교회들도 많다. 70년이 넘게 선교에 모범을 보인 교회도 있고, 그 밖에 선교에 힘을 쏟는 교회가 많다. 그리고 선교가 아닌 다른 분야로 널리 알려진 교회들도 많다. 구제를 많이 하는 교회, 제자훈련에 힘쓰는 교회, 가정 사역에 열심인 교회 등 하나님께서 각 교회에 주신 사명들을 잘 감당하고 있는 교회들이 많다.

60% 선교

그런데 왜 안디옥교회인가? 전주 안디옥교회가 주목받고 있는 이유를 찾는다면 그것은 60% 때문일 것이다. 안디옥교회는 넉넉한 중에 선교한 것이 아니라 구차한 중에 선교를 해왔다. 그동안 안디옥교회는 불편한 깡통예배당 생활을 하며 헌금의 70% 이상을 선교비와 구제비로 드렸다. 그리고 나머지 30% 중에서도 예배처소를 위해 구입한 땅과 교육관 건물 신축비 등 불가피하게 들어간 비용 20% 정도를 빼면 교회 운영비는 재정의 10% 정도에 불과했다. 그러므로 궁핍한 생활을 하는 가운데 사용한 운영비 10%를 제외하면 재정의 거의 전부를 하나님께 드린 것이나 마찬가지다. 이 10%의 운영비는 더 이상 줄일 수 있는 것이 아니다. 줄이고 줄여서, 아끼고 아껴서 쓰는 기초 운영비다. 나는 안디옥교회의 이러한 헌신이 구차한 중에 생활비의 전부를 드린 가난한 과부의 헌신과도 같다는 생각이 들었다. 불편하게 생활하며 헌금의 대부분을 선교비와 구제비로 드렸기 때문이다.

> 예수께서 헌금함을 대하여 앉으사 무리가 어떻게 헌금함에 돈 넣는가를 보실새 여러 부자는 많이 넣는데 한 가난한 과부는 와서 두 렙돈 곧 한 고드란트를 넣는지라 예수께서 제자들을 불러다가 이르시되 내가 진실로 너희에게 이르노니 이 가난한 과부는 헌금함에 넣는 모든 사람보다 많이 넣었도다 그들은 다 그 풍족한 중에서 넣었거니와 이 과부는 그 가난한 중에서 자기의 모든 소유 곧 생활비 전부를 넣었느니라 하시니라(막 12:41~44).

헌금의 60% 이상을 선교비로 지출하는 내용은 '안디옥교회 실천 강령' 4번에 나와 있다. 이 실천 강령은 세계 어느 교회에서도 찾아보기 힘든 것이다. 그동안 내가 다녔던 어떤 교회에서도 교회 재정의 60% 이상을 선교에 사용한 교회가 없었다. 아니 10% 이상을 사용한 교회도 찾아보기 쉽지 않았다. 대부분의 교회는 재정을 예배당 건축비, 시설비, 상품비, 기념품비, 행사비, 목회자 사례비, 기타 운영비 그리고 약간의 선교비와 구제비 등으로 사용하고 있다. 그러나 안디옥교회는 재정의 60% 이상을 선교비로 사용하고 있다. 실제로는 70% 이상이 선교비로 사용되는데, 대략 70~75% 사이를 오르락내리락한다. 이 선교비 중에서 90%는 해외 선교에 사용된다. 10% 정도가 농촌 선교, 특수 선교에 사용된다. 이렇게 해외 선교의 비중이 높은 이유는 아직도 복음이 전혀 들어가지 않은 나라와 종족이 너무 많기 때문이다. 즉, 미 전도 종족을 위한 복음 전파가 가장 시급한 문제이기 때문에 해외 선교에 노력을 기울이고 있는 것이다. 어떤 사람들은 "왜 해외 선교의 비중이 그렇게 많습니까? 구제 비중을 좀 더 높여야 되지 않겠습니까?"라고 말한다. 그러나 하나님은 사도 바울에게 "왜 전도여행만 그렇게 많이 다녔느냐? 왜 해외 선교에만 집중하는 삶을 살았느냐?"라고 지적하지 않으셨다. 하나님께서는 사도 바울에게 선교에 관한 달란트를 주셨기 때문이다. 다른 교회, 다른 성도들은 각기 다른 달란트를 받았기 때문에 받은 달란트대로 주의 일을 하고 있는 것이다.

안디옥교회는 해외 선교의 비중이 높기 때문에 농촌 선교는 농촌 선교회에서 운영하는 직판장에서 나온 수익금 등으로 보충한다. 장애우 선교는 사단법인을 만들어 정부의 지원을 이끌어내는 방법을 병행하여 운영하고 있다. 나머지 20%는 건축비(땅 구입비, 교육관 신축비 등), 10%는 경상비(사례비, 월세, 상회비 등)로 사용한다.

그래서인지 전주 안디옥교회는 믿지 않는 사람들에게도 인정받는 교회다. 나는 주변 사람들에게 이런 말을 많이 들었다. "나는 교회는 안 다니지만 안디옥교회는 좋은 교회라고 알고 있습니다. 그 교회 목사님 참 훌륭한 분이시더군요." 안디옥교회는 온 백성에게 칭송받은 초대교회와도 같다. 온 백성에는 신자, 불신자가 섞여 있고 초대교회의 성도들은 온 백성의 칭송을 받았다(행 2:47). 즉 신자들에게도, 불신자들에게도 칭송을 받아야 초대교회요, 초대교회의 성도들인 것이다.

한편, 60% 선교를 한다고 하니까 돈으로 선교하는 줄로 아는 사람들도 있다. 그러나 그건 오해다. 오직 성령으로 한다. 오직 기도로 한다. 60% 이상을 선교비로 지출하다 보니 기도하지 않으면 해낼 수가 없었다. 교육관도 지어야 하고 시설 개보수도 해야 했기에 항상 빠듯했다. 그러나 힘들어도 했다. 주님과의 약속이기 때문이다.

기도 시간을 빼앗기는 자는 최고로 어리석은 자다. '모든 것의 모든 것' 되신 하나님께 매달리는 자가 가장 현명한 자다. 이곳저곳 인사치레에 예의 바른 팔방미인이 되지 마라. 골방 밀실에서 하나님의 신임을 받도록 하라.[2]

이 목사는 말한다. "매달 선교비를 지불하는 일이 여간 어려운 일이 아니었습니다. 매달 과연 모자라지 않게 선교비가 채워질까 하는 마음으로 항상 가슴이 두근거렸습니다." 개척교회 시절에 60%는 채워야 하고, 선교지에서 도움을 요청하는 손길은 많고, 재정은 불충분해서 이 목사와 모든 성도는 선교를 위해 기도에 매달렸다. 이 목사는 "하나님이 이렇게 빠듯하게 일하시는 이유는 기도하라는 것입니다. 기도하지 않으면 마귀가 틈타기 때문입니다"라고 말한다. 즉 선교는 기도 없이는 불가능한 일이다. 그리고 이런 말씀도 있지 않은가. "기도 외에 다른 것으로는 이런 종류가 나갈 수 없느니라" (막 9:29).

이 목사는 기도의 사람이다. 목회를 시작할 때부터 기도로 목회하고 기도로 모든 사역을 감당해왔다. 한번은 목회 초반에 어느 교회에서 목회하고 있던 시절이었다. 한여름에 모시적삼을 입고 기도하는데 모기가 얼마나 많던지 기도하는 동안 모기들이 이 목사에게 몰려들었다. 그러나 이 목사는 기도에 열중하느라 모기가 무는 줄도 몰랐는데, 최영순 사모가 그 모시적삼을 물에 담갔더니 빨간 핏물이 배어나왔다고 한다.

이 목사는 전주 안디옥교회를 개척한 이후에도 선교의 사명을 감당하면서 힘이 들 때마다 더욱 하나님께 매달려 기도했는데, 60% 이상의 선교비 지출은 기도의 사람, 이 목사의 피땀 어린 기도가 있었기에 가능했던 것이다. 이 목사는 선교하면서 항상 "안디옥교회는 기도 없이는 파산하는 교회입니다"라며 배수진을 쳤다. 이 목사는 "월 초가 되면 과연 이번 달에 필요한 선교비가 채워질지 눈앞이 캄캄할 때가 한두 번이 아니었습니다. 우리 힘으로 한 것은 아무것도 없습니다. 오직 기도했고 하나님께서 그때그때 채워주셨습니다"라고 고백한다. 안디옥교회는 예산 없이 그 달 나온 헌금으로 선교했기 때문에 예비비나 남겨둔 헌금이 없었다. 그래서 모든 성도는 "월 용할 양식을 주옵소서"라고 열심히 기도했다. 말이 그렇지 이 놀라운 사역을 28년 동안이나 해오다니, 나는 그저 놀랍다는 말밖에는 할 말이 없었다.

그렇다면 안디옥교회가 '60% 선교'를 해서 손해 보았을까? 그렇지 않았다. 오히려 더 부흥했다. 양적으로, 질적으로 크게 부흥하였다. 안디옥교회가 선교를 많이 하는 교회로 알려지면서 전도하기가 쉬웠다. 성도들도 불편하게 사셨던 예수님처럼 살려고 노력했으며, 선교에 대한 비전을 키워나가며 직장, 사업장 어느 곳에 있든지 '선교사'라는 마음으로 일하게 되었다.

이 목사는 '60% 선교'를 해서 오히려 받은 것이 더 많았다고 고백한다. "범사에 여러분에게 모본을 보여준 바와 같이 수고하여 약한 사람들을 돕고 또 주 예수께서 친히 말씀하신 바 주는 것이 받는 것보다 복이 있다 하심을 기억하여야 할지니라"(행 20:35)의 말씀, 그리고 그중에서 "주는 것이 받는 것보다 복이 있다"는 말씀은 아주 정확하신 말씀인 것이다.

또한 이 목사는 재정의 60% 이상을 선교 사역에 사용해왔어도 그 '60% 선교'가 교회 부흥에 걸림돌이 되지 않고 오히려 디딤돌이 되었다고 고백한다. "초대교회도 헌금의 전부를 가난한 사람들을 위해 사용하였는데 교회 부흥에 아무런 걸림돌이 되지 못했습니다." 나는 그 말을 이렇게 이해했다. "교회의 과다한 운영비 지출은 선교와 구제 사역, 즉 주님의 지상명령을 이행하는 데 걸림돌이 될 뿐만 아니라 교회 부흥에도 걸림돌이 된다." 그래서 나는 아직도 운영비에 치여 선교와 구제를 많이 하지 못하는 교회에게 자신

있게 권하고 싶다. "60% 한 번 해보세요."

물론 '운영비 비중을 높일 것인가, 선교비 비중을 높일 것인가?' 하는 것은 모든 교회의 고민일 것이다. 개척교회가 선교비의 비중을 너무 높이면 교회를 운영하는 것이 불가능에 가깝기 때문이다. 그러나 안디옥교회는 그 불가능해 보이는 일을 처음부터 지금까지 지속적으로 해왔다. 하나님께서 주신 명령과 하나님께서 주신 감동에 순종하였기에 '불가능한 일'이 '가능한 일'로 바뀐 것이다. 안디옥교회는 하나님께서 처음 주신 감동에 변함없이 순종해왔고 하나님은 '부흥'으로 화답해주셨다. 그러므로 교회들이여 고민하지 말자. 주님의 지상명령에 "아멘"으로 화답하자. 하나님은 "순종이 제사보다 낫다"고 말씀하셨다. 여기서 제사는 예배에 해당된다. 주님은 예배보다 더 급한 일이 몇 가지 있음을 성경을 통해서 말씀하고 계신다. 첫째는 강도 만난 이웃 돕기(눅 10:25~37), 둘째는 형제와 화목하기(마 5:21~24), 셋째는 순종하기(삼상 15:2~22)다. 그래서 안디옥교회는 어려워도 주님의 지상명령에 순종하고 있다.

가장 소중한 것을 드린다

교회 헌금 중에서 금액으로 가장 많은 비중을 차지하는 것은 십일조헌금이다. 안디옥교회는 그런 십일조헌금을 선교비와 구제비로 전부 드리고 있다. '하나님께 가장 귀한 것을 드리자'는 마음으로 십일조의 전액을 선교비로 지출하고 있다. 십일조만 드리는 것이 아니다. 십일조에 선교헌금이나 감사헌금까지 포함해서 드린다. 그 결과 항상 선교비가 헌금의 70%를 넘었다.

때때로 이런 마음도 들었을 것이다. "60% 이상을 드리겠다고 했으니 61% 만 드릴까?" 그러나 안디옥교회는 핑곗거리를 찾지 않았다. 우직하게 서원한 것은 넘칠망정 모자람은 없게 하려고 노력하였다. 현재까지 항상 70% 이상의 헌금이 선교와 구제를 위해 쓰이고 있다.

> 회고해 보건대 주님께서 관여하시지 않은 것은 하나도 없었다. 깡통교회로 시작하려는 마음이 우리에겐 전혀 없었다. 그런데도 이 건물 외에는 보여주시지 않았다. 필연적이었다. 삭개오를 보내어 교회 재정의 50%를 정하게 하시고 70%까지 선교비로 사용케 하시면서 교회를 발전시킨 분도 우리 예수님이셨다. "불편하게 삽시다. 우리는 권리는 없고 의무만 있다. 우리는 모두 선교사요 전도사요 관리인이다. 우리 교회는 주님 오실 때까지 개척교회의 자세를 잃지 않으리라"란 생각을 우리 마음속에 집어넣어주신 분도 우리 주님이셨다. 이 기본적인 정신을 두 손으로 꼭 붙잡고 줄기차게 전진해야 할 것이다.[3]

안디옥교회는 십일조헌금 전액을 선교비로 사용하고 있기 때문에 마음 편하게 '십일조신앙'을 가르칠 수 있다. 성도들에게 '십일조신앙'을 가르치는 데 그만큼 부담이 적고 헌금 강요한다는 말을 들을 염려가 없다. 안디옥교회는 내가 다녀본 교회들 중에서 가장 헌금 강요를 안 하는 교회다. 하지만 헌금에 관해서는 성경에 나온 대로 가르칠 필요가 있다. "만군의 여호와가 이르노라 너희의 온전한 십일조를 창고에 들여 나의 집에 양식이 있게 하고 그것으로 나를 시험하여 내가 하늘 문을 열고 너희에게 복을 쌓을 곳이 없도록 붓지 아니하나 보라"(말 3:10). 나는 교회에서 십일조헌금하는 성도들에 대한 하나님의 축복에 대해서 가르쳐야 한다고 생각한다. 그렇게 하면 성도들은 성도들대로 축복을 받을 수 있고, 교회 입장에서도 하나님의 재산인 십일조를 가지고 더 많은 나라와 종족에게 복음을 전할 수 있으니 교회와 성도 양쪽 모두에게 복이 되기 때문이다.

그러나 헌금의 대부분을 운영비에 쏟아붓는 교회는 다르다. 재정 비리가 있는 교회나 재정부장을 서로 하려고 경쟁하는 교회도 '십일조신앙'을 제대로 가르칠 수가 없다. 하나님께 바쳐진 '성물'인 헌금을 먹고 마시는 데에 지나치게 사용하거나 상 주고 선물 주는 것에 주로 사용하는 교회, 몇 사람의 이익을 위해 사용하는 교회는 아무리 좋은 의미를 가지고 '십일조신앙'을 가르친다 하더라도 '헌금 강요'로 비춰질 수 있기 때문이다.

안디옥교회에서 동역하는 목사들 중에서 한 분의 헌금기도는, 성도들의 헌금을 얼마나 소중하게 생각하는지를 알 수 있게 해준다. "하나님, 성도들이 추운 곳에서 힘들여 번 수익의 일부를 정성껏 바친 예물이오니 기뻐 받아주시고 한 푼도 헛된 곳에 쓰이지 않게 도와주시옵소서." 성도들이 자신의 가장 귀한 것을 하나님께 드리고 있다는 것을 표현하는 기도이며 헌금을 소중히 여기는 목회자의 마음을 느낄 수 있었다. 우리는 흔히 "농부들이 피땀 흘려 수확한 쌀이니 한 톨도 함부로 버리지 마라"는 말을 한다. 그렇다. 농민들을 생각해서 쌀 한 톨도 귀하게 여겨야 한다. 그러나 헌금은 농부들이 피와 땀을 흘려 수확한 쌀보다도 귀하다. 헌금이 바쳐지고 나면 헌금은 더 이상 '성도들이 기부한 돈'이 아니다. 하나님께서 받으신 '성물'인 것이다. 그러므로 헌금을 사용할 때도 하나님의 선한 사업을 위해 귀하게 사용되어야 하며 한 푼도 헛되이 사용하면 안 되는 것이다. 박 목사도 항상 "작년에는 선교비로 00억 원을 보냈습니다. 모두 여러분이 하셨습니다"라고 말한다. 박 목사는 항상 자신을 드러내기보다는 하나님께 영광을 돌리고 성도들을 격려해준다.

그렇게 전주 안디옥교회는 계속 퍼주기만 하는데 이상하게도 헌금은 더욱 많아진다. 양적으로도 부흥한다. 교회의 성장은 크게 양적인 성장과 질적인 성장 두 가지로 나타낼 수 있다. 양적인 성장은 성도 수의 증가이고, 질적인 성장은 예수님을 좀 더 많이 닮는 것이다. 교회 성장에서 양적인 성장도 아주 중요하지만 질적인 성장이 잘 이루어지지 않으면 양적인 성장이 방해를 받고 심한 경우 장기적으로 양적 성장에 치명적인 걸림돌이 될 수 있다. 양적 성장과 질적 성장은 교회 부흥의 두 날개인 것이다. 나는 어떤 교회든지 안디옥교회의 실천 강령을 그대로 실천하기만 한다면 교회의 부흥은 백 퍼센트 가능하다고 생각한다.

중요한 것을 먼저 한다

최선에 집중하다 보니 부족한 점도 많이 생긴다. 이 목사는 "우리 교회는 차선이 없거나 약합니다. 마음에 맞지 않은 것이 있더라도 큰 그림을 그리시는 하나님을 신뢰합시다"라고 말한다. 나는 이 말씀을 듣고 "아멘"을 마음속으로 연거푸 외쳤다. 그리고 '얼마든지 따르겠습니다. 좀 불편하면 어떻습니까. 사실 뭐 크게 불편한 것도 별로 없습니다'라고 혼잣말로 말했다. '차선은 최선의 적이다'라는 말은 '좋은 것은 가장 좋은 것의 적이다'는 말과 비슷한 말이다. 이는 선교에 최선의 힘을 쏟기 위해서는 선교할 수 없게 만드는 많은 일을 줄여나가야 한다는 뜻이다. 그런 차선의 일감들이 교회 안에 있다. 바로 그 차선이 최선의 적이 되는 것이다.

> 선교와 구제에 최선을 다하면 주님이 친히 그 교회를 통치하실 것이다. 교회 일이라고 다 주님의 일은 아니다. 주님의 일이 아닐 때 주님이 주인 되시지 않고 목사나 장로 혹은 교인들이 주인 된다. 그때 교회는 인간 냄새가 날 것이고 혼란해질 것이다. 부활하신 이후의 예수님의 명령은 모두가 선교 명령이었음을 인식해야 한다. 선교하라! 교회는 활기를 띨 것이다.[4]

독일의 시인 괴테가 말했다. '첫 단추를 잘못 꿰면 마지막 단추는 꿸 수가 없다.' 이 말은 첫 시작이 중요하고 순서가 중요하다는 두 가지 뜻을 가지고 있는데, 중요한 일(최선)을 먼저 하라는 뜻과 비슷한 의미를 가진다. 중요한 일을 먼저 하는 것은 우선순위를 정하는 것이다. 우선순위를 잘 정하는 것은 첫 단추를 잘 꿰는 것과 같다고 볼 수 있다. 안디옥교회는 처음부터 60%를 선교에 사용했기 때문에 지금까지도 계속 그렇게 할 수 있었던 것이다. 그래서 교회의 1순위는 최선(그의 나라와 그의 의, 지상명령, 하나님을 사랑하는 일, 선교의 4구역, 풍부한 선교, 구제비 지출 등), 2순위는 차선(멋진 예배당, 교회 버스, 각종 시상품, 풍부한 운영비, 친목 위주의 선교회 운영 등)이 된다. 먼저 해야 할 일을 먼저 하면, 나중에 할 일은 자동적으로 갖추어진다. 주님의 명령에 순종하라. 주님은 해결책을 다 갖고 계신다. 그분을 신뢰하자.

그 최선의 결과는 "교회 빚 다 갚았습니다"이다. 박 목사는 2009년에 성도들에게 선포하였다. "교회 빚 다 갚았습니다. 만경 수련원 건축 빚도 다 갚았습니다." 2009년은 금융위기 등으로 근래에 가장 어려운 해였다. 그러나 그 해에 '제로 빚 선언'을 할 수 있게 된 것이다. 박 목사는 덧붙여 말했다. "그동안 '불편하게 삽시다'라는 구호 아래 고생 많았습니다. 그동안 빚 갚으면서도 선교비는 전혀 어려움 없이 보냈습니다. 이젠 교육 시설(공기청정기 등 위생 시설 포함)만큼이라도 개선하도록 힘쓰겠습니다." 그러나 박 목사의 선언은 고급 시설을 하겠다는 뜻이 아니다. 교육 시설, 방송 시설 등 필수적으로 필요한 시설들에 한해서 개선하겠다는 뜻이다. 안디옥교회를 보라. '60% 이상'을 해도, '70% 이상'을 해도 안 망한다. 더 큰 축복을 주신다.

하지만 이 땅에서 사람들로부터 받는 것 중에서는 진정한 보상이 없다. 이 목사는 말한다. "진정한 상은 세상에 없습니다. 가짜 상만 많을 뿐입니다. 수고의 대가로는 너무나 볼품없는 것들입니다." 과연 그렇다. 세상에 있는 각종 상들 중에는 가짜 상이 많이 섞여 있다. 심지어 각종 포장 중에서도 공적 부풀리기나 나눠 먹기가 많고 연공서열식 수상도 적지 않다. 그래서 땅에서 주는 상들 중에는 가짜 상도 많고, 인맥상도 많고, 돈 상도 많으며, 퍼주기 상도 많다. 그래서 사도 바울은 이 땅의 상을 사모하지 않았던 것 같다. 사도 바울은 대신 하늘의 상을 사모하였다.

나는 선한 싸움을 싸우고 나의 달려갈 길을 마치고 믿음을 지켰으니 이

제 후로는 나를 위하여 의의 면류관이 예비되었으므로 주 곧 의로우신 재판장이 그날에 내게 주실 것이며 내게만 아니라 주의 나타나심을 사모하는 모든 자에게도니라(딤후 4:7~8).

우리나라는 무리한 예배당 건축으로 평생 건축 빚을 갚느라 허덕이는 교회가 많다. 빚을 갚기에 급급하다 보니 선교와 구제는 힘쓸 여력이 없다. 앞뒤가 바뀌니(본말이 전도) 하나님께도 죄송하고, 본인들도 괴롭다. 물론 하나님께서도 기뻐하지 않으신다. 주님이 주신 지상명령에 대한 불순종의 결과인 것이다.

05

안디옥 교회는 이런 교회

안디옥교회는 불편한 교회다. 시설도 낡고 교회 내의 모든 기관에 대하여 어떠한 물질적인 지원도 없다. 주일학교 학생들에게도 상을 주지 않는다. 장로 장립, 취임 등을 할 때에도 기념패를 주지 않는다. 바자회 한번 하려면 이삿짐센터처럼 할 일이 많다. 번듯한 개별 전용실 없이 대부분이 공용이다. 모든 방의 이용은 전부 겸하거나 교대로 한다는 뜻이다. 예를 들면 '선교사 훈련원 사무실 겸 중보기도실' 대충 이런 식이다. 모든 공간을 다 시간 안배해서 효율적으로 사용하고 있다. 그렇게 하지 않으면 인원을 다 수용할 수 없고 사역에 필요한 공간 확보가 불가능하다. 한 기관이 어떤 장소를 쓰면 그다음 기관이 순서를 기다렸다가 차례가 돌아오면 이용한다. 들어가고 나가는 사람들로 북적인다. 화장실도 칸 수가 적어서 불편하다. 특히, 예배 시간 전후의 여자화장실은 마치 사람들이 많이 모이는 지하철 화장실과도 같다. 식당 크기도 작고 통로는 좁아서 식사 시간이면 50m 이상 줄을 서서 기다려야 한다. 찬양대 연습도 조금만 연습 시간이 길어지면 다음 찬양대의 연습 시간이 줄어들기 때문에 수시로 시계를 봐가며 연습해야 한다. 그래도 얼굴에는 기쁨이 넘쳐흐른다. 안디옥교회는 이렇게 불편한 것이 한두 가지가 아니지만 성도들의 마음만은 하나도 안 불편하다. 오히려 마음이 평안하고 흐뭇하고 은혜롭다.

오히려 주님께 더욱 드리는 교회다. 예수님은 오병이어의 기적을 행하시기 직전에 "너희가 먹을 것을 주어라"라고 말씀하셨다. 예수님은 오병이어의 기적을 행하심으로 제자들에게 "오병이어를 바치면 오병이어의 기적을 베풀겠다"고 약속하신 것이다. 안디옥교회가 하나님께 최선의 것을 드렸기에 주님께서 안디옥교회를 국내 단일 교회 중 가장 많은 선교사를 파송할 수 있도록 기적을 베푸신 것처럼, 성도 개개인도 주님께 최선의 것을 드린다면 엄청난 기적을 체험하게 될 것이다. 아무리 적은 것이라도 정성껏 주님께 드리는 습관을 가져 주님께서 주시는 기적들을 많이 체험했으면 좋겠다. 보리떡 다섯 개와 물고기 두 마리를 드린 그 아이는 풍부한 중에 드린 것이 아니다. 궁핍한 중에 드렸다. 우리도 돈을 많이 벌어서 드리려 하지 말고 지금 가진 것을 다 드리자. 그러면 오병이어의 기적이 실현된다. 그리고 더 많은 것으로 맡겨주신다.

예수님은 달란트의 비유를 들어 다섯 달란트를 받고 순종한 사람에게 열 달란트를 맡겨주신다고 약속해주셨다. 우리도 주님께 먹을 것을 드리자. 우리가 받은 달란트를 드리자. 재능을 기부하자. 전도, 권면, 사랑, 위로, 사무 능력, 의술, 노래, 악기, 미술, 글쓰기, 음식 솜씨, 목욕 봉사, 장애인 사역, 선교사 등 아무리 적은 달란트라 할지라도 주님 손에 붙잡히면 놀라운 역사가 펼쳐질 것이다.

이 목사는 "우리는 하나님이 주시는 만나와 메추라기로 만족하는 만나 백성이 되어야 합니다"라고 말한다. 우리가 만나 백성이라면 매일 이 노래를 불러야 할 것 같다. "내일 일은 난 몰라요. 하루하루 살아요. 불행이나 요행함도 내 뜻대로 못해요." 이 복음성가의 가사에는 주님을 의지하지 않고는 단 하루도 살 수 없다는 고백과 매 순간의 삶을 주님께서 인도해주시라는 기도 내용이 들어 있다. 나는 이 복음성가를 부를 때는 하루 벌어 하루를 사는 사람들의 수고와 애환과 불편이 떠오른다. 그래서 이 노래의 가사를 약간 바꿔서 불러보았다. "다음 달은 난 몰라요. 한 달 한 달 살아요. 더 주시든 덜 주시든, 내 뜻대로 못해요." 안디옥교회가 어려운 가운데서도 하나님과의 약속을 지키기 위해 불편하게 살며 선교 사명을 감당한 것은 하나님께서 주신 것에 만족하는 만나 백성이 되었다는 뜻이기도 하다.

이처럼 안디옥교회는 별나다. 재정 구조, 선교 구조, 의식 구조 모두 별나다. 다음은 안디옥교회의 3대 구조이다.

안디옥교회의 3대 구조

1. 재정 구조는 예산이 없는 상태로 재정의 60% 이상을 선교비로 쓴다.

2. 선교 구조도 초교파적 파송이며 간섭을 최소화한다.

3. 의식 구조도 불편하게 사는 것을 행복하게 생각한다.

안디옥교회에 없는 것

안디옥교회에 없는 것

1. 예산이 없다(1년 예산을 책정하지 않는다).

2. 당회장실이 없다(컨테이너 박스를 활용한 다용도 섬김의 방이 있을 뿐).

3. 교회 버스가 없다.

4. 선물, 상품, 기념패가 없다.

5. 텃세(토박이)가 없다.

6. 교회 관리인이 없다(온 성도가 관리인).

7. 주보에 담임목사, 장로들의 이름이 없다.

8. 주보에 헌금 낸 성도들의 이름이 없다(헌금자 명단을 적어놓거나 따로 게시하지 않는다).

9. 부목사가 없다(동역하는 목사가 있을 뿐).

10. 장로석이 없다(똑같이 섞여서 예배드린다).

11. 권사와 안수집사가 없다.

첫째, 예산은 없고 결산만 있다. 주님 사업을 1년 예산안에 가둬놓지 않기 위해서다. 이것은 정말 대단한 창의력이다. 어느 교회에서, 어떤 목회자가 교회의 예산을 없앨 생각을 한단 말인가. 신기하기만 하다. 포기하고, 내려놓음이 가져온 지혜다. 나는 이것을 하나님께서 주신 지혜이며 계시라고 생각한다. 안디옥교회는 마치 그날 벌어 그날 먹고사는 사람들처럼 그 달 헌금으로 그 달 선교한다. 성도들이 한 달 동안 바친 헌금은 월용할 양식이 되는 셈이다. 안디옥교회의 재정은 1년 예산 없이 비율만을 정해두었는데, 예산이 없어도 별다른 불편은 없다. 오히려 주먹구구식으로 운영할 것 같지만 매년 선교를 해오면서 지출한 사례가 있어서 그와 비슷하게 집행을 하고 있다. 또한 각 선교지의 요구 사항들이 매년 다르고 선교의 지경은 계속 넓어지고 있기 때문에 주님 사업을 1년 예산이라는 틀에 가두지 않고 선교지의 필요와 성령님의 인도하심에 맞게 기도로 준비하고 기도로 집행한다.

예산이 있는 것과 없는 것은 마치 성문법이 있는 나라가 존재하고 불문법이 있는 나라가 존재하는 것처럼 이해하면 될 것이다. 하나님은 예산이 없는 전주 안디옥교회의 필요를 다 채워주시고 더욱 풍성히 주셨다. 교회에 예산이 없기 때문에 재정은 매우 단순하고 간단하다. 매년 수십억 원씩을 집행하고 있지만 불편 없이 잘 운영해오고 있다. 다만 예산 없이 재정의 70% 이상을 선교지의 필요를 채우는 데 사용하고 있기 때문에 안디옥교회의 모든 기관은 '자비량'으로 운영된다. 모든 기관에 교회의 예산 지원이 없는 교회다. 즉, 자비량 기관들만 있는 셈이다.

둘째, 당회장실이 없는 교회다. 담임목사방을 섬김의 방으로 이름을 바꾸었기 때문이다. 섬김의 방은 공부방, 사랑방, 제자훈련방 등 다용도로 사용하고 있다. '열린 당회장실'인 셈이다.

셋째, 교회 버스가 없다. 개척 직후에는 20~30분씩 걸어서 교회에 오느라 힘들다고 하소연하는 성도들이 있었다. 그리고 더 먼 곳에 사는 성도들은 오고 싶어도 올 수 없다는 의견도 있었다. 하지만 교회 버스를 사면 운영비, 유지비가 들기 때문에 60% 선교하는 일에 부담이 되어 과감하게 교회 버스 욕심을 버렸다. 그러나 교회 버스가 없는 대신 '재가 장애우 수송 차량', 장애 어르신들을 위한 '이동목욕차', 의료 봉사 전용으로 사용하는 '의료 선교용 버스' 등은 있다. 오로지 사역을 위한 차량들만이 있을 뿐이다.

넷째, 선물, 상품, 기념패, 거마비가 없다. 이런 것을 줄여서 선교하는 데 보탬이 되도록 하기 위함이다. 교회에서 기념품을 주는 것에 대한 이 목사의 생각은 아주 단호하다. "기념품을 주는 것은 곡식 창고 불 질러서 튀밥 튀어 주워 먹는 격이다"라고까지 말한다.

> 각종 집회를 하면 수건, 주방기구, 가방, 컵 등의 기념품을 나눠준다. 헌금은 하나님의 재산이다. 하나님의 재산으로 먹고, 상 주고, 기념품 나눠주고, 호텔에서 목욕해서 되겠는가? 기념품 대신 성령의 기쁨으로 채우자. 기념품 대신 예배당 하나 짓자. 200만 원이면 선교지에 예배당을 지을 수 있다. … 어느 여름날 남자 중직들의 전국 집회에서 집회 관계자가 지원금을 요청하며 떼를 썼다. 약간의 지원을 했다. 그 지원금은 대부분 기념품 제작에 쓰였다. 나는 분통이 터졌다. 아무 의미도 없는 기념품을 주는 관례를 깨뜨리자. 하나님의 재산을 탕진하는 무서운 죄이다.[5]

나는 이 글을 읽고 각종 연합집회 때에 기념품을 제작하는 대신 선교지에 예배당을 지었다면 몇 개나 지을 수 있었을까를 계산해보았다. 적게는 몇 개, 많게는 몇십 개의 예배당을 지을 수 있는 금액이었다. 안디옥교회는 주일학교 교사로 봉사하는 성도들에게 성탄절이나 연말에 손수건 한 장 선물하지 않는다. 야박하다고 생각할 수도 있겠지만 죽어가는 미 전도 종족들에게 복음을 전하기 위해 한 푼이라도 아끼자는 취지에서라는 것을 알고 있기 때문에 모두가 이해한다. 주님은 우리를 위해서 생명까지 주셨는데, 손수건 한 장 못 받으며 봉사한다고 서운한 마음을 갖지 않는다.

뿐만 아니라 안디옥교회 주일학교는 상도 주지 않는다. 부모가 믿는 가정의 아이는 교회에서 상을 받기가 쉽다. 부모님이 매주 데려다주고 헌금도 주며 자녀들의 신앙생활을 관리해주기 때문이다. 집에서도 신앙으로 잘 양육하기 때문에 모든 면에서 모범적인 교회생활을 하게 된다. 그러다 보니 믿는 가정의 아이들이 교회에서 주는 상의 대부분을 독차지하게 된다. 그러나 안 믿는 가정은 다르다. 상 받기가 어렵다. 부모님이 안 다니시기 때문에 TV 시청이나 컴퓨터 게임, 오락실 등의 유혹이 항상 뒤따른다. 심지어 어떤 부모는 자녀들이 교회에 가는 것을 반대하는 경우도 있다. 부모가 안 믿는 가정의 아이들은 이렇게 각종 유혹과 핍박을 이기고 나와야 하기 때문에 믿는 가정의 아이들보다 모든 면에서 불리하다. 출석상, 전도상, 헌금상, 특별상 중에서 어느 것 하나 녹록치 않다.

박 목사도 '전도상'에 얽힌 가슴 아픈 추억이 있다. 박 목사는 아직 예수님을 모르던 중학생 시절에 교회에 다니는 친구로부터 전도를 받은 적이 있었는데 끝까지 가지 않았다고 한다. 그 이유는 그 친구가 영혼 구원의 마음을 가지고 전도하기보다는 전도상을 받기 위해서 자신을 데려가려 한다는 사실을 알았기 때문이다. 그리고 그 상처는 오랫동안 남아 있었다. 어린 마음에 얼마나 큰 상처를 받았겠는가? 영혼을 진심으로 사랑하지 않고 전도상이 욕심나서 친구들을 전도한다면 오히려 역효과가 나타날 수 있다. 복음의 전파를 막는 길이 될 수도 있다.

전도 대상자들의 입장에서는 아직 예수님의 사랑을 모르는 상태이기 때문에 사랑 없이 하는 모든 전도 행위는 잘 받아들여지지 않을 것이다. 차라리 상을 받기 위한 전도보다는 그 전도 대상자를 위해 기도만 하고 있는 편이 나을 것이다. 영혼을 사랑하는 진심 어린 기도는 성령님께서 역사하시기 때문이다. 죽어가는 영혼을 사랑하는 진실한 마음으로 십자가 지신 예수님을 전해야 할 것이다.

또한, 어떤 교회는 장년부의 전도상으로 승용차를 주기도 한다. 그러나 이것은 시장논리가 아닌가. 기도로, 사랑으로 해야 할 복음 전파를 상이라는 타이틀을 걸어놓고 하는 바람에 상에 대한 욕심으로, 세상 방식인 성과 위주로 하게 될 우려가 있다. 예수님께서는 천국 복음을 전파하실 때 이렇게 외치셨다. "회개하라. 천국이 가까웠느니라. 회개하고 복음을 믿어라." 예수님께서는 죽어가는 영혼들을 사랑하는 마음으로 외치신 것이다. 그러나 교회에서 굵직한 전도상을 걸어놓으면 자신도 모르게 마음속으로 이렇게 외치게 될지도 모른다. '교회에 등록하라. 나는 승용차가 갖고 싶다.'

어떤 교회는 교회 마당에 승용차를 갖다놓고 전도상에 대한 홍보 효과를 노리기도 한다. 영혼 구원의 열정에 의한 전도가 승용차를 받고 자신의 의를 드러내기 위한 전도로 변질될 우려가 있다. 비록 그렇게라도 하는 것이 영혼을 살리는 일이고 "강권하여 데려다가 내 집을 채우라"(눅 14:23)는 말씀처럼 긍정적인 면도 있지만 방법을 달리해야 한다. 영혼에 대한 안타까운 심정과 예수님의 사랑을 품고 전도를 해야 한다. 그리고 그에 대한 상도 하나님께로부터 받아야 한다. 사람으로부터 상을 받는 것은 그 사람에게 하늘의 상급이 없을까 염려된다.

안디옥교회 성도들은 크리스마스 선물, 주일학교 시상식 상품, 봉사자들에 대한 일체의 사례도 보상도 없지만 순수하게 일한다. 이 땅에서 상 받는 것보다 주님 앞에 가서 상을 받아야 하기 때문이다. 상에 대한 이러한 사고방식이 오히려 더 신앙적이고 신앙생활의 미덕이라 말할 수 있다. 이렇게 교회에서 상을 주지 않는 것은 천국에서 더 많은 상을 받도록 도와주는 것이므로 상 받을 그 사람을 위한 길이기도 하다. "너희가 이미 상을 받았느니라"(마 6:2)의 말씀을 기억하고 이 땅에서 상주는 일을 당장 중단해야 한다.

전도를 안 하는 것보다는 전도상 받으려고 전도하는 것이 훨씬 낫다고 생각하는 사람들도 있겠지만 상을 바라보고 전도하지는 마시기 바란다. 오직 '사랑'으로 전도하라. 영혼 구원의 열정을 가지고 하라. 성령님을 의지하고 복음을 전하라. 내가 전하기만 하면 성령님이 도와주신다는 확신을 가지고 생명을 구원하라. 하늘의 별과 같이 빛나리라. 전도상으로 받은 승용차가 전도자를 빛나게 해주는 것이 아니다. 다시 말하지만 그런 사람들은 이 땅에서 이미 상을 받았다. 하지만 천국에서 받을 상이 없거나 적을 것이다.

한편 안디옥교회의 모든 봉사직은 무보수여서 봉사자들에게 어떠한 사례도 하지 않는다. 그래서 박 목사는 말한다. "아마도 우리 교회는 주님 오실 때까지 거마비가 없을 것 같습니다. 목사인 저도 사례비 받은 것보다 더 많은 헌금을 해서(교회 사례비 외에 외부 교육기관 등에서 특강을 할 경우나 부흥 집회를 인도하게 될 경우 받는 기타 수입이 있음) 주님의 칭찬을 받았으면 좋겠습니다. 목사인 저도 그렇게 주님 오시는 날 인정받고 싶습니다." 더 드리지 못해 안타까워하는 박 목사의 마음이 느껴진다.

다섯째, 텃세(토박이)가 없다. 성도들이 교회에서 봉사를 할 때는 어느 교회나 그 교회에 오래 다녔던 사람들이 일을 주도하려는 경향이 있다. 개척교회 시절부터 자신들이 늘 주축이 되어 일을 해왔기 때문이다. 개척교회 시절에는 교회에서 봉사하는 일이 십자가 지는 일이었지만, 교회 규모가 커지면서 교회 봉사가 무슨 대단한 권한이라도 되는 것처럼 주인 노릇을 하려는 사람들도 있다. 그러나 안디옥교회는 그런 사람들이 없다. 어느 교회나 개척 멤버들은 개척 때부터 주도적으로 교회 일에 관여해왔기 때문에 주인 노릇 하고 싶은 마음이 어느 정도 있을 것이다. 초창기 때부터 안디옥교회를 다녔던 성도들도 교회에 대한 애착이 있어서 그럴 법도 한데 안디옥교회는 전혀 그런 것이 없다. "나도 모르게 누가 그 일을 했어?"라고 말하는 사람이 없다. 이것이 바로 안디옥교회 성도들의 신앙이다.

여섯째, 교회 관리인이 없다. 교회 시설을 관리하는 사람을 옛날식 표현으로 '사찰'이라고 부르는데 안디옥교회는 개척 당시부터 지금까지 사찰 없이 모든 성도가 돌아가며 청소도 하고, 고장 난 것을 수리하기도 한다. 교회 청소도 교구별 혹은 각 목장 선교회별로 구역을 정해서 청소를 한다. 열심히 하는 교구와 선교회가 맡은 곳은 반짝 반짝 빛이 나지만 그렇지 못한 교구나 선교회의 경우는 먼지가 수북이 쌓여 있는 문제점이 발생하기도 한다. 그러나 그럴 때면 다른 교구나 선교회에서 희생정신을 발휘하여 대신 해주기도 한다. 안디옥교회는 관리인이 없을 뿐만 아니라 사무실 직원도 한동안 없었다. 그러나 성도 수가 천 명이 넘어선 시점부터 점차로 사무실 직원을 두었다. 교회 규모가 커지면서 사무실 직원 없이는 감당이 안 되었기 때문이다.

일곱째, 주보에 담임목사, 장로들의 이름이 없다. 이 목사는 "죄인의 이름을 적어놓는 것이 가식적인 것 같다"며 없애버렸다. 장로들의 이름도 마찬가지다. 담임목사가 이름을 적지 않았으니 장로들도 이름을 적지 않았다고 불평하거나 서운해하는 사람이 없다. 안디옥교회는 담임목사의 이름은 몰라도 교회 이름은 누구나 아는 교회다. 대부분의 대형 교회는 교회의 인지도가 담임목사의 인지도와 비슷하다. 오히려 교회 이름보다 담임목사 이름이 더 유명한 경우도 많다. 그러나 안디옥교회는 다르다. 담임목사 이름보다 교회 이름이 유명하다. 어떤 모임에 나가면 이 목사나 박 목사가 얼굴이 잘 알려져 있지 않아서 모르고 있다가 "전주 안디옥교회를 섬기고 있습니다"라고 인사하면 다들 놀란다고 한다. 말로만 듣던 전주 안디옥교회의 담임목사를 만나서 그런 것이다. 이 목사는 그동안 돈 들여서 하는 TV 출연은 하지 않았기 때문에 지금까지 얼굴이 많이 알려져 있지 않다.

여덟째, 주보에 헌금자들의 이름이 없다. 작은 교회는 주보의 지면에 여유가 있기 때문에 헌금자들의 이름을 표기하는 경우가 많은데, 안디옥교회는 개척 초기부터 지금까지 주보에 헌금자들의 이름을 표기하지 않았다. 그리고 대부분의 교회에서 그런 것처럼 안디옥교회도 예배당 입구 안쪽에 헌금 봉투 보관대가 있어서 성도 개인별 헌금봉투를 보관할 수 있도록 했지만, 2기에 들어와서는 그것마저 없애버렸다. 그 대신 얇은 재생봉투를 사용하여 그때그때 헌금함에 넣는다. 그렇게 하는 것이 헌금 관리 면에서 더 쉽고 효율적이라고 한다. 그리고 그렇게 하는 이유 중에는 상은 하늘에서 받아야지 땅에서 받으면 안 된다는 의미도 포함되어 있다.

아홉째, 부목사가 없는 교회다. 안디옥교회는 부목사가 없다. 그냥 목사들만 있다. '부활절 연합예배' 등 각종 연합예배를 드릴 때는 대개 후원한 교회가 예배순서지에 소개되는데 안디옥교회는 부목사라는 표현 대신 '목사'라고만 표기한다. 내가 2010년 부활절 연합예배에 참석할 때 눈여겨보니까 수많은 교회 중에서 안디옥교회만 그렇게 표기하였다.

'부목사'와 '목사'는 어떤 차이가 있을까? 대개의 경우, 부목사는 담임목회자의 사역을 돕는 역할만 한다는 뜻에서 그렇게 부른다. 그러나 안디옥교회는 부교역자의 역할도 다르다. 담임목사나 부목사나 다 하나님께서 세워주셨고 그렇기 때문에 부목사가 왕성하게 사역을 펼치기 위해서는 부목사라는 표현이 방해가 된다고 보고 '부'자를 떼어버린 것이다. 그래서 '부목사' 대신 '동역하는 목사님들'이라는 표현을 쓰고 직접 부를 때는 "○○○ 목사님" 하며 담임목사와 동등한 호칭을 사용한다. 담임목사에 대해서도 '당회장 목사님, 담임목사님'이라는 표현은 잘 사용하지 않는다. 그 대신 '이동휘 목사님', '박진구 목사님' 이런 표현을 많이 사용한다. 담임목사와 동역하는 목사들 사이에 호칭상의 차별이 없는 것이다. 그래서 안디옥교회의 전임 목회자들은 위축되지 않고 왕성하게 사역을 수행할 수 있다.

나는 여러 교회를 다녀봐서 '부'자가 붙을 때와 안 붙을 때의 차이점을 잘 알고 있다. '부'자가 붙을 때는 무슨 계급처럼 느껴질 때도 있다. 그러나 안디옥교회는 '부목사'가 없고 '목사님들'만 있기 때문에 부교역자들이 자유로운 분위기 속에서 사역을 감당하고 있다. 박진구 담임목사도 항상 "동역하는 목사님들", "○○○ 목사님"이라는 표현을 사용한다. 어떤 사람들은 부목사가 없다고 하니까 '담임목사 혼자서 사역을 감당하나?'라고 생각할지 모르겠다. 그러나 부교역자의 호칭과 표기를 그냥 '목사'로 하고 있는 것이다. 이렇게 안디옥교회 1기 담임목사인 이동휘 목사의 '목사의 평등법칙'은 2기 박진구 목사에게까지 영향을 주었다.

동역하는 목사들은 담임목사에게 종속적이지 않으면서도 조화롭게 사역을 펼친다. 그분들이 사역하는 모습을 보면 마치 세상을 지키는 영웅들이 나오는 영화를 보는 것 같다. 그럴 때면 너무 자유스럽고 즐겁고 행복한 마음이 든다. 그러한 기분은 각종 교회 사역에 참여하면서 많이 느낀다. 전도사, 장로들도 마찬가지로 겸손하게 자신의 사역들을 감당한다. 동역하는 목회자들이 찬양을 인도할 때나 설교할 때, 그리고 제자훈련 프로그램 등을 인도할 때 참 은혜가 밀려온다.

열 번째, 장로석이 없다. 장로석이 없을 뿐만 아니라 장로들끼리 한군데 모여서 예배드리지도 않는다. 예배당 곳곳에서 일반 성도들과 똑같이 섞여서 예배를 드린다. 오히려 새신자들에게 좋은 자리를 양보하거나 예배 진행에 도우미 역할을 하기에 좋은 자리에 앉으려고 노력한다. 장로들은 겸손함이 몸에 배어 있다. 요즘은 장로석을 없앤 교회들이 많지만 안디옥교회는 개척 초기인 28년 전부터 지금까지 장로석이 없다. 장로들이 하는 여러 가지 일 중에 주차 안내가 있는데, 그분들은 주차 안내를 할 때 너무도 겸손하다. 누가 오든지 깍듯이 인사를 하고 안내를 하는 모습을 보면 감동적이다. 주차 안내에 필요한 주차봉도 모두 자비로 구입해서 사용한다. 주차 안내 대기실 용 컨테이너 박스는 대기실뿐 아니라 성경읽기 장소로 이용하여 틈틈이 성경을 읽기도 하고 신앙적인 이야기들을 나누고 서로 권면하며 하나님께 받은 은혜를 나눈다.

열한 번째, 권사와 안수집사가 없다. 권사를 안 세우는 이유는 남발하지 않기 위해서다. 하나님께 대한 충성을 직분으로 유혹하는 교회들도 있는데 안디옥교회는 그렇게 하지 않는다. 또한, 세울 만한 사람이 너무 많아서다. 모두 한결같이 열심히 하는데 그렇다고 다 세울 수도 없는 노릇이다. 안디옥교회의 봉사직은 자발적이어서 열심히 헌신하는 성도들이 무척 많다. 안수집사를 안 세우는 이유는, 그동안은 교단 헌법에 안수집사를 세우도록 하는 규정이 없어서였다. 그러나 최근에는 기장 총회에서 규정을 개정하였기 때문에 안수집사를 세울 수 있도록 하였으나 직분을 남발하지 않기 위해서 아직까지는 세우지 않았다.

안디옥교회는 하나님께서 주신 직분이 너무도 귀하기 때문에 직분을 남발하지 않는다. 이 목사는 말한다. "우리 교회는 당장이라도 권사 500명은 세울 수 있습니다. 그렇지만 직분을 남발하여 생기는 부작용이 많아서 세우지 않고 있습니다." 그렇다. 장로, 안수집사, 권사 등 교회의 중직은 하나님의 일을 하라는 직분인데, 어떤 사람들은 이 직분을 '권한을 행사하는 자리', '교회의 어른이 된 것을 증명하는 자리'로 받아들이기도 한다. 직분에 대한 잘못된 인식은 많은 부작용을 낳는다. 섬기는 자리에 있지 않고 관리, 감독하는 자리, 권한을 행사하는 자리로 변질된다. 집사라는 직분도 너무 귀한 직분이다. 스데반 집사를 보라. 직분 가지고 일한 것이 아니다.

이 목사는 말한다. "장로 되려고, 권사 되려고 너무 애쓰지 마시기 바랍니다. 직분 가지고 천국 가는 것 아닙니다." 실제로 안디옥교회는 장로 직분을 받으려고 아무리 애를 써도 되지 않는다. 모든 성도가 '안디옥신앙'으로 무장되어 있어서 주님을 잘 섬기고, 겸손한 사람들을 장로로 잘 선출해낸다. 이 목사도 "중직은 순교 순입니다"라며 군림하고 권한을 행사하는 직분이 아니라고 단호하게 말한다. 또한 "성경에서 가장 아름다운 말은 집사"라며 이 목사 자신도 집사로 불렸으면 하고 '집사'라는 호칭에 대해 사모하는 마음을 가지고 있었다.

한번은 성도들에게 '이동휘 집사님'이라고 따라 부르도록 했는데 성도들은 웃기만 했다. 인도의 성자 선다싱도 목사 임직을 사양하고 전도자로서만의 일생을 살았다고 한다. 직분을 '권한의 자리'가 아닌 '섬김의 자리'로 생각할 때 교회는 교회다울 수 있다. 그래서 안디옥교회 성도들은 직분을 받으면 더욱더 겸손하게 섬기는 자의 위치로 나아간다.

한편 안디옥교회의 모든 선교회장, 찬양대장, 청년부장 등의 직분은 1년만 하고 교체된다. 계속 맡아서 하는 것이 전문성을 신장시킬 수 있다는 긍정적인 면도 있지만 '텃세 방지', '노릇 방지' 등을 위해 그렇게 하고 있다.

그러나 안디옥교회가 언제까지나 권사와 안수집사를 안 세우고 있을 수 만은 없다. 교회의 규모가 지속적으로 커지면서 사역을 위한 효율적이고 조직적인 체계가 필요해졌기 때문이다. 그리고 그동안 '안디옥신앙'이 자라고 뿌리를 내리는 단계에 진입하고 있기 때문에 앞으로는 권사, 안수집사를 세우려고 계획하고 있다. 하지만 안디옥교회는 권사와 안수집사를 세워도 '노릇' 하고 권한만을 행사하려는 권사와 안수집사는 없을 것 같다. 그동안 안디옥교회의 장로들의 신앙을 보면 그런 예상이 가능하다.

안디옥교회에 있는 것

안디옥교회에 있는 것
1. 자비량 섬김, 자비량 기관
2. 4구역 선교
3. 24시 열린 예배당
4. 의무
5. 백성들의 칭송
6. 장애우 수송 차량, 이동목욕 차량, 의료 선교 차량(교회 버스가 없는 것과 대비됨)
7. 한 번도 바꿔본 적이 없는 교회 표어(성구)

첫째, 자비량 섬김과 자비량 기관이 있다. 안디옥교회의 모든 기관은 자비량 기관이다. 교회의 지원이 전혀 없다. 각 기관에서 필요한 물품이나 운영비는 교회의 지원을 받지 않는다. 봉사도 자발적이기 때문에 의무감으로 하

지 않고 헌신적으로 하게 된다. 이는 안디옥교회 1기 담임목사인 이동휘 목사가 자비량의 모범을 보였다. '목사의 평등법칙'에서도 그것을 찾아볼 수 있다. 스스로 정한 궁핍한 사례비와 자가용 없이 살기, 작고 허름한 아파트에 살기 등으로 자비량 헌신을 실천하였다. 안디옥교회는 교역자 수련회조차도 교회 재정을 사용하지 않고 교역자들이 각자 회비를 내서 충당한다. 세상에 이렇게까지 하는 교회가 과연 있을까? 찬양대 운영도 마찬가지다. 찬양대 가운도 대원들이 돈을 모아서 산다. 악보나 각종 운영비도 대원들이 회비를 걷어서 스스로 충당한다. 간식도 대원들 중에 집안에 애경사가 있으신 분이 애경사 후에 간식을 내거나 섬기는 마음이 풍성하신 사람들이 자발적으로 준비한다.

점심도 교회 식당에서 천 원을 내고 사먹는데, 식당 주방에서의 식사 준비, 설거지 등은 일자리를 만들어 어려운 사람들에게 제공하고 있으며 배식, 식권 관리 등은 자원하는 봉사자들이 하거나 교구별로 돌아가면서 도와주기도 한다. 식당 규모도 교회의 크기에 비해 작은 편이어서 불편한 점이 많다. 점심시간에는 길게 줄을 서서 20~30분간을 기다려야 식사할 수 있다. 그러나 기다리면서도 성도들 간의 즐거운 교제가 있다. 식사를 마치고 나면 좁은 통로로 빠져나간다. 그리고 모든 공간이 그렇듯이 식당도 다목적으로 사용한다. 예배 시간에는 예배당으로, 식사 시간에는 식당으로, 그 외의 시간에는 농촌 선교회의 직판장으로 사용된다. 어느 공간이든 빈틈없이 효율적으로 사용한다. 교회 시설이 턱없이 부족하기 때문이다.

또한 많은 사람이 안디옥교회에 대해 잘못 알고 있는 부분이 있는데, 그것은 안디옥교회가 청년들에게 예산을 많이 들이고 장년들은 권리를 포기하였다는 것이다. 그러나 안디옥교회는 장년들뿐만 아니라 청년들까지도 자비량 원칙이 똑같이 적용되고 있다. 우리나라에서 좋은 교회로 알려진 몇몇 교회들 중에는 청년부에 예산을 많이 지원하여 청년들을 키우는 일에 열심인 곳이 많다. 주일학교가 살아야 5년 후, 10년 후 좋은 교회가 된다고 역설하는 교회, 장로들에게 "청년들에게 자장면 사주며 격려하고 친해지라"라고 권면하는 교회가 있다. 참 좋은 교회들이다. 나는 내가 알고 있는 그런 몇몇 교회들을 참 좋아한다.

그런데 안디옥교회는 그런 종류의 교회는 아니다. 청년부에 예산을 쏟아붓고 장년부는 불편을 감수하는 그런 교회가 아니라는 말이다. 안디옥교회는 청년들에게도 "불편하게 삽시다"를 가르친다. 유초등부 학생들에게 그런 것처럼 청년들에게도 역시 상을 주지 않는다. 오히려 청년부는 운영비를 최소한으로 줄여서 선교비를 마련한 다음 교회 재정에 편입시킨다. 교회에서 청년부에 예산을 지원하는 것이 아니라 오히려 그 반대로 청년부에서 교회로 예산이 지원되고 있다. 이렇게 해도 청년부, 대학부는 부흥하고 있다. 오히려 더 많이 헌신하고 싶어 한다. 역설적이지 않는가? 보통 사람들이 가진 상식으로는 이해되지 않는 교회다. 안디옥교회는 '모든 봉사자는 어떠한 보수도 받지 않는다'라고 실천 강령 6번에 나와 있는 것처럼 자비량 기관만이 있을 뿐이다. 이러한 자비량 헌신은 이 목사의 솔선수범하는 삶이 있었기에 가능했으며 그의 삶을 보며 모든 성도가 믿고 따랐다.

대신 어린이들이나 청소년들이 혜택을 받고 있는 것이 한 가지 있다. 그것은 깡통이 아닌 일반 건물로 지어진 교육관에서 예배를 드리고 있다는 것이다. 2기에 들어와서는 '교육 선교'를 표방하여 교육도 선교의 일부로 편입시켰다. 그 덕분에 교육 분야의 시설은 약간 나아져 불편이 좀 해소되기는 했지만 운영에 있어서는 자비량 원칙이 그대로 적용된다. 하지만 예외가 있다. 바로 장애우예배다. 장애우예배의 교사들 중에는 대학생들이 많고 장애우들을 더욱더 잘 섬기기 위해 예외적으로 교회의 지원을 받는다. 간식도 교회에서 제공한다. 장애우예배는 특수 선교에 해당되기 때문이다.

둘째, 4구역 선교가 있다. 사도행전 1장 8절의 내용을 풀어 보면 4구역 선교가 나온다. 예루살렘(내가 살고 있는 곳, 안디옥교회를 예로 들면, 전주와 전북), 온 유대(내가 살고 있는 나라, 예를 들면 한국), 사마리아(북한 등 특수 지역, 특수 선교는 지역별, 국가별로 다를 수 있다), 땅끝(세계 각국, 특히 미 전도 종족)이 있다. 특수 선교는 소외된 지역이나 계층에 대한 사역이다. 예를 들면 장애우 선교, 어르신 선교 등을 들 수 있다. 어르신들을 전도하여 구원받게 하면 대단한 일을 한 거다. 야구로 말하면 9회 말에 홈런을 치게 해드리는 것이기 때문이다. 나는 그래서 어르신들을 대상으로 한 선교를 '9회말 선교'라 부르고 싶다.

이처럼 이 목사와 박 목사는 교회의 존재 이유를 '선교'로 본다. 안디옥교회는 선교를 최우선으로 두고 사역해왔다. 그래서 전주 안디옥교회는 선교하는 교회로 유명하다. 국내뿐만 아니라 세계적으로도 유명하다. 그러나 대부분의 교회는 '선교'를 여러 가지 사역들 중의 하나로 본다. 각 교회의 재정 집행 내역을 보면 알 수 있다. 이것이 안디옥교회와 다른 교회와의 중요한 차이점이다. 그런데 선교는 주님의 지상명령이고 그 선교는 국내 선교 또는 해외 선교에만 국한되어 있지 않다. 내가 사는 지역(시골이든 도시든), 우리나라, 해외, 특수 지역 모두를 뜻한다. 그리고 동시적 명령이다. 사도행전 1장 8절에서 말씀하신 주님의 지상명령은 예루살렘을 먼저 복음화시키고, 그다음에는 온 유대 나라를 복음화시키며, 이어서 사마리아 같은 소외된 지역을 복음화시키고, 그 후에 땅끝까지 복음화시키라는 순차적인 뜻의 명령이 아니다. 그래서 안디옥교회는 이 4구역을 동시에 선교하고 있다.

셋째, 24시간 열린 예배당이 있다. 안디옥교회는 24시간 내내 예배당 문을 열어놓는다. 기도하고 싶은 사람은 누구나 기도할 수 있도록 하기 위한 것이다. 다시 말해 예배당을 "만민의 기도하는 집"(사 56:7; 막 11:17)으로 만든 것이다. 예배당 문을 24시간 열어놓으면 왜 문제가 없겠는가? 그래도 열어놓는다. 이렇게 예배당을 24시간 개방해놓으니 실제로 물건이 분실되는 경우가 종종 발생하였다. 그래서 분실이 우려되는 물품은 다른 곳에 보관하고, 그 물품이 있는 곳에만 자물쇠를 채워놓는다. 어쩌다 노숙인들이 들어와 잠을 자는 경우도 있는데, 철야하는 성도들이 항상 몇 명이라도 있기 때문에 별문제 없이 지내고 있다. 선교나 구제보다는 예배당 짓기에 바쁜 교회들은 고가의 시설들 때문에 예배당 문을 못 열어놓을 것이다. 그러나 그 고가의 시설들이 어느새 높은 문턱이 되어가고 있는 것이다.

이런 복음성가가 떠오른다. '주 예수 대문 밖에 기다려 섰으나, 단단히 잠가두니 못 들어오시네. 나 주를 믿노라고 그 이름 부르나 문 밖에 세워두니 참 나의 수치라.' 이 복음성가의 가사는 예배당 문을 잠가두어 예수님이 못

들어오시는 것에 관한 내용이 아니다. 예수님이 들어오실 수 있도록 마음의 문을 열자는 뜻의 복음성가이다. 그러나 예배당을 잠가두면 왠지 허전하고 삭막한 기분마저 든다. 그래서 예수님께서 들어오시기 어려운 예배당처럼 느껴진다. 나는 때때로 객지에 출장을 가게 되면 근처에 있는 교회에 기도하러 갈 때가 있다. 그럴 때 교회 문이 잠겨 있으면 절망감이 느껴진다. 차분히 앉아 기도할 처소가 없기 때문이다. 그러나 어쩌다 예배당 문이 열려 있는 교회를 만나면 마음이 따뜻해지고 평안해진다. 교회에 가서 기도하면 전혀 객지라는 생각이 들지 않기 때문이다.

인종이나 계층의 문제로 예배 시간 외에는 예배당 문을 닫아놓는 교회가 있다면 예수님께서 슬퍼하실 것이다. 교회는 어떠한 장벽도 있어서는 안 된다. 예배당은 만민이 기도하는 집이다. 만민 속에는 나와 이념적으로 맞지 않는 사람들도 포함되며, 사회적으로 문제를 일으키는 사람들도 당연히 포함된다. 죄인을 부르러 오신 예수님께서 죄인을 기다리시는데 우리가 죄인들이 들어오지 못하도록 예배당 문을 잠가둔다면 예수님의 선한 사업에 방해가 될 뿐이다.

넷째, 여러 가지 의무가 있다. '우리 교회는 권리는 없고 의무만 있습니다'라는 슬로건에서 알 수 있듯이 안디옥교회는 권리가 없는 대신에 여러 가지 의무가 있다. 일반적으로 교회 관리, 청소 등의 의무가 있다. 이런 의무들이 조금 불편하지만 선교하는 즐거움에 비하면 아무것도 아니다. 안디옥교회 성도들은 선교지에 있는 무명의 선교사들, 그리고 이름 없이 빛도 없이 말없이 봉사하는 많은 성도를 생각하며 흐뭇하고 기쁜 마음으로 일한다. 일이라

기보다는 누리는 기쁨이다. 의무라기보다는 성스러운 주님의 사역에 동참하는 것이고 '주인의 즐거움'에 참여하고 있는 것이다. 교회 분쟁의 원인도 나눠 먹을 파이가 클 때 생긴다. 파이는 교회 내에서의 직분, 권한 등이라 말할 수 있다. 그러나 파이는 없고 희생만이 필요했던 초기 한국교회는 분쟁이 오늘날의 한국교회처럼 많지 않았다. 안디옥교회는 권리는 없고 의무만 있는 교회다. 그러므로 교회에서 분쟁이 일어날 일이 그만큼 적은 것이다.

다섯째, 백성들의 칭송이 있다. 택시를 타보면 안다. 택시를 타고 "안디옥교회에 갑시다"라고 말하면 "좋은 교회 다니시네요"라고 말하는 경우가 많다. 다른 교회 성도들도 안디옥교회에 다닌다고 하면 부러워서 다시 한 번 쳐다본다. 그러나 그렇다고 교만해지면 안 되기 때문에 안디옥교회 성도들은 더욱더 자세를 낮추게 된다.

여섯째, 장애우 수송 차량, 이동목욕 차량, 의료 선교 차량 등이 있다. 이 버스들은 교회 버스가 없는 대신에 있는 것들이다. 안디옥교회는 교회 버스가 없지만 장애우예배에 참석할 재가 장애우들을 수송하기 위한 차량과 어르신들을 위한 이동목욕 봉사 차량, 그리고 의료 혜택을 받는 데 불편을 겪고 있는 두메산골마을의 의료 서비스를 위한 의료 선교 차량 등이 있다. 안디옥교회 성도들은 교회에 올 때 교회 버스가 없어서 승용차나 대중교통을 이용한다. 그래도 불평이 없다. 버스 운영비만큼 더 선교할 수 있기 때문이다.

일곱째, 한 번도 바꿔본 적이 없는 교회 표어가 있다. 안디옥교회의 표어는 개척 후 지금까지 한 번도 바뀐 적이 없다. 29년째 그대로다. 2기에 와서도 그대로 이어받았다. 주님의 지상명령에 순종하는 것을 교회 표어로 정했기 때문에 바꿀 일도 없었고 바꿀 필요도 없었다. 안디옥교회의 표어는 "오직 성령이 너희에게 임하시면 너희가 권능을 받고 예루살렘과 온 유대와 사마리아와 땅끝까지 이르러 내 증인이 되리라 하시니라"(행 1:8)이다.

안디옥교회는 초대교회처럼 성도들이 자신의 재산과 소유를 팔아 각 사람의 필요에 따라 나눠주는 그런 교회는 아니다. 하지만 목회자가 솔선수범해서 불편을 감수하고 모든 성도도 그것을 따르며 선교하는 기쁨과 은혜가 넘치는 그런 교회다. 안디옥교회는 정말 소중하다. 가난한 교회 같으나 부한 교회다. 많은 사람의 영혼을 부요하게 하는 교회다. 무명한 교회 같으나 유명한 교회다.

무명한 자 같으나 유명한 자요 죽는 자 같으나 보라 우리가 살고 징계를 받는 자 같으나 죽임을 당하지 아니하고 근심하는 자 같으나 항상 기뻐하고 가난한 자 같으나 많은 사람을 부요하게 하고 아무것도 없는 자 같으나 모든 것을 가진 자로다(고후 6:9~10).

06

깡통의
발달사

깡통 창고를 빌려서 예배당으로 사용한 이유는 개척할 때 자금이 부족해서였다. 개척 자금에 맞추어 예배당을 준비하다 보니 할 수 있는 것이 깡통 예배당밖에 없었던 것이다. 이 목사는 "하나님은 당시에 깡통만 보여주셨습니다"라고 고백한다. 안디옥교회의 예배당은 마치 드럼통을 절반으로 잘라서 엎어놓은 모양을 하고 있는데 군대 막사 같기도 하고 창고나 온실 같기도 하다. 어떻게 보면 난민수용소, 포로수용소를 연상시키기도 한다.

깡통의 탄생

깡통의 역사는 깊다. 6·25 때 지어진 것이므로, 60년 정도 됐다. 첫 예배 때 50여 명이 모였고 성도 수가 늘어나면서 깡통을 뒤쪽으로 두 차례 늘려서 긴 깡통이 되었다. 그래서 지금은 깡통예배당이 앞 도로와 이면 도로까지 근접해서 더 이상 늘릴 공간이 없다. 안디옥교회를 개척할 당시의 교회 주변은 개발지구로 지정된 지역이었지만 개발 초기라 허허벌판에 깡통만 덜렁 놓여 있어서 황량함 그 자체였다. 그러나 좋은 점도 있었다. 깡통이라 밖으로 소리가 잘 새어나가 시끄러웠는데도 한동안은 주변에 아무 건물도 없이 '나 홀로 깡통'으로 지냈기 때문에 주민들 중에 시끄럽다고 불평한 사람들이 적었다. 한때 원룸 살던 사람들이 잠시 항의한 적도 있었으나 깡통교회가 원룸보다 먼저 들어왔다는 점 때문에 그런대로 넘어갔다. 요즘도 금요철야 등의 기도 시간에는 기도 소리가 밖으로 새어나가지 않도록 창가에 앉은 성도들이 창문이 모두 닫혔는지를 점검하고 기도를 시작한다. 개척 초기부터 지금까지 깡통에, 빚에 불편과 어려움이 많았지만 그래도 60% 선교, 4구역 선교에는 변함이 없다.

개척한 지 6개월 정도가 지난 시점이었다. 깡통예배당이 여름 더위에 뜨거울 대로 뜨거워졌을 때 어떤 제약회사 사장이 그곳을 지나가다 "이렇게 뜨겁다면 약을 말리는 데 아주 적합하겠군" 하고 깡통예배당을 사버리고 말았다. 당시 깡통예배당은 전세였기 때문에 속수무책이었다. 깡통 속이 얼마나 뜨거웠으면 그런 생각을 했겠는가? 여름철 예배 시간에 예배당 건물 안은 얼마나 뜨거웠겠는가? 예배드리면서 얼마나 많은 땀을 흘렸겠는가? 땀이 비 오듯 하지 않았겠는가? 아무튼 그 바람에 안디옥교회는 하루아침에 예배처소를 잃어버릴 위기에 처하고 말았다. 하는 수 없이 그분으로부터 깡통과 땅을 구입할 수밖에 없었다. 깡통의 가격은 처음에 그분이 산 가격보다 훨씬 비싼 값이었다. 그래서 안디옥교회는 그때부터 큰 빚을 지게 되었다. 도대체 하나님은 왜 안디옥교회가 이렇게 되도록 내버려두셨을까? 하나님의 신비한 뜻은 무엇이었을까? 그러나 안디옥교회는 그 큰 빚에 허덕이면서도 변함없이 하나님께 순종하였다. 어려움 속에서도 꿋꿋하게 재정의 70% 이상을 선교와 구제에 쏟아부은 것이다.

예수님께서는 자신의 핏값으로 사신 교회라는 표현(행 20:28)을 하신 적이 있다. 안디옥교회도 비싼 값을 치르고 깡통과 땅을 구입하였고 그 어려운 상황에서도 선교를 계속했다. '주님이 뜻하신 일 헤아리기 어렵더라도 언제나 주 뜻 안에 내가 있음을 아노라'라는 복음성가의 가사대로 안디옥교회는 처음 주신 감동에 계속 순종했다. 안디옥교회가 이런 어려움 속에서도 선교를 중단하지 않았던 이유는 무엇일까? 그것은 개척 때 하나님께서 주신 감동에 끝까지 순종하기 위함이고 주님의 지상명령이 너무도 준엄했기 때문이다. 좋은 시설에 대한 욕심 없이 불편한 깡통에서 예배드리고 있던 안디옥교회가 이런 어려움을 겪게 된 것은 다 하나님의 오묘하신 섭리였다는 것을 이 목사의 고백을 통해서 알 수 있다.

은퇴하면서 모든 것을 물려주게 될 때 부채도 25억 원 정도를 물려주고 나오게 되었다. 드디어 절망감이 엄습해왔다. 23년 목회에 얼마나 무능했으면 거액의 빚을 물려준단 말인가. 목회자로서 패배감까지 느꼈다. 빛 없이도 선교나 목회를 풍부하게 해온 훌륭한 분들에 비해 한없이 초라한 내 자신의 모습에 부끄러움을 느꼈다. … 은퇴 첫해에 미국 집회를 일 년에 네 차례 인도하면서 하나님의 신비를 깨달았고 답을 얻었다. 미국 교민 교회는 … 대부분의 교민 교회들이 은행의 대부를 받아 아주 쉽게 교회당 건물을 장만한다. 20년 혹은 30년 상환의 은행 돈을 빌려 순조로운 성전 마련의 기쁨을 누리는 것을 볼 때 한국의 3년 만기 대출과는 너무나 다른 조건이라는 생각과 함께 부러움을 느꼈다. 반면에 건축이 끝난 한국교회들은 과중한 은행 상환에 시달려야 하고 그런 이유로 선교할 수 없다는 결론을 내리는 교회가 상당수임을 발견했다. 이런 교회에 선교 메시지를 전할 사람은 바로 내가 적격이었다. 이미 과중한 빚이 있다고 중병에 걸린 자식의 수술비를 댈 수 없어 죽게 방치하는 부모가 어디 있단 말인가? 빚이 더 늘어난다 해도 그것을 기꺼이 감내하며 수술비를 마련하는 것이 부모의 마음 아닐까? 선교는 죽어가는 사람을 살리는 일이니 빛 문제는 하나님께 맡기고 지체 없이 선교하라고 하실 것이다. … 개인적 환경이나 자라온 배경을 봐서는 빚져본 일도 없고 빚과는 전혀 상관없이 살아온 나에게 안디옥의 선교에 처음부터 부채 속을 헤쳐나가야 하는 일생을 주신 하나님의 신비('신비'라는 단어는 이 목사가 목회 여정에서 어려운 일이 있을 때 비유로 사용하던 단어이다 – 저자 주)에 대해 "내가 가는 길을 그가 아시나니 그가 나를 단련하신 후에는 내가 순금 같이 되어 나오리라(욥 23:10)"는 말씀을 비로소 깨달은 것이다.[6]

하나님은 빛에 허덕이는 어려움 속에서도 계속 순종하는 것을 보시고 안디옥교회를 크게 부흥시켜주셨다. 그렇게 깡통은 28년 동안 몇 차례의 시설

보완을 통하여 발달되었다. 그 발달사를 이야기하겠다. 허름하고 남루한 깡통의 발달사에 대한 이야기를 하려고 하니 왠지 학창시절 사회 시간에 배웠던 구석기시대, 신석기시대, 청동기시대, 철기시대가 떠올라 웃음이 나온다.

첫째, 빈 깡통시대다. 처음 안디옥교회를 개척할 당시에는 단열재도 없는 완전 빈 깡통으로 예배당 건물을 대신했다. 빈 깡통시대에는 겨울철에는 장작 난로를 사용했고 여름철에는 선풍기를 사용했다. 당시에 안디옥교회는 전주에서 최고로 덥고 최고로 추운 교회였다. 비가 오는 날이면 떨어지는 빗물을 받기 위해 예배당 곳곳에 대야를 갖다놓아야 했고 폭우가 쏟아지거나 우박이 떨어지는 날에는 비나 우박이 그칠 때까지 기다렸다가 설교 말씀을 들어야 했다. 겨울철에는 장작난로의 연기 때문에 기침이 나고 눈이 매워 눈물을 흘리기 일쑤였고, 난로 불을 때던 청년들은 얼굴에 숯검정이 묻어 시커멓게 되곤 했다. 여름철에는 모든 선풍기를 가동해도 더위를 다 식힐 수 없었다. 여전히 찜통이었던 것이다.

둘째, 에어컨, 히터시대다. 경비를 줄이기 위해 저렴한 에어컨과 가스히터만 골라서 사다가 설치하였다. 최신식 에어컨이나 온풍기가 아니었다.

셋째, 단열재 깡통시대다. 깡통 지붕 속에 단열재 공사를 하여 더위와 추위의 불편함을 줄였다. 많이 좋아진 시대라고 말할 수 있다. 그러나 여전히 예배당 바닥은 시멘트였다. 게다가 바닥 곳곳이 패여 있어서 걷기도 불편했고 잘못 걷다 보면 넘어질 때도 많았다.

넷째, 일부 리모델링시대다. 시골학교 재래식 화장실처럼 생긴 불편한 화장실 시설을 현대식으로 고쳤다. 예배당 바닥도 대리석 모양의 타일로 바꿨다. 식당도 위생을 생각해서 바닥, 식탁, 주방 등 일부를 리모델링했다.

이러한 시설 보완은 극히 제한적으로 이루어졌다. 깡통교회는 이렇게 많은 세월을 거치면서 조금씩 발전해왔으며 대부분 2기 때 제한적으로 이루어진 것들이다. 그러나 깡통만은 60년 전에 미군부대에서 제작된 깡통을 그대로 사용하고 있다. 내부만 제한적으로 발달했다.

깡통철학

이 목사의 깡통철학은 빈 깡통 속에 있다. 이 목사는 예수님이 이 땅에 오신 이유를 빈 깡통으로 설명한다. "그는 근본 하나님의 본체시나 하나님과 동등 됨을 취할 것으로 여기지 아니하시고 오히려 자기를 비어 종의 형체를 가져 사람들과 같이 되었고 사람의 모양으로 나타나셨으매 자기를 낮추시고 죽기까지 복종하셨으니 곧 십자가에 죽으심이라"(빌 2:6~8). 또한 빈 깡통 속에 좋은 것만을 채웠다. 해외 선교, 농산어촌 선교, 특수 선교 등 하나님이 기뻐하시는 일로만 채웠다. 앞으로도 안디옥교회는 주님 오실 때까지 좋은 것만을 채우기 위해 하나님께 기도하며 나아갈 것이다. 나는 안디옥교회의 역사를 말해주는 이 깡통예배당이 안디옥교회 성도들에게는 어떤 의미의 깡통인지를 생각해보았다.

개척 초기에는 말 그대로 텅 빈 깡통이었다. 겨울에는 춥고 여름에는 더운 깡통이었다. 박 목사는 "안디옥교회는 전주에서 가장 더운 교회"라는 표현을 자주한다. 맞는 말이다. 전주에서 가장 큰 교회지만, 가장 불편하고, 가장 춥고, 가장 더운 교회다. 땡그랑 땡그랑 소리 나는 깡통교회다. 내부 단열

재가 없던 개척 초기에는 지붕 속에서 쥐가 돌아다니곤 하였는데 쥐들이 찍찍찍 소리를 내기도 하고 단체로 달리기라도 할 때면 휘리릭 휘리릭, 드르륵 드르륵 소리가 났다. 지금은 쥐를 다 잡고 쥐구멍도 막아서 많이 좋아졌지만 초기에는 그야말로 옛날 시골집 풍경 그대로였다. 비가 오는 날에는 빗방울이 깡통에 부딪쳐 두두두두 하는 소리가 나서 마이크 소리도 잘 안 들렸다. 비가 함석에 부딪쳐 소음이 발생했기 때문이다. 그러나 이렇게 시끄러운 함석 깡통 속에서 설교 말씀이 잘 안 들려도 '안디옥신앙'은 더욱 든든히 세워졌다.

깡통교회의 불편은 각종 행사에서도 나타난다. 각종 뮤지컬, 주리랑 국악 찬양단, 성극 등의 공연이 있을 때에는 본당의 무대가 좁아서 강대상 뒤에 있는 성가대석을 다 치우고 무대를 설치해야 한다. 규모가 큰 공연이라도 있는 날에는 아예 본당에 있는 의자를 모두 빼내서 교회 마당에 쌓아놓아야 공간이 나온다. 어떤 날은 사회자, 설교자가 앉을 자리조차도 없어진다. 예배당 시설이 이렇게 불편하지만 그래도 공연은 은혜가 넘친다.

안디옥교회는 우리나라 전통악기로 국악팀을 만들어 활동하고 있는 '주리랑 국악 찬양단'이 있다. 이 국악 찬양단은 전국적으로 초청을 받아 무료로 공연을 다니는데, 국내 어디에서도 보기 드문 은혜로운 국악 찬양단이다. 전통악기와 우리의 소리로 주님을 찬양하면 참 듣기 좋으며, 특히 예수님께서 십자가를 지시는 내용을 창으로 들으면 가슴이 미어지는 아픔을 느낀다. 그리고 주님이 부활하시는 장면에서의 감격과 흥겨움은 말로 다 표현하기 어렵다. 나는 예수 믿는 사람들에게는 '주리랑 국악 찬양단'의 공연을 보는 것이 춘향전을 보는 것보다 더 재미있을 거라고 생각한다.

얼마 전 우리나라의 유명한 찬양팀 마커스의 공연이 있었다. 시도별 순회 공연이었는데 전북에서는 안디옥교회에서 공연을 가졌다. 공연 당일에 너무 많은 사람이 모였다. 게다가 비까지 내려 습도가 높아지는 바람에 에어컨, 선풍기를 모두 가동해도 소용이 없었다. 더운 날씨와 많은 청중의 열기를 감당하지 못한 것이다. 그래서 차라리 창문을 다 열고 공연을 하기로 했다. 그러자 푹푹 찌는 상황에서 모기까지 들어왔다. 청중은 콩나물 교실처럼 빽빽하게 들어차 있는 상황에서 덥고 모기까지 물려 다들 지칠 법도 한데 공연은 참 은혜롭게 진행되었다. 그날 찬양팀 단장은 이렇게 말했다. "모처럼 저희들은 무더운 환경에서 모기에 물려가며 공연을 했습니다. 하지만 이것까지도 추억으로 삼겠습니다." 안디옥교회는 조금만 사람이 많아져도 에어컨, 선풍기의 용량이 다 감당을 하지 못하는 불편한 교회다. 깡통이 너무 낡아 어떤 곳은 손만 대면 부스러지는 곳도 있다. 어떤 때에는 예배 도중에 선풍기 날개가 빠져서 소음이 발생하기도 한다. 하지만 버리지 않고 고쳐서 쓴다. 헌금을 아껴서 선교하는 데 사용하기 위해서다.

깡통의 내부를 자세히 보면 좌우 벽과 천정의 연결 부위로 쥐구멍들이 보인다. 그런데 그 쥐구멍들은 흰색 화장지를 둘둘 말아서 막아놓았다. 천정 마감재(텍스)는 얼룩진 곳이 많다. 파손된 마감재를 군데군데 교체하였는데, 새로 교체한 마감재는 흰색, 오래된 마감재는 회색으로 보인다. 이것은 마치 구멍 난 양말을 기워놓은 것과 같고, 옛날 보릿고개 시절에 헤진 아이들의 옷을 못 쓰는 천으로 덧대놓은 것과 같았다. 마감재 고정 철재는 늘어져서

흰색 마감재로 군데군데 교체된 깡통예배당 내부 천장 모습

울퉁불퉁하게 보인다. 이렇게 안디옥 깡통예배당은 허름하고 시끄러워도 성도들에게는 하나님 말씀이 잘도 들린다. 예배당이 낡고 보잘 것 없는 깡통의 모습을 하고 있어도 성도들에게는 교회의 겉모습은 안 보이고 오직 주님만 보인다.

깡통 외부는 성도 수가 늘어나면서 예배당을 두 차례 늘렸더니 터널이나 기차처럼 보였다. 그 때문에 폭이 좁고 길이만 길어져서 예배 시간에 뒤에 앉은 성도들은 설교자가 잘 안 보인다. 그래서 중간 중간에 설치한 영상을 보면서 설교 말씀을 듣는다. 좁아서 답답할 때도 있다. 성도들이 가장 많이 모이는 3부 예배 시간에는 안내위원들이 자리를 만들어내느라 무척 바쁘다. 교회 차원에서도 자리확보 운동을 펼치고 있다. 먼저 앞쪽부터 앉기, 그리고 한 자리에 4명씩 앉기(의자가 옛날식 의자여서 폭이 좁다. 4명이 앉으면 꽉 찬다)를 한다.

그렇지만 고즈넉한 풍경과 정취를 자아내는 사랑스러운 깡통예배당이기도 하다. 깡통에서 나는 소리는 마치 음악 소리와 같다. '이 귀에 음악 같으니 참 희락 되도다'라는 찬송가 한 구절이 입에서 절로 흘러나온다. 어떤 성도는 "안디옥 깡통 지붕 위에 떨어지는 빗소리는 세상의 그 어떤 음악 소리보다 아름답다"라고 말한 적이 있다. 깡통에 의미가 있기 때문이다. 깡통이어서 더 선교할 수 있으니까, 깡통이어서 더욱 행복하다.

깡통예배당을 내부에서 바라보면 비행기의 내부와 비슷하다. 예배 시간, 기도 시간에 은혜를 받을 때는 독수리 등을 타고 날아가는 것과 같은 흥분을 느끼기도 한다. 반면에 구조선, 생명선, 방주와 같은 안정감을 주기도 한다. 그리고 깡통은 참 구수하다고 생각한다. 깡통교회에서 예배드리는 것은 마치 허름한 맛집에서 나이 지긋한 아주머니가 해주시는 음식을 먹는 것과 같은 느낌이다.

그래서 나는 깡통이 주는 느낌을 세 가지로 떠올려봤다. 첫째, 안디옥 깡통은 구원의 방주와 같다. 구원받은 성도들이 예배드리고 기도하고 은혜받는 곳이기 때문이다. 깡통을 정면에서 보면 무지개를 연상케 한다. 내부에서도 앞, 뒤의 라인이 모두 무지개를 떠올리게 한다. 노아의 홍수 이후 하나님께서 주신 약속의 증표(창 9:13)인 그 무지개 말이다. 둘째,

무지개를 연상시키는 전주 안디옥 교회 정문

사랑표 깡통이다. 예배당 건축 대신 깡통을 유지해왔기 때문에 선교를 많이 할 수 있어서 사랑스러운 깡통이다. 셋째, 말하는 깡통이다. 깡통은 우리에게 말해준다. 안디옥교회 성도들처럼 신앙생활 하면 어떻겠냐고.

결혼을 앞둔 청년들에게 '호화 혼수'와 '좋은 배우자' 중에 하나만 고르라고 묻는다면 어떤 것을 고르겠는가? 두말 할 것도 없이 '좋은 배우자'일 것이다. 마찬가지로 예배당은 깡통이어도 선교와 구제를 많이 할 수 있다면 그것은 '탁월한 선택'이 된다. 안디옥교회는 호화 예배당 대신 선교를 선택했다. 그래서 안디옥교회 성도들은 선교하는 기쁨으로 늘 행복하다. 안디옥교회는 다른 교회들처럼 예배당을 아름답고 멋지게 만들지는 못했다. 깡통이라는 단어에서 느껴지는 것처럼 깡통예배당은 불편함의 대명사이다. 그러나 깡통에 잡다한 '욕심'을 채우지 않고 '섬김'으로 채웠다. 전국 각지에서 탐방 온 성도들도 "참 좋다"라고 칭찬한다. 하지만 깡통만 보고 가지 말고 깡통 속에 들어 있는 '안디옥신앙'을 보고 갔으면 좋겠다.

이렇게 깡통예배당으로 유명하다 보니 이 목사가 다른 교회에 집회를 인도하러 갈 때면 그 교회 성도들이 "깡통목사가 온다네"라는 이야기를 할 때가 많다고 한다. 깡통교회에 깡통목사라. 그러면 안디옥교회 성도들은 깡통성도라 부르면 어떨까? 그리고 안디옥교회에서 파송한 선교사들은 깡통선교사라 부르면 어떨까? '깡통교회', '깡통목사', '깡통성도', '깡통선교사'로 말이다. 깡통하면 거리에 굴러다니는, 음료수를 먹고 버린 빈 깡통이 떠오를 것이다. 그러면 깡통교회의 영성은 어떨까? 깡통예배당에 깡통영성? 영성도 깡통일까? 그렇지는 않다. 예배당은 깡통이지만 영성은 정금(순금) 같은 영성이다. '다이아몬드 영성', '순금 영성', '햇과일 영성'이다.

이 목사는 예수님을 닮으려고 "불편하게 삽시다"를 외쳤고 그 외침에 "아멘"으로 화답한 성도들은 '안디옥신앙'으로 무장하여 '순금 같은 영성'을 가지게 되었다. 그래서 나는 안디옥교회를 '금깡통교회'라 불러도 손색이 없을 것 같다는 재미있는 생각을 해보았다. 바울선교회의 이사로 있는 유재천 목사는 안디옥교회 창립 27주년 축사에서 이렇게 말했다. "안디옥교회는 선교하기 위해 태어난 교회입니다. 〈사도행전〉에서 금방 튀어나온, 예수님 허리의 창 자국에 흐르는 핏덩이에서 솟아난 교회요, 성도들입니다."

많은 교회는 '성전 건축'을 교회의 '대역사' 또는 '숙원사업'으로 생각하고 모든 에너지를 그곳에 쏟아붓는다. 건축헌금도 옛날에는 집 팔고, 논 팔아서 내는 경우가 많았다. 그것이 무조건 나쁘다는 것은 아니다. 손양원 목사의 부친인 손종일 장로 내외도 논과 밭을 팔아서 건축헌금을 했다. 자신의 전 재산이나 재산의 절반, 또는 상당한 액수의 금액을 예배당 건축을 위해 바치는 성도들도 많이 있다. 귀한 일이고 귀한 사람들이다. 그러나 우리가 꼭 기억해야 할 것이 있다. 예배당 건축은 복음 전파와 강도 만난 이웃을 섬기는 일(주님을 섬기는 일)보다 결코 급하지도 중하지도 않다. 먼저 할 일이 있고 나중에 할 일이 있는 법이다. 안디옥교회는 주님의 명령에 먼저 순종했고 성도들은 주님이 친히 인도하시는 놀라운 사역의 현장에서 주님과 함께 즐거움을 맛보며 살아간다. 결국 지도자가 어떻게 가르치느냐에 따라 성도들의 신앙도 달라지고 받는 은혜와 축복도 달라질 수밖에 없다.

예배당부터 지으려고 하지 마라. 선교부터 하라. 예수님께서 말씀하셨다.

"복음 전하면서 전대에 금이나 은이나 동을 가지지 말고 두 벌 옷을 가지지 말라"(마 10:9~10). 예수님도 예배당부터 지으려고 하지 않으시고 곧바로 입을 열어 천국 복음부터 전하셨다. 예수님은 세례 요한으로부터 세례를 받으시고 마귀의 시험을 이겨내신 후에 곧바로 천국 복음을 전하셨고 어부들을 불러 제자로 삼아 그들을 데리고 다니시며 복음 전파와 병 고치는 사역에 주력하셨다. 예배당 건축에는 관심도 두지 않으셨다. 우리도 천국 복음을 전파하자. 선교부터 하자. 예배당이 필요하면 하나님께서 주실 것이다.

안디옥교회가 만일 '60% 선교' 안 하고 지금껏 예배당만 지었으면 5~6개는 족히 지었을 것이다. 그러나 지금처럼 교회가 커지는 양적, 질적 부흥을 이루었을까? 아마도 못했을 뿐더러 '안디옥신앙'이라는 성도들의 신앙도 자라지 않았을 것이다. 안디옥교회가 선교와 구제는 뒷전이고 예배당 짓는 것을 최우선의 목표로 삼았다면 오히려 큰 예배당을 지을 일도 없고 선교와 구제도 많이 하지 못했을 것이라는 말이다. 하나님께서 결코 안디옥교회의 부흥을 허락하지 않으셨을 것이기 때문이다. 그러므로 순서가 얼마나 중요한지 새삼 깨닫게 된다. 선교부터 하라. 구제부터 하라!

나는 멋진 디자인의 성전들을 많이 봤다. 시설, 기능 등이 우수한 성전들도 봤다. 그런 성전에서 예배드리는 담임목회자와 성도들은 마음이 기쁠지 모르겠다. 하지만 하나님께서도 기뻐하실까? 물론 하나님께 아름다운 성전을 지어 바치는 그 마음만은 받으실 것이다. 그러나 하나님께서는 "좋은 옷, 좋은 집 사주는 것보다 말 잘 듣는 것이 효도니라"라고 말씀하실 것 같다. '내 영혼이 은총 입어'라는 가사로 시작하는 찬송가의 '높은 산이 거친 들이 초막이나 궁궐이나 내 주 예수 모신 곳이 그 어디나 하늘나라'라는 가사처럼 호화 예배당이 아니어도 주님을 모시고 신앙생활 한다면 그곳은 이미 천국이고 그런 교회의 성도들은 천국을 사는 행복한 성도들이다. 안디옥교회처럼 허름한 모습의 깡통예배당이거나 천막으로 만든 예배당의 교회라 하더라도 그곳에 '순종'이 있고 '사랑'이 있고 '선교와 구제'가 있다면 그래서 하나님께서 기쁘게 거하시는 곳이 되었다면 그 예배당은 호화 예배당이나 멋진 디자인의 예배당보다도 더 아름다울 것이다.

우리나라에는 비싼 건축비를 들인 예배당들이 많다. 예배당 건축비가 많이 들어간 이유는, 비싼 시설과 디자인 등 외관에 지나친 비용을 들이고, 크기(4,000석, 5,000석, 25,000석 등의 규모)에 경쟁하기 때문이다. 검소하고 기능을 강조한 예배당이라면 크게 문제가 되지는 않을 것이다. 그러나 감당하지 못할 정도로 무리하게 큰 성전이나, 호화 시설의 성전을 지으면 문제가 생긴다. 어떤 사람들은 하나님께 드리려고 멋지게 짓는다고 하는데, 천지만물의 주인이신 하나님께서 뭐가 아쉬워서 호화 성전을 원하시겠는가? 그리고 기뻐 받으시겠는가? 그러나 깡통예배당은 허름해도 하나님께서 기뻐하시는 성전이다.

그렇게 빚을 얻어서 분에 넘치는 크기의 성전을 건축한 교회에서 예배를 드릴 때의 기분은 어떨까? 그것은 마치 어떤 사람이 분에 넘치는 비싼 차를 몰고 다닐 때의 상황과도 같다는 생각이 들었다. 운전자는 운전석 계기판에 기름이 줄어드는 상황을 숫자로 확인하면서 불안해할 것이다. 나는 실제로 이런 기분을 느껴본 적이 있다. 주님의 지상명령을 위한 선교비 지원, 구제비 지원, 소외된 지역에 교회 개척은 열심히 하지 못하고 빚 갚을 걱정만 하는 것은 우선순위가 바뀌었기 때문에 생긴 결과물이다. 내가 알고 있는 어떤 교회는 무리해서 크고 멋진 예배당을 짓느라 막대한 빚을 지게 되었다. 그래서 이를 해결하기 위해 밤낮 부르짖으며 기도하고, 전도 집회도 자주 열었지만, 결국 빚을 감당할 수 없어서 다른 교단의 큰 교회가 예배당을 인수하고 말았다. 예배당 건축은 무리해서 짓지 말아야 한다. 지나치게 크고 호화로운 예배당을 건축하는 것은 자칫 자신의 의를 드러내기 위한 일이 될 수 있기 때문이다. 그런 교회들은 쥐꼬리만큼의 비율로 선교를 하면서도 건축 빚 때문에 매년 힘들게 재정을 이끌어간다.

깡통의 운명

깡통은 오래가지 않는다. 어느 날 무너질 수도 있다. 그러므로 넓혀야 한다. 오래돼서 속이 다 썩고 푸석푸석해진 곳이 많다. 새 예배당을 짓게 될 경우 깡통을 어떻게 해야 할 것인지는 현재 기도 중이다. 박 목사는 기능 위주의 특색 있는 미국의 유명한 교회들의 사례를 들어 '안디옥 새 성전'을 구상하기도 한다.

윌로우크릭교회는 1972년(안디옥교회보다 11년 빨리 시작)에 극장을 '빌려서' 교회를 시작하였다. 극장은 예배 장소로 딱 좋다. 청중이 한눈에 다 보이고 방음장치도 좋기 때문이다. 새들백교회는 한쪽 벽은 유리로 만들어서 예배 장면이 다 보이며 소리는 들리지 않는다. 그러나 안디옥교회가 미국의 윌로우크릭교회나 새들백교회처럼 예배당을 짓겠다는 것은 아니다. 다만 비용을 최소화하면서 방음장치, 장애우예배를 위한 특수 교육 시설, 영아부실 등의 시설만큼은 친환경 자재를 설치하여 기능을 효율적으로 하겠다는 것이다.

또한 맥도날드식 깡통(깡통 두 개가 나란히 있는 모양을 연상시키는 맥도날드 패스트푸드점 마크 모양)으로 만들어볼까? 아니면 신축을 할까에 대해서도 고민한 적이 있다. 맥도날드식 깡통의 구상도 꼭 깡통을 유지하겠다는 뜻의 구상은 아니다. 그만큼 '멋진 시설', '비싼 예배당'에 목마르지 않다는 뜻이다. 오히려 4구역 선교나 구제에 목마르고, 교회 개척에 목말라한다. 앞으로 안디옥교회가 예배당을 새로 짓게 된다면 아마도 여전히 70% 선교를 하면서 짓게 될 것이다. 우선순위는 선교와 구제에 있기 때문이다. 안디옥교회는 그동안 70% 선교를 하면서 땅도 사고, 교육관도 짓고, 수련원도 지었다. 그리고 예배당을 짓는다면 디자인이 좋은 예배당, 호화 시설을 갖춘 예배당이 아니라 교육 시설에 큰 불편이 없는 예배당을 지을 것이다. 그래서 장애우들도 마음 편하게 다닐 수 있는 교회가 되게 할 것이다.

바울선교회의 이사인 유재천 목사는 예배당을 신축하면 옥상에 역사관을 지어 깡통을 그 속에 보관해야 한다고 주장하기도 한다. 또 새 성전 입구를 깡통으로 덧씌우는 방안도 거론되고 있다. 깡통에 스며든 '안디옥신앙'을 잊지 않기 위해서다.

그러나 결국은 예배당도 주님이 주신다. 우리는 다만 기다릴 뿐이다. 성도들은 모든 걸 주님께 맡기고 기도만 하고 있다. 그래서 안디옥교회의 새 예배당은 하나님의 때에, 하나님께서 예비하신 장소에, 하나님의 방법으로 확장될 것이다. 박 목사는 말한다. "우리 교회가 지금 예배당을 넓혀달라고 하나님께 기도하고는 있습니다만 하나님께 '이렇게 해주세요. 저렇게 해주세요'라고 기도하지 맙시다. 온전히 주님께 맡기고 주님께서 응답하실 때까지 기다립시다. 우리는 열심히 선교와 구제하면서 주님께 맡기면 모든 것을 하나님께서 책임져주십니다. 우리가 하려고 하지 맙시다."

박 목사는 예배당 건축에 대한 모든 것을 하나님께 맡겼다. 예배당 건축에 어떠한 욕심도 내지 않기로 결정했다. 오직 주님께 맡기고 주님의 음성을 기다리겠다고 교회 앞에 선포하였다. 이처럼 예배당 건축에 대한 박 목사의 생각은 매우 간단명료하다. "주님이 예배당을 넓혀주실 것을 믿고 미리 감사합시다. 건축헌금에 대한 생각을 바꿔야 합니다. 20명이 집 팔면 해결된다고요? 그건 바람직하지 않습니다. 모든 성도가 정성껏 드려야 합니다. 어떤 교회는 유명 부흥강사를 초청하여 성전 건축을 위한 부흥 대성회라는 타이틀을 걸고 성도들의 재정을 참기름 짜듯 짜내서 예배당을 짓기도 합니다. 중직들이 집을 팔고 전세나 월세로 옮겨가게 하면서까지 과도하게 건축헌금을 요구하기도 합니다. 그렇게 하면 예배당 건축은 쉬울지 모릅니다. 그러나 안디옥교회는 다릅니다. 자발적으로 헌금해야 하나님께서 기뻐하십니다. 모든 성도가 정성을 모아 예배당을 짓는 것이 더 귀합니다."

박 목사는 중직들에게 강요하지 않는다. 그리고 내가 하려고도 하지 않는다. 하나님께 맡기고 미리 감사한다. 내 욕심을 버리고 하나님께 맡겼으니 어찌 아니 기쁘겠는가? 어찌 아니 감사할 수 있겠는가? 박 목사는 어린아이처럼 하나님께 맡겨버린다. 인간적인 생각으로 계산기 두드리지 않는다. 성도들도 행복한 마음이 풍선처럼 두둥실 떠오른다. 안디옥교회의 새 예배처소에 대해 많은 사람이 박 목사에게 어디에 땅 샀느냐고 물어본다. 그러나 박 목사는 아브라함이 갈 바를 알지 못하고 하나님께서 지시하신 땅으로 갔던 것처럼 오직 기도할 뿐이다.

2

꼬리에 꼬리를 무는 신앙

• 믿음의 선진들의 순교 신앙 • 신앙의 젖줄, 두 어머니
• 누룩처럼 번져가는 안디옥신앙 • 이어온 신앙, 이어갈 신앙

오직 성령이 너희에게 임하시면 너희가 권능을 받고
예루살렘과 온 유대와 사마리아와 땅끝까지 이르러 내 증인이 되리라 하시니라(행 1:8).

믿음의 선진들의 순교 신앙

안디옥교회는 하늘에서 뚝 떨어졌다거나 저절로 생긴 교회가 아니다. 우리나라에 복음을 전한 외국 선교사들의 신앙과 한국 기독교 초기 믿음의 선진들의 신앙에 맥을 두고 탄생한 교회다. 그 선진들의 신앙이 현재의 안디옥교회에 어떠한 영향을 미쳤는지 살펴보자. 2기 박진구 담임목사는 설교 시간에 자주 이야기한다. "우리 안디옥교회는 놀라운 교회입니다. 세상에 이런 교회가 어디 있습니까? 우리는 주기철, 손양원, 이동휘 목사님의 신앙을 이어가야 합니다." 나는 처음에 그 말을 듣는 순간 고개를 갸우뚱거렸다. 주기철, 손양원 목사는 우리나라의 대표적인 순교자들이고 그분들의 신앙은 모두가 본받을 만한 훌륭한 신앙이라고 누구나 인정하고 있지만, 주기철, 손양원 목사의 신앙을, 이동휘 목사의 신앙까지 연결할 수 있을까 하는 의아한 마음이 들었기 때문이다. 이동휘 목사는 "불편하게 삽시다"를 외치고 평생 동안 자비량 사역을 실천하고 있는 목회자다. 나는 안디옥교회 1기 이동휘 목사가 은퇴하기 1년 반 전에 안디옥교회를 만났다. 짧은 기간이었지만 이 목사의 신앙을 직접 봐왔기 때문에 그분의 순수하고 열정적인 신앙을 존경해왔다.

나는 갑자기 주기철, 손양원 목사의 신앙과 일대기가 궁금해졌다. 그래서 두 분의 신앙과 일대기를 알아보기 위해 도서관으로 달려갔다. 그분들의 순교 신앙이 어떠했으며 삶은 또 어떠했는지, 그리고 두 분의 신앙이 오늘날의 한국교회에 어떠한 의미가 되는지 알고 싶었다. 그래서 두 분에 관한 서적들을 탐독하기 시작했다. 주기철 목사는 십계명 중 제1계명을 지키기 위해 신사참배를 거부하다가 순교했다. 손양원 목사는 원수를 사랑하라는 예수님의 명령에 순종하였고 하나님을 부정하는 유물론자들인 공산당에 의해 순교했다. 손양원 목사는 주기철 목사를 "형님"이라고 불렀다. 주기철, 손양원 목사는 서로 신앙적 연대감이 컸던 것 같다. 손 목사는 주 목사를 "나를 유독 사랑하시던 주기철 형님", "내가 가장 존경하는 형님"으로 불렀다. 주기철 목사가 손양원 목사보다 다섯 살 연상인데, 주 목사가 1944년 4월 21일 평양 감옥에서 순교했을 때 그 소식을 들은 손 목사는 눈앞이 캄캄하고 온몸에 쥐가 났다고 일기에 적으며 마음이 갈기갈기 찢기는 듯한 아픔을 묘사했다.

나를 유독 사랑하시던 주기(柱基) 형님의 부음(訃音)을 듣는 나로서 천지가 황혼(黃昏)하고 수족이 경련(痙攣)하나이다.

주 목사의 순교 후, 손 목사의 심정이 그의 일기에 그대로 나타난다. 두 분은 서로 신앙의 연대감 같은 것이 있었고, 주 안에서 형제애를 느꼈다. 신사참배의 문제에 대해서도 주기철, 손양원, 그리고 한상동(1901~1976) 목사 3명이 각자 남북을 맡아 신앙투쟁을 하기로 약속하고 함께 기도했었다. 손 목사는 주 목사의 신앙을 본받으려고 노력했다. 그래서 주 목사의 신앙은 손 목사에게로 흘러갔다. 두 순교자의 신앙은 많은 신앙의 후배에게 흘러갔으며 이동휘 목사에게로도 흘러갔다. 나의 신앙은 내 주변으로 퍼져나가는 법이다. 꽃향기가 주변으로 퍼지는 것처럼 내 가정, 내 직장, 내 친구, 내 선후배에게 퍼져나간다. 손양원 목사도 주기철 목사가 순교한 몇 년 후에 순교하게 된다.

이 목사는 사도 바울의 신앙, 우리나라의 많은 순교자의 신앙을 본받으려고 노력했다. 그리고 그의 설교, 저서에서 순교자들을 사모하는 마음이 배어나온다. 이 목사는 자신이 직접 순교자가 되지는 않았지만 순교자들의 신앙을 사모하면서 그들을 사랑했고 발자취를 그리워했다. 그래서인지 이 목사는 편하게 살지 않겠다고 마음먹었고 예수님처럼, 사도 바울처럼 불편하지만 영적인 삶을 살며 선교에 자신을 불태우겠다고 결단했다. '순교적 삶'을 산 것이다. 그리고 그 순교적 삶을 통하여 성도들에게 말보다는 행함으로 가르쳤다.

안디옥교회 박진구 담임목사가 자주 언급했던 "주기철, 손양원, 이동휘 목사의 신앙을 본받으라"를 처음 들었을 때는 의아했지만 그것은 바로 '자기부인'과 '십자가를 지는 삶' 또는 '불편한 삶'이라는 것을 발견했다. 곧 이 목사가 실천해온 '자신의 의를 드러내지 않는 것', '자신을 낮추는 것', '스스로 정한 궁핍한 사례비', '승용차 없이 버스 타고 다니는 것', '적은 평수의 허름한 아파트에서 사는 것' 등이다. 이 목사는 예수님처럼, 사도 바울처럼, 주기철, 손양원 목사 등의 순교자들처럼은 살지 못했어도 그분들의 삶을 이해하고 그분들의 신앙을 본받아 스스로 불편을 감수하면서 주님의 복음을 땅 끝까지 전하려고 노력하였다. 그것을 볼 때에 이 목사의 신앙은 분명 그분들의 신앙의 맥을 이어온 삶이라 말할 수 있다.

그러나 이러한 우리나라의 믿음의 선진들보다 앞서 외국인 선교사들의 순교의 피가 이 땅에 떨어졌다. 우리나라에서 최초로 순교한 외국인 선교사는 영국의 토머스 목사인데, 그는 1866년 미국인 상선 제너럴셔먼호에 다량의 성경책을 가지고 승선하였다. 그 당시 조선의 조정에서는 외국인들과의 통상을 금지시켰는데 미국인 상인들은 총과 대포를 쏘며 강압적으로 통상을 요구하는 바람에 조선 사람들이 큰 반감을 갖게 되었고, 마침 상선이 썰물로 좌초되자 조선 사람들은 기회로 삼아 공격하였다. 그때 토머스 목사도 순교한다. 당시 27세였던 토머스 목사의 젊은 피가 한반도 땅에 떨어져 이렇게 큰 열매들을 맺은 것이다.

선교 강국인 우리나라의 성도들이 토머스 목사의 신앙을 그대로 본받는다면 그것은 우리가 미 전도 종족에게 가서 복음을 전하다가 순교하는 일일 것이다. 예수님의 지상명령에 순종하기 위해서는 예수님의 제자들처럼, 사도 바울처럼 순교의 피도 흘려야 하는 것이다. 실제로 지구촌에는 예수님의 복음을 전하기 위해 많은 믿음의 사람이 순교하고 있으며 우리나라 사람들 중에서도 이슬람권 국가 등에서 순교한 사람들이 있다.

그래서 현대를 살고 있는 우리에게도 복음 전파를 위해서 여전히 필요한 것은 '순교의 피'이다. 우리가 순교할 수 없다면 순교적 삶이라도 살아야 한다. '순교할 것인가' 아니면 '순교적 삶을 살 것인가'를 선택하여야 한다. 그러나 은사받은 대로 하자. 순교도 은사가 있어야 하기 때문이다. 하나님께서 순교를 명하시면 순교를 해야 하고, 하나님께서 순교적 삶을 명하시면 순교적 삶을 살아야 할 것이다.

손양원 목사는 부친 손종일 장로의 순수한 신앙을 이어받아 순교 신앙을 갖게 되었다. 손종일 장로는 38세에 이웃 형님으로부터 전도를 받고 예수님을 믿게 되자 술과 담배도 끊었다. 그러던 어느 명절날 성묘하러 가서 많은 문중사람이 보는 앞에서 제사상을 엎어버리고 만다. 화가 난 문중사람들은 손종일을 두들겨 패고 나무에 묶어놓았으나 그는 "여기에 계신 어르신들께라면 백 번이고 천 번이고 절을 하겠습니다. 그러나 의식이 없는 시체에게 절하는 것은 하나님께서 싫어하십니다"라고 말하며 뜻을 굽히지 않았다. 장로가 된 후에는 전 재산을 하나님께 바쳐서 교회를 개척하였다.

꼬리에 꼬리를 무는 신앙은 이어받은 사람에게로 이어진다. 그 신앙을 이어받는 방법은 '순종'을 통해서다. 누구든지 이어받으라. 이 신앙은 모든 사람에게 전파되었기 때문이다. "너희 목마른 자들아 물로 나아오라 돈 없는 자도 오라 너희는 와서 사 먹되 돈 없이 값없이 와서 포도주와 젖을 사라"는 이사야 55장 1절 말씀처럼 꼬리에 꼬리를 무는 신앙도 마찬가지다.

그래서 나는 우리나라의 대표적인 순교자 주기철 목사와 손양원 목사의 신앙을 자세히 살펴보았다.

주기철 목사

주기철 목사는 일제시대에 일본의 태양신을 믿으라는 일본인에 항거하여 신사참배를 거부하다 차디찬 감옥에서 순교했다. 그 당시 많은 목회자가 일제의 극심한 압제에 굴복하여 신사참배를 하였다. 핍박에 견디다 못한 한국의 기독교 지도자들은 1938년 9월, 전국 27개 노회에서 목사 86명, 장로 85명, 선교사 22명 도합 193명이 모인 평양 집회에서 신사참배를 결의하고 말았다. 그들은 성명서를 낭독하였고, 전국 27개 노회의 노회장인 27명의 목사가 평양신사에 가서 큰절까지 했다. 일본 고등계 형사 97명이 참석한 가운데 강압에 못 이겨 어쩔 수 없이 결의했다고는 하지만 명백하게 십계명을 위반한 것이고 한국교회가 다 회개해야 할 죄이다.

이때 주 목사는 얼마나 외로웠을까? 모두가 신사참배에 동참하고 있는 상황에서 홀로 고난의 길을 걸어가야만 했던 주 목사의 심정을 생각하니, 우리의 죄를 대신 지시고 십자가에 달리신 예수님의 심정은 어떠했을까 하는 마음이 들었다. 그리고 말로는 다 형언할 길이 없는 주 목사의 희생으로 인해 온몸에 전율을 느끼게 된다. 그러나 주 목사는 신사참배를 거부하여 목사직을 파면당하면서까지도 하나님의 제1계명에 순종하였고, 끝내는 순교하면서까지 그 계명을 지켰다. 그때의 한국 기독교는 암흑기였다. 암흑기에서도 많은 목회자, 장로, 성도가 신사참배를 거부하며 순교하였고 그중에 대표적인 순교자가 주기철 목사인 것이다. 그 당시 남강 이승훈 선생이 민족정신을 잃지 않으려고 평안북도 정주에 '오산학교'를 설립하였는데 주기철 목사는 오산학교의 학생이었고 조만식 장로는 교장이었다.

1936년, 조만식 장로는 주기철 목사를 자신이 다니고 있던 평양 산정현교회의 담임목사로 청빙한다. 스승인 조만식 장로가 제자 주기철 목사를 담임목사로 청빙한 것이었는데, 당시 동방의 예루살렘으로 불리던 평양에서 주기철 목사는 '순교'로써 하나님의 명령에 순종했다. 주기철 목사는 평양 산정현교회에 부임한 후 첫 설교에서 "신사참배는 십계명의 제1계명과 같이 여호와의 이름에 대한 범죄요, 하나님께 대한 배신입니다"라고 외쳤다. 주목사의 순교는 한국교회 신앙의 자존심을 지킬 수 있었고, 신앙의 전통이 끊어지지 않고 맥을 이어갈 수 있도록 하나의 밀알 역할을 했다. 이것은 주 목사의 마지막 설교다.

주님을 위하여 지금 당하는 수욕을 내가 피하였다가 이다음에 주님이 "너는 내 이름으로 평안과 즐거움을 다 받아 누리고 고난의 잔은 어찌하고 왔느냐?"라고 물으시면 무슨 말로 대답하겠습니까. 주님을 위하여 주어지는 십자가를 내가 지금 피하였다가 이 다음에 주님이 "너는 내가 준 유일한 유산인 십자가를 어찌하고 왔느냐?"라고 물으시면 내가 무슨 말로 대답하겠습니까. 오직 나에게는 일사각오가 있을 뿐입니다.[8]

주 목사는 신사참배를 거부해서 감옥에서 온갖 고문을 당했는데, 그때 자신이 당한 고난을 통하여 예수님이 십자가를 지실 때의 고통과 의미를 깨닫고 〈영문 밖의 길〉이라는 시를 지었다.

서쪽 하늘 붉은 노을 영문 밖에 비치누나
연약하온 두 어깨에 십자가를 생각하니
머리에는 가시관 몸에는 붉은 옷
힘없이 걸어가신 영문 밖의 길이라네
…

눈물 없이 못 가는 길 피 없이 못 가는 길
영문 밖의 좁은 길이 골고다의 길이라네
영생복락 얻으려면 이 길만은 걸어야 해
배고파도 올라가고 죽더라도 올라가세
…

십자가에 고개턱이 제아무리 어려워도
주님 가신 길이오니 내가 어찌 못 가오리
주님 제자 베드로는 거꾸로도 갔사오니
고생이라 못 가오며 죽음이라 못 가오리

영문 밖은 예루살렘 성 밖을 뜻한다. 예수님께서는 영문 밖의 길, 즉 성문 밖의 주리고, 목마르고, 병들고, 갇힌 자들을 위해 그들처럼 고통받고 무시

당하고 저주받으면서까지 십자가의 길을 가신 것이다. 권력과 부의 중심이었던 성문 안에서가 아니었다. 주 목사가 살던 시대는 신사참배를 하지 않으려면 고생이나 죽음이 와도 예수님께서 가신 고난의 길을 똑같이 걸어가겠다는 각오를 해야 했다. 그래서 주 목사는 이런 시를 지었던 것이다.

주 목사는 경남 진해에 있는 웅천교회의 집사 시절에 야간학교를 만들어 청소년들을 가르쳤으며 3·1운동 때는 앞장서서 만세운동을 하는 열정적인 신앙을 가진 청년이었다. 하지만 웅천교회의 집사 시절에는 한때 실의에 빠져 방황을 한 적이 있었고 믿음이 약해져 형식적인 신앙생활을 하였으며, 술에 취한 상태로 예배에 참석한 적도 있었다고 한다. 그러나 마산 문창교회에서 열린 김익두 목사의 부흥집회 때 큰 은혜를 받고 거듭나 하나님의 부르심에 응답하여 목사가 되었고 순교자의 길까지 가게 된 것이다.

예수님의 복음은 참으로 놀랍다. 성령의 은혜를 받은 주기철은 달라졌고 순교자가 되기까지 성화되었던 것이다. 그리고 주님 주신 계명을 지키기 위해 목숨도 아끼지 않은 이 시대의 대표적인 순교자가 된 것이다. 바로 우리 주님이 하신 것이다. 주님이 주기철 목사를 '일사각오'의 사람으로 변화시킨 것이다. 주기철 목사는 세례 요한처럼 할 말을 하다가 순교한 일사각오의 사람이다.

주기철 목사의 자기부인

다음은 주기철 목사가 1939년 대구형무소에 수감 중일 때 쓴 기도문이다.

주님께서 낮아지신 것을 생각할 때 나는 어떻게 하오리까?

나는 나를 어디까지 낮추어야 당신 앞에서 합당하겠습니까?

당신이 제자의 발을 씻기셨으니,

나는 문둥이의 발을 핥게 하여 주옵소서.

당신이 세리의 집에 들어가셨으니,

나는 모든 사람의 발 앞에 짓밟히는 먼지와 티끌이

되게 하여 주시옵소서.

당신이 좌정하실 자리에 이놈이 앉아 있습니다.

나는 무엇이관데 당신이 못 받으시던 칭찬과 영예를 바라고 있나이까?

오 주여! 나로 하여금 외람된 오만에서 구원하여 주소서.

성신의 방망이로 이 '나'라는 놈을 머리부터 발꿈치까지

온몸을 남김없이 때려 부수어 주시사 당신과 같이

내가 없어지는 경지에까지 내 마음을 비워 주옵소서.[9]

　주기철 목사는 늘 겸손하고 하나님 앞에서 신실했지만 예수님의 삶을 생각하며 자신의 부족함을 깨닫고 자신을 자책하고 부인했다.

손양원 목사

손양원 목사는 '원수를 사랑하라'는 예수님의 계명에 순종하였고 공산당의 총탄에 맞아 순교하였다. 손 목사는 원수를 사랑하기 위해 '자신의 두 아들을 죽인 원수'를 '양아들' 삼았다. 그리고 회개시켜 예수님을 믿게 했다. 손 목사의 두 아들은 총에 맞아 순교한 것이 아니다. 공산당을 추종하는 무리들이 못이 박힌 몽둥이로 얼굴과 온몸을 때려 얼굴의 형체를 알아보기 힘들 정도로 무참하게 죽였다고 한다. 하나님은 원수를 사랑하신 분이다. 죄는 하나님과 원수이다. 죄인도 하나님과 원수이다. 죄인들은 예수님을 죽게 만든 자들이다. 하나님은 죄인인 우리들을 사랑하셨다. 원수를 사랑하신 것이다. 그리고 그 원수들을 자녀로 삼으셨다. 손 목사는 그 사랑을 깨닫고 예수님을 닮은 사람이 되려고 노력했다. 하나님과 원수 되었던 우리도 손 목사의 신앙을 본받아 원수라도 용서하고 사랑해야 한다.

손 목사님은 여순반란사건 때 자기의 두 사랑하는 아들을 살해한 학도가 국군에 체포되어 사형을 받게 되었을 때에 자기의 딸과 나덕환 목사님을 보내어 백방으로 교섭해서 구출하고 자기의 자식 삼아 신앙으로 교육하며 성경학교에 보내어 장래의 자기 후계 교역자로 양성하고 있다니 세상에 원수를 사랑하는 사람이 있다면 손 목사님의 이 행동이 그 최고봉일 것입니다.[10]

손 목사가 순교한 후 추모식을 할 때 양아들은 손 목사의 시신 앞에서 "나를 살려놓고 아버지는 왜 먼저 돌아가셨습니까?" 하고 슬퍼했다. 손양원 목사는 자신의 사랑하는 두 아들을 죽인 원수를 양아들 삼아 함께 밥상에 앉아 아침밥을 먹을 때의 심정을 이렇게 고백한 적이 있다고 한다. "내 입 안에는 밥알을 삼키는 것이 아니라 모래알을 삼키는 듯했다." 처음에는 마음속 깊이까지 용서가 안 되었던 것이다. 그래도 손 목사는 양아들을 끝까지 사랑했다. 회개시켜 예수님을 믿게 만들었고 신학교까지 보냈다. 양아들의 아들은 지금 목회자가 되어 있다.

손 목사의 아내 정양순 여사는 양아들을 사랑하려고 무척 애를 썼으나 그를 볼 때마다 무참히 죽은 두 친아들 동인과 동신이 생각나서 마음고생을 했다고 한다. 그래서 "아무리 애를 써도 마음으로 용서가 잘 안 된다"라는 고백까지 했다. 하지만 노환으로 부산 복음병원에 입원 중일 때 용서하는 마음이 생겨 "재선이가 보고 싶다"라는 말을 해서 모자는 상봉을 하게 된다. 모자는 상봉하자마자 서로를 부둥켜안고 "재선아", "어머니"만을 부르며 30분 동안 울었다고 한다. 정 여사나 양아들은 그동안의 마음을 말로는 다 표현할 수 없어서 서로의 이름을 부르며 한없이 울었던 것이다. 마침 회진 중이던 의사, 간호사들도 그 아름다운 기독교 역사의 한 장면을 두고 떠날 수 없어서 모자 상봉을 감격스러운 모습으로 계속 지켜보았다고 한다. 정 여사도 마침내 원수를 완전히 용서하고 자신의 아들로까지 인정하게 된 것이다.

원수를 사랑해도 어떻게 이렇게까지 사랑할 수 있을까? 하나님의 사랑을 깊이 깨달은 자만이 가질 수 있는 사랑이고 가히 '사랑의 원자탄'이라 말할 수 있다. 손 목사는 주님 다시 오실 날을 소망하며 옥중생활을 견디어 낼 수 있었다. 손양원 목사가 지은 〈주님 고대가〉이다.

낮에나 밤에나 눈물 머금고 내 주님 오시기만 고대합니다

가실 때 다시 오마 하신 예수님, 오 주여 언제나 오시렵니까

고적하고 쓸쓸한 빈 들판에서 희미한 등불만 밝히어놓고

오실 줄만 고대하고 기다리오니, 오 주여 언제나 오시렵니까

손 목사는 순교만 한 것이 아니라, 순교적 삶을 산 사람이었다. 그는 죄와 피 흘리기까지 싸운 사람이었다. 그는 죄를 근절하기 위해 입산기도, 금식기도를 했을 뿐 아니라, 한때는 자신의 정욕을 죽이고 성결한 삶을 살기 위해 내시처럼 되기로 결심했다. 그래서 부산에 있는 철도병원에 찾아가서 거세수술을 해달라고 했으나 병원장이 허락하지 않아서 뜻을 이루지는 못했다. 이러한 사실만 보더라도 손 목사가 얼마나 죄와 싸우려고 노력했는지를 알 수 있다. 우리가 만일, 손 목사의 신앙을 본받은 사람이라면 순교적 삶을 살다가 하나님께서 순교를 명하시면 순교까지 해야 하지 않을까? 그러나 주 목사, 손 목사가 순교했다고 꼭 모든 성도가 순교로만 삶을 마감해야 한다는 뜻은 아니다. 순교도 순교의 은사가 있는 사람만이 할 수 있기 때문이다. 각자 자신들이 가지고 있는 믿음의 분량대로, 받은 은사대로 사역하고 있는 것을 우리 인간의 잣대로 무어라 규정해서는 안 된다. 하나님께서 쓰시고 하나님께서 상벌을 주실 것이다.

2010년은 손양원 목사의 순교 60주년이 되는 해였다. 손 목사는 이동휘 목사(1935년생)가 열다섯 살(1950년)에 순교했다. 이 목사는 그 시대에 손 목

사의 순교 신앙을 보고 영향을 받으며, 신앙생활과 신학공부와 목회를 했을 것이다. 신앙의 연대기를 보니 그렇다. 그래서 이 목사는 자신의 신앙을 순교자들의 신앙과 비교하여 점수를 계산하다 보니 스스로를 '가짜 목사 수준'이라고 평가했던 것이다.

일제시대, 6·25 때는 핍박이 많았던 때여서 순교자가 많았다. 그러나 지금은 그때처럼 심한 핍박이 없으므로 순교의 기회는 많지 않다. 그래서 이 목사는 순교자가 되는 대신에 순교적 삶을 살았다. 이 내용을 잘 알고 있는 박진구 목사가 "주기철, 손양원, 이동휘 목사의 신앙을 이어가야 합니다"라는 표현을 자주 사용했던 것이다.

손양원 목사의 자기부인

다음은 손양원 목사가 자신의 두 아들을 죽인 원수를 양아들 삼아 회개시켜서 예수님을 영접하게 한 후 전국으로 간증집회(부흥집회)를 다니던 어느 날의 일기이다.

오늘 오후에는 제2육군병원에 찬양대원과 합 30여 명과 함께 가서 위문하였다. 3백여 환자 중 2백여 명이 출석하고 각 방에는 마이크로 들리게 하였는데 큰 은혜가 있었다. 특히, 금야에도 간청에 못 이겨 순교 실담을 하게 되었는데 많은 사람은 내가 훌륭한 일이나 한 것처럼 높이 보아주는 것 같고, 참 성자같이 여겨주는 감도 보이나 나에게는 이따위 순교 실담을 이야기시키지 아니하였으면 좋겠다. 어떤 이는 삼부자의 사진까지 찍어서 팔며 순교 성자라 하여 이름을 드러내게 하는 이도 있으나 이에는 내 마음 너무 아프고 괴롭기 짝이 없다. 나는 참으로 큰 죄인인데 침소봉대격의 나의 작은 선이라 하기보다도 바로 주님께서 행하신 일일 뿐이고, 작은 죄 하나라도 내 힘으로 이겨본 일이 없는 가장 무력하고 악한 자인 나에게 이러한 대접은 참으로 감당키 난하여 나는 남모르는 눈물을 많이 흘린다. 고로 나는 항상 말할 때에 나를 내 신앙 정도보다 지나치게 보아줄까 봐 또는 내 말에 자랑 같은 무슨 언사가 나올까 봐 참 조심한다. 오, 주여! 내 혀를 붙드시고 내 명망을 붙드시사 지나치지 말게 하시고 다만 주의 영광만 위하옵고 듣는 자에게 은혜만 되게 해주시고 나는 절대 숨겨주시옵고, 심지어 내 죄까지라도 주님 품 안에서 숨겨주시옵소서.[11]

오 주여! 나 같은 죄인을 이렇게 쓰시는 것을 내 알 수 없습니다. 세상에는 허다한 유식자, 대능자(큰 능력을 가진 자 – 저자 주), 건강자, 의로운 자 많은 중 왜 하필 나 같은 죄인, 무지자, 무능자에게 이 일을 맡기시는지요. 내 참 알 수 없습니다.[12]

이동휘 목사는 순교자들을 사모한다. 순교의 본을 보이신 예수님을 본받아 사도 바울도, 스데반도 한결같이 순교했다며 그분들을 사모한다. 우리가 세상 유혹에 잘 넘어가는 것은 순교 신앙을 가지지 못했기 때문이라며 주기철, 손양원 목사의 순교 신앙을 이어받아 순교자가 될 각오를 가지고 살아야 한다고 역설한다. 이 목사는 자신이 원래보다 30년 전에 태어났다면 꼭 순교할 사람처럼, 순교하지 못한 것을 죄송스러워하는 듯한 표현들을 많이 해왔다. 나는 주기철, 손양원 목사의 신앙기를 읽으며, 나의 작은 믿음 때문에 '이

분들이 순교까지 했어야 했나?'라는 생각이 잠시 들기도 했으나 다 읽고 나서는 '이렇게 순교한 분들이 있었기에 오늘날의 한국교회가 하나님의 축복을 받게 되었구나' 하는 깨달음을 얻게 되었다. 그 시대의 치열했던 선진들의 신앙생활 장면들이 고전의 명장면처럼 머리를 스쳐 지나갔다.

그렇다면 왜 순교가 필요한가? 필립 제임스 엘리어트(Philip James Elliot, 1927~1956) 선교사는 미국 오리건 포틀랜드에서 태어나 미 전도 종족인 에콰도르의 아우카 부족들에게 복음을 전하기 위해 만반의 준비를 하였다. 그리고 결혼한 지 2년여 후에 그곳으로 들어갔다. 그러나 그는 함께 간 4명의 선교사와 함께 아우카 부족들에 의해 창과 도끼로 무참하게 죽임을 당한다. 그는 도착하자마자 순교했기 때문에 단 한 명에게도 복음을 전하지 못했다. 그러나 그의 아내는 일 년간 간호사 훈련을 받고 남편이 죽은 그곳에 의료 선교를 하기 위해 들어갔다. 아우카 부족은 여성을 해치는 것은 비겁한 짓이라 여겼기 때문에 그녀를 해치지는 않았다. 그녀는 자신의 남편을 죽인 아우카 부족을 정성껏 돌보며 겸손히 의료 선교 사역을 감당하였다.

어느 날 아우카 부족의 추장이 물었다. "당신은 누군데 우리를 위해 이렇게 헌신적으로 수고를 하십니까?" 그녀가 대답했다. "저는 5년 전에 당신들이 죽인 그 남자의 아내입니다." 제임스 엘리어트의 아내 말을 들은 아우카 부족은 감동을 받고 전부 예수님을 믿게 되었고 제임스 엘리어트를 죽였던 청년은 나중에 목사가 된다. 아우카 부족들은 생각했을 것이다. '도대체 예수님은 어떤 분이시기에 우리에게 이렇게 고귀한 사랑을 베푸시는 것일까?'

제임스 엘리어트가 순교한 후 많은 선교사 지망생이 생겨났다. 그의 순교는 미 전도 종족에 대한 선교의 불을 지피는 역할을 하게 된 것이다. 그때 많은 사람은 이렇게 말했다. "what a waste"(얼마나 낭비인가). 신학교육으로 잘 훈련받은 29세의 전도양양한 젊은이가 순교를 당했으니 말이다. 세상 가치로만 본다면 왕성하게 복음을 전해야 할 젊은 선교사가 단 한 사람에게도 복음을 전하지 못하고 순교한 것은 정말 낭비일 것이다.

그러나 엘리어트의 순교를 하나님의 가치로 본다면 정말 귀한 일이 된다. 하나님께 생명을 드리기까지 충성했으니 하나님 보시기에 얼마나 사랑스러울까? 선교는 하나님께서 하시는 것이다. 우리는 순종만 할 뿐이다. 그 젊은 선교사가 만일 세상적인 가치를 품고 선교지로 출발했다면 사람들이 낭비라고 표현할 만한 방법인 '순교의 위험'을 무릅쓰면서 위험한 사역지를 선택하지는 않았을 것이다. 차라리 안전한 선교지로 방향을 돌리거나 '워싱턴 ○○교회' 등의 교회를 설립하여 좀 더 안전하고 후세에 길이 남을 일을 했을 것이다. 제임스 엘리어트 선교사는 '하나님만 알아주시면 된다'는 믿음이 있었기에 그 길을 간 것이다. 안디옥교회도 선교 자랑하는 교회 되지 말고 예수님을 자랑하는 교회가 되어야겠다. 꼬리에 꼬리를 무는 신앙을 화살표로 표시한다면 이렇게 될 것이다.

아브라함 → 모세 → 바울 등 ⇒⇒⇒ 주기철, 손양원 → 이동휘, 박진구

이외에도 수많은 신앙의 선각자가 있고 현 시대에도 훌륭한 지도자들이 많지만 안디옥교회를 중심으로 표기했다. 이 목사와 안디옥교회의 신앙의

유산을 화살표로 표시하면 이렇게 될 것이다.

외국인 선교사 → 외조부 → 어머니 → 이동휘 → 박진구

화살표는 신앙의 유산, 믿음의 영향력 등을 말하며 이 영향력의 화살표는 전주 안디옥교회뿐만 아니라, 가깝게는 대한민국의 성도들과 불신자들에게, 그리고 전 세계를 향해 가고 있다. 예수님을 높이고 그 한량없는 은혜를 깨달으며 절대자인 창조주 하나님 앞에서 죄인 된 인간의 수준을 솔직하게 고백한다는 점에서 사도 바울, 손양원, 이동휘 목사는 그 맥을 같이한다. 나보다 남을 낮게 여기는 마음도 그렇다. 박 목사는 "지금 시대는 비교적 순교의 기회가 적습니다. 그렇지만 이동휘 목사님의 불편을 감수하며 살아온 삶은, 순교적 삶을 살고 순교까지 한 60년 전의 손양원 목사의 순교 신앙으로부터 내려온 것입니다"라고 평가한다.

주기철, 손양원 목사의 관계는 이동휘, 박진구 목사와의 관계와 비슷한 점이 있다. 주 목사, 손 목사는 우리나라 대표적인 순교자들이다. 이 목사, 박 목사는 초대교회를 닮기 위해 노력하고 선교 한국을 위해 열심히 사역을 감당하고 있는 목회자요, 신앙인이다. 그래서 안디옥 2기가 끝나갈 무렵 이러한 등식이 나올 수도 있을 것이다. 물론 세부 내용은 다를 것이다. 주기철, 손양원 목사는 순교자로, 이동휘, 박진구 목사는 순교적 삶을 살려고 애쓴 모델 교회(좋은 교회)의 지도자로 기억될 것이다. 이 목사, 박 목사는 마치 삭개오가 주님께 재산의 50%를 드리고, 가난한 과부가 생활비의 전부를 드린 것

과 같은 헌신적인 신앙으로 주의 일을 하였기 때문이다.

위대한 신앙의 선진들은 대부분 하나님 말씀을 아는 데에만 그치지 않고 말씀대로 살려고 노력하고 실천하였다. 마치 한 권의 책도 남기지 않으신 예수님께서 행함으로 본을 보이신 것처럼. 그러나 삶에서 능력이 나타나지 않았던 분들은 대부분 말씀을 전하기만 했지, 자신이 전한 말씀대로 살지는 못했다는 것을 알 수 있었다.

신앙의 젖줄, 두 어머니

지금의 안디옥교회를 있게 한 분은 하나님이시다. 하나님은 이동휘 목사를 통하여 안디옥교회를 세우시고 선교전문교회가 되게 하셨다. 그리고 2기 박진구 목사를 통하여 3만 3천의 비전을 보여주셨다. 1기, 2기 두 담임목사가 이렇게 하나님께 쓰임받게 된 배경에는 이들을 신앙으로 잘 양육해온 두 분의 어머니가 있었다. 한 분은 우리나라의 기독교 초기에 외국인 선교사의 순수한 신앙을 이어받은 이 목사의 어머니 주희순 여사다. 주희순 여사는 어린 나이에 성경암송 실력이 뛰어나 선교사가 신학 공부를 시키기 위해 미국으로 데려가려고 했으나 너무 어린 나이라고 집안에서 반대하는 바람에 갈 수가 없었다. 또 한 분은 질병과 가난의 어려운 환경 속에서 예수님을 만나 '중보기도의 사람'이 된 한금순 여사다.

이 두 분 어머니의 신앙은 오늘날 안디옥교회의 신앙으로까지 이어졌다. 나는 '이 두 어머니의 신앙의 젖줄은 과연 어디로부터 온 것일까' 하고 생각해보았다. 그것은 바로 황량한 한반도 땅에 떨어진 복음의 씨앗으로부터였으며, 이 씨앗은 일제의 압박에 짓눌려 신음하며 더욱 황량해가던 이 땅에서 순교로 열매를 맺었고, 계속해서 순교와 순교적 삶으로 누룩처럼 번져나갔다. 일제와 공산당의 핍박 속에서 복음의 씨앗은 '순교의 씨앗'이 되었고, '순교적 삶의 씨앗'이 되었던 것이다. 복음을 듣지 못했던 이 땅에 외국인 선교사들의 신앙은 꼬리에 꼬리를 물고 이어져 나갔고 계속해서 꽃을 피운 것이다. 당시 하나님을 몰랐던 우리나라 백성들과 일제와 공산당은 복음을 받아들이지 않고 오히려 철저한 핍박을 가했으며 그때 한국교회는 주기철, 손양원, 문준경과 같은 많은 순교자를 배출했다.

우리나라 기독교 초기의 선교사들의 신앙을 이어받아 순수한 신앙을 가졌던 주희순 여사는 그 신앙으로 이동휘 목사를 잘 양육하였고 하나님께서는 그 '순수 신앙'을 기반으로 이 목사가 안디옥교회를 개척할 수 있도록 허락하셨다. 이 목사는 믿는 가정에서 태어나 모태신앙으로 출발하여 어머니의 신앙으로 잘 훈련되었기에 안디옥교회를 개척하고 예수님의 지상명령에 순종할 수 있었다. 그리고 2기 박진구 목사가 같은 비전을 가지고 이 귀한 사명의 바통을 이어받았다. 나아가 예수님의 증인되어 땅끝까지 이르러 온 지구촌을 복음화시키기 위한 사역에 매진하기 위해 3만 3천의 구체적인 수치까지 목표로 내걸었다. 이러한 안디옥교회의 신앙은 그냥 생긴 것이 아니다. 바로 이억만 리 타국 땅인 이 나라에 순교의 피를 뿌린 외국인 선교사들이 있었기 때문이다. 하나님은 그 고귀한 순교의 피를 받으시고 이 땅의 기독교 120년의 역사에 눈부신 부흥이 있도록 허락하셨다.

특히 안디옥교회를 개척하고 23년간을 이끌어온 안디옥 1기 이동휘 목사와 '안디옥신앙'을 이어받아 주님 주신 명령에 순종하여 3만 3천의 비전을 가지고 왕성하게 목회하는 안디옥 2기 박진구 담임목사 뒤에는 두 분의 어머니가 있었기에 오늘날의 안디옥교회가 있는 것이다. 두 분의 어머니는 이미 소천하였지만 그 신앙은 현재까지 남아 '안디옥신앙'이 되었다.

행함 있는 믿음의 소유자, 주희순 여사

이 목사가 '어머니 신학'이라고 표현할 정도로 이 목사의 어머니 주희순 여사의 순수한 신앙은 귀했고 또 많은 열매를 맺었다. 이 목사는 어머니에 대해 이렇게 회고한다. "어머니는 초등학교도 못 나오신 분이지만 외조부가 서당 훈장이셔서 귀동냥으로 천자문을 배우셨습니다. 어머니는 바쁜 농사철에도 하루에 두 번 가정예배를 드렸고 성경읽기, 철야기도, 금식기도를 많이 하셨던 분입니다. 맛있는 음식이나 좋은 옷이 있으면 주의 종에게 먼저 드렸고, 농사를 많이 지었기 때문에 주일학교 교사들과 성도들에게 흰 쌀밥을 자주 대접하시곤 하였습니다. 그리고 많은 친척을 전도하여 집안에서 수십 명의 성직자가 배출되었습니다." 이 목사는 자신의 어머니를 순수한 신앙을 지닌 '행함 있는 믿음의 소유자', '기도의 사람', '말씀의 여성'으로 기억하고 있었다.

　주희순 여사의 부친(주원선)은 신앙심이 깊어 말을 타고 다니며 전도를 하였다고 한다. 당시에는 선교사들이 말을 타고 다니며 전도를 많이 했는데, 그는 선교사들의 신앙을 이어받아 열심히 복음을 전하는 사람이었다. 주 여사도 장로 부인으로 바쁜 생활을 하였는데 새벽기도, 아침 식전 가정기도회, 오전 10시 말씀묵상 시간(오늘날의 큐티에 해당)을 지켰다. 주 여사는 두 명의 아들을 모두 목회자로 키워냈을 뿐만 아니라 일가친척들을 모두 구원시켰다. 따라서 이 목사의 신앙은 어머니, 주희순 여사의 '순수 신앙'에서 왔다. 이 목사는 어려서부터 어머니가 목회자와 성도들을 정성으로 섬기는 것을 보고 자랐다. 좋은 것이 있으면 먼저 담임목회자에게 드렸는데, 이런 심부름은 항상 이 목사의 몫이었다. 새 옷을 샀을 때는 집에 고이 모셔두었다가 주일날 교회 갈 때 먼저 입혔다. 이 목사의 어머니가 신앙이 좋은 이유는 온 집안이 복음화되었기 때문이다. 그리고 이 목사의 어머니는 선교사의 가정에서 지냈기 때문에 외국인 선교사로부터 직접 신앙교육을 받을 기회가 있었다. 주 여사는 바로 그 신앙을 가지고 이웃을 위해 헌신적으로 베풀고 교회와 성도들을 섬겼는데 이 목사가 그 신앙을 배우고 몸에 익혔던 것이다.

　주 여사는 지금 주님 곁으로 거처를 옮겼지만, 그녀의 신앙만큼은 살아서 그녀의 두 아들 이진휘, 이동휘 목사에게로 이어져온 것이다. 결국은 외국인 선교사들의 헌신적인 복음 전파와 신앙교육이 아래로 아래로 전파되어 오늘의 안디옥교회가 탄생한 것이다.

죄와 질병과 가난에서 자유를 얻은 한금순 여사

　정신병에 들린 어떤 여인이 있었다. 그녀는 밤만 되면 1시간은 웃고, 1시간은 울며 몽유병 환자처럼 알몸으로 온 동네를 돌아다녔다. 그녀는 새벽 2~4시까지 돌아다니다 시궁창에 빠지기 일쑤였다. 그런 날이면 시궁창의 오물들이 시꺼멓게 묻어 온몸이 지저분한 상태로 집에 들어오게 된다. 그러면 아들은 "어머니, 어디를 그렇게 다니세요" 하며 어머니의 몸을 씻어주고 수건으로 닦아드린다. 소년은 고생스럽게 살아온 어머니를 뭐라 할 수 없어 눈물만 흘린다. 아버지는 이미 바람이 나서 어머니를 버려두고 다른 여자와 살림을 차린 상태였다. 어머니는 아버지의 버림을 받고 힘든 생활을 하던 중에 귀신이 들리게 된 것이다. 소년은 혼자 중얼거렸다. "이건 엄마 잘못이 아니에요." 소년의 눈에서 또 눈물이 흘러내린다.

　어느덧 소년은 자라서 고등학생이 되었으나 불우한 가정환경을 이겨내지 못하고 학교에 흥미를 잃어버렸다. 소년은 시간이 갈수록 심신이 지쳐갔다. 고등학교 1학년 때, 결석한 지 3달째가 되자 학교에서 제적예고통지서를 보내왔다. 게다가 소년은 자신보다 10살 어린 동생이 있었는데, 동생은 "검정옷 입은 할아버지가 내려와 내 목을 조른다"며 두려움 속에 사로잡혀 살았다. 소년은 '이제 우리 가족은 어찌해야 하나' 하며 한숨을 내쉬었다. 절망 그 자체의 가정환경이었다.

　당시 동네사람들 중에는 예수 믿는 사람들이 더러 있었으나 누구도 소년의 집에 와서 전도하지 않았다. 그런데 예수님을 안 믿는 옆집 아주머니가 말했다. "학생, 엄마 같은 병은 교회에 가면 낫는다는데 한번 나가봐." 비신자가 전도를 한 것이다. 그 소리에 소년은 갑자기 말할 수 없는 감동과 새로운 희망 같은 것이 생기고 마음에 평안이 밀려왔다. 그리고 근처에 있는 천막교회로 달려갔다. 교회에 도착한 소년은 천막 내부를 둘러보았으나 아무도 없었다. 천막 옆에 사택으로 보이는 집의 문을 두드리자 어떤 할머니가 나오셨는데 나중에 알고 보니 그 할머니가 바로 그 교회의 전도사님이셨다. 소년은 자초지종을 설명하고 "우리 집에 오셔서 어머니를 도와줄 수 있나요?"라고 물었다. 그 할머니 전도사님은 다리가 불편하여 고등학교를 막 졸업한 자신의 둘째아들을 심방자로 보냈다. 그 당시 소년의 집은 '무당 굿 흔적', '이상한 냄새나는 집'으로, 영적으로 매우 사악한 상태였다. 전도사님의 둘째아들은 간단하게 5분 정도만 기도해주고 갔다. 그런데도 소년은 마음에 평안이 물밀듯 찾아왔다. 다음 날 새벽예배에도 갔다. 어머니는 교회 다닌지 두 달 만에 귀신이 나갔고, 용산 극장, 만화 가게에서 살다시피 하며 장기 결석 중이었던 불량 소년은 다시 학교에 가게 되었다.

소년은 오랜 시간이 흐른 후에 그 아주머니를 전도하러 갔다. 그러나 아주머니를 만날 수 없었다. 주위 사람들은 그 아주머니가 암으로 세상을 떠났다고 말해주었다. 아주머니는 소년의 가정에 복음을 전하고 세상을 떠난 것이다. "조금만 더 일찍 찾아왔더라면" 하고 소년은 후회했다.

그 소년은 아버지로부터 버림받은 깨진 가정에서 태어났다. 그래서 어린 시절 친구 집에 놀러가서 친구 아버지를 보면 대하기가 어려웠다. 어머니는 날마다 장사하러 나가셔야 했기 때문에 '학부형 총회'가 있는 날에는 한 번도 학교에 오시지 못했다. 소풍가는 날에도 김밥 쌀 시간이 없었을 뿐더러

차비도 없어서 가지 못했다. 소년은 부모님이 모두 계시고 경제적으로 넉넉한 친구들이 부러웠다. 그 소년은 어머니가 재혼을 하셨기 때문에 피 한 방울 안 섞인 형제와도 살아보았다. 어머니와 새 아버지는 늘 싸우시기 일쑤였다. 행복이나 자유함 같은 것을 느껴본 적 없이 살아온 것이다. 그러나 고등학교 1학년 때, 어머니가 귀신 들린 것을 계기로 예수님을 믿고부터는 달랐다. 억압, 불안, 가난, 부자유함으로부터 해방되었다. 주님의 초청을 받은 것이다. 복음이 소년의 집에 들어온 것이 소년에게는 일생일대의 전환점이 된 것이다(이 내용은 박 목사가 설교 시간에 자신의 어머니에 대한 내용으로 영혼 구원의 중요성에 대해 이야기한 것을 정리한 것인데 그 소년이 바로 박진구 목사다).

박 목사는 말한다. "그때 믿은 이후로 지금까지 왔습니다. 초청의 언어 '와보라'를 사용합시다. 주의 영은 우리에게 자유를 줍니다. 절망을 희망으로 바꿔줍니다." 어떻게 보면 자신의 치부를 드러낸 것이다. 그러나 자유함을 얻었으므로 그런 것은 문제가 되지 않는다고 생각한다. "이토록 엉망이었던 곳에서 예수님은 나를 건져주셨다"며 예수님의 이름을 높이기 위해 자신을 내어 던진다. 나는 박 목사의 설교를 들으며 복음성가 한 곡을 떠올렸다.

나 자유 얻었네. 너 자유 얻었네. 우리 자유 얻었네.

나 자유 얻었네. 너 자유 얻었네. 우리 자유 얻었네.

주 말씀하시길 죄 사슬 끊겼네. 우리 자유 얻었네. 할렐루야

나 자유 얻었네. 너 자유 얻었네. 우리 자유 얻었네.

나 성령 받았네, 너 성령 받았네, 우리 성령 받았네.

나 성령 받았네, 너 성령 받았네, 우리 성령 받았네.

주 말씀하시길 죄 사슬 끊겼네. 우리 성령 받았네. 할렐루야

나 성령 받았네, 너 성령 받았네, 우리 성령 받았네.

이 곡은 1절과 3절의 내용이고 2절은 '자유' 대신에 '구원', 4절은 '성령 받았네' 대신에 '기뻐하겠네'를 넣어서 부른다. 박 목사는 성도들에게 외친다. "우리가 죄, 가난, 질병, 인간관계 등으로 억눌려 있는 것은 하나님의 뜻이 아닙니다. 하나님은 우리를 자유케 하시길 원하십니다. 자유케 하시는 성령 께서 우리가 그러한 문제에 눌려 있는 것에 대해서 탄식하시고 안타까워하십니다. 세상 사람들은 돈, 권력을 가지면 영광스럽다고 말하지만 그런 것들은 훗날 다 썩어서 없어질 것들입니다. 주의 영이 있는 곳에는 자유함이 있습니다. 주의 영이신 성령님을 초청합시다."

중보기도의 사람, 애국자 한금순 권사

박 목사는 어머니 한금순 여사가 배움이 적어 안타깝게 생각할 때가 있었지만 그 생각은 군대 생활할 때 여지없이 깨지고 말았다고 한다. 박 목사는 군 입대 후 하사관으로 선발되었는데 나중에 자신이 '의가사 제대'에 해당된다는 것을 알게 되었다. 어머니는 50세가 넘고 가정형편이 곤란했기 때문이다. 그래서 의가사 제대를 하기 위해 휴가 기간에 동사무소에서 서류를 떼려고 준비하는 중에 어머니께 그 내용을 말씀드렸다. 그러나 어머니의 반응은 예상과 달랐다. "사탄아 물러가라. 내가 지금 군인, 전경들을 위해서 기도하고 있는데, 남의 아들은 나라를 위해 3년씩 근무하는데, 내 아들이 6개월만 근무를 해? 절대 안 될 말이다. 뒤로 돌아, 앞으로 가!" 박 하사는 그 길로 집에서 쫓겨나 친구 집에서 전전하며 쉬다가 휴가 2일을 남기고 귀대하였다고 한다. 그래서 박 목사는 "저희 어머니는 애국자이셨습니다"라고 회고한다. 그녀는 공공질서, 세금 등에서도 나라에 협력하려고 애쓴 분이었다.

한금순 여사는 성도들을 위한 중보기도를 하기 위해 항상 중보기도 수첩을 가지고 다녔다고 한다. 기도 제목, 기도 시작일, 응답받은 날 등을 빼곡히 적어서 중보기도를 하는 '중보기도의 사람'이었던 것이다. 그녀는 어려움에 처해 있는 사람들을 위해서는 40일 작정기도까지도 해주며 중보기도로 협력하였다고 한다. 박 목사는 "저는 어머니의 중보기도 덕에 오늘날의 축복을 받았습니다"라고 고백할 정도다.

하나님은 하나님을 사랑하고 그분의 계명을 지키는 자들에게 나타나신다. 박 목사는 하나님이 우리에게 나타나셔서 우리의 삶을 은혜로 인도하시는 것을 '성령 내비게이션'이라 부른다. 중보기도의 사람은 '성령 내비게이션'을 소유한 사람이라고 말한다. 성령 내비게이션, 어머니는 예수님을 믿고 병 나은 후 내복, 속옷 등을 가지고 다니며 행상을 하였는데 가는 집마다 문전박대 당하기 일쑤였다고 한다. 그때 박 목사는 고등학교 1학년에 재학 중이었고 동생은 아직 초등학교에도 들어가지 않은 나이였다. 어머니는 매일 장사를 해야 겨우 먹고살 수 있는 형편이었기에 주일에도 행상을 나가셨다. 그리고 몇 주 후 전도사님께서 "주일성수하세요"라고 말했다. 주일에는 보따리장수 쉬고 주일성수하라는 뜻이다. 어머니는 그 말씀에 순종해서 3주 동안 힘을 다해 주일을 성수하였다. 그때부터 박 목사 가정은 수입이 없는 주일에는 식사를 한 끼만 하고 버틸 수밖에 없었다. 그렇게 해야 주일성수가 가능한 재정 형편이었다.

그러나 그다음 주 토요일, 어머니는 평소와 다르게 일찍 귀가하셨다. 그리고 집에 도착하자마자 "할렐루야"를 외치시며 "진구야, 오늘 하나님께서 내게 나타나셨단다"라고 말씀하셨다. 어머니는 행상을 하시면서 '어느 곳으로 가서 물건을 팔까?' 하고 매일 고민하셨다고 한다. 그날도 마찬가지로 '오늘은 어디에 가서 물건을 팔지?' 하며 생각하고 있는데, 어머니의 오른쪽 어깨가 뜨거워지셨다는 것이다. 그러자 어머니는 '아, 오른쪽으로 가라 하시는가 보다' 하고 오른쪽 길로 갔다. 마을에 도착한 후 '몇 번째 집에 들어가 볼까?' 생각하는데 3번째 집에 들어가라는 감동이 와서 3번째 집에 들어갔더니 그 집주인 아주머니는 "그렇지 않아도 속옷이 필요해서 장에 가려고 했는데 마침 잘됐네" 하며 반겨주었다고 한다. 그 아주머니는 '물건이 좋고 싸다'며 이웃사람들을 여럿 불러주었고 어머니는 그날 가져간 물건들을 모두 팔 수 있었다.

그날 이후로 토요일에는 항상 평일보다 두세 배의 매출을 올릴 수 있었다고 한다. 마치 하나님께서 이스라엘 백성들이 광야 길을 가는 동안 만나와 메추라기를 공급해주셨는데 안식일 전날에는 평일보다 두 배되는 양의 만나를 거두게 하신 것처럼 박 목사 어머니에게도 그리하신 것이다. 그렇게 어려운 여건 속에서도 주일을 성수했더니 하나님께서는 생계유지에 불편함이 없게 해주셨으며 더 큰 축복으로 채워주셨다. 어머니는 하나님께 헌금을 드릴 때에도 항상 종이돈을 비누로 깨끗이 씻은 후 다리미로 다려서 드렸다고 한다. 행상하느라 돈이 구겨지고 깨끗하지 못했기 때문이다. 성령님을 의지하며 살아온 어머니의 삶은 박 목사의 성령 사역에 자양분이 되었다.

우리는 이러한 선진들의 신앙을 기독교 역사로, 지식으로만 알고 지나가서는 안 된다. 우리는 순교의 신앙과 순교적 삶의 신앙을 이어가야 한다. 훌륭한 신앙인과 지도자 밑에서 훌륭한 성도가 나오는 법이다. 세상이 살기 좋아졌다고, 편리해졌다고, 순교의 신앙, 순교적 삶의 신앙을 기독교 박물관으로 보내서는 안 된다. 이 세상은 지금도 주님이 살아서 역사하고 계시는 현장이기 때문이다.

누룩처럼 번져가는 안디옥 신앙

안디옥교회는 '안디옥신앙'이라는 것이 있다. 온 성도가 이 '안디옥신앙'을 소중히 여기고 따른다. 이 신앙은 이동휘 목사의 예수님을 닮으려는 노력에서 출발하여 모든 성도에게까지 전파되었다. 그래서 '안디옥신앙'은 안디옥교회 성도들의 신앙으로 뿌리를 내리게 되었다. 이 목사는 개척 이후로 "불편하게 삽시다. 선교하며 삽시다"라는 구호를 외쳤다. 예수님께서 그렇게 사셨기 때문이다. 이 목사와 안디옥교회 성도들은 불편을 감수하며 선교하는 일에만 전심전력하여 '안디옥신앙'을 안디옥교회에 뿌리내렸다. 안디옥신앙은 '예수님을 닮아가는 신앙', '복음을 땅끝까지 이르러 증거하는 신앙'이다. 그 신앙이 안디옥교회에 깊게 뿌리내렸기에 '안디옥신앙'이 된 것이다. 다른 어떤 별난 신앙이 아니다. 예수님처럼 불편한 삶을 감수하면서 천국 복음을 땅끝까지 전하라는 주님의 지상명령에 철저하게 순종하며 사는 것이 바로 '안디옥신앙'인 것이다. 안디옥신앙을 정리하면 다음과 같다.

첫째, 철저하게 예수님을 닮자는 것이다. 온화한 말투, 한결같은 태도, 말보다 실천하는 믿음을 가지고, 온유한 사람이 되는 것이다. 모든 일에 '예수님이라면 어떻게 할 것인가' 생각해보고 이웃을 섬기며 사는 삶인 것이다. 이 목사와 박 목사가 먼저 삶으로 본을 보였고 안디옥교회 성도들은 자신이 속해 있는 직장, 사업장에서 그렇게 살려고 노력하고 있다. 철저하게 예수님을 닮고, 철저하게 초대교회를 본받자는 것이다. 따로 있는 그 무엇이 아니다. 성경말씀대로 실천하며 살자는 것이다.

둘째, 선교를 위해 불편을 감수하는 것이다. 선교를 위해서 예배당에 호화시설을 갖추지 않는 것이고 지나치게 호사스러운 생활을 하지 않는 것이다. 선교회 모임이나 성도들끼리의 모임에서도 지나치게 비싼 식사를 하거나 불필요하게 경비를 낭비하지 않는 것이다. 안디옥교회의 개척 초기에는 주일날 찬양대원들이나 주일학교 교사들이 주로 라면으로 점심을 해결했다. 교회에서 지원이 없었기 때문에 대원들이나 교사들끼리 회비를 걷어서 라면을 끓여먹었던 것이다. 어쩌다 장로들이나 집사들의 특별 찬조로 교회에서나 또는 이 목사 사택에서 국수라도 먹는 날에는 '특식'을 먹는 기분이 들어서 다들 행복해했다. 갈비탕이나 돈가스 같은 메뉴는 낭비하는 것 같아서 먹자는 말조차 안 나오는 분위기였다고 한다.

손양원 목사도 "육체의 고통, 마음의 기쁨이 신앙인의 자세다"라고 말했다. 예수님도 불편한 삶을 사시며 천국 복음을 전하셨다. 머리 둘 곳도 없이 노숙하셨고 비싼 옷이나 산해진미를 취하지 않으셨다. 그러나 예수님 자신은 그렇게 불편한 삶을 사셨지만 사람들에게 그러한 삶을 강요하지는 않으셨다. 예수님은 가나의 혼인 잔치에서 하객들에게 포도주를 만들어주셨고, 예수님을 따르던 무리들이 배고파할 때 오병이어의 기적을 베풀어주셨다. 자신을 위한 기적은 베풀지 않으시고 제자들과 예수님을 따라다니던 사람들을 위해서만 기적을 베푸신 것이다. 예수님은 그렇게 선교를 위해 불편하게 사셨다.

> 내가 항상 말하려니와 고난은 참으로 큰 복이외다. 꿀같이 달게 받으사이다. 참고 견디기만 하면 이보다 더 큰 복은 없는 법이외다. 모든 기구도 그러하고 부자나 학자나 성인군자까지라도 다 고난의 산물이 아닐까요?[13]

> 여보시오! 나는 솔로몬의 부귀보다도 욥의 고난이 더욱 귀하고 솔로몬의 지혜보다도 욥의 인내가 더욱 아름다워 보입니다. 솔로몬의 부와 지혜는 나중에 타락의 매개가 되었으나 욥의 고난과 인내는 최후에 영화가 된 까닭이외다.[14]

손양원 목사의 고백을 들어보아도 '안디옥신앙'은 선진들의 신앙으로부터 온 것을 알 수 있다. 손양원 목사가 "교도소에서 먹는 주먹밥, 소금국 맛이 꿀맛"이라는 표현을 한 적이 있었는데 나는 그 고백을 들으며 그동안의 나의 생활이 얼마나 육신적인 것이었는지를 깨닫고 반성하게 되었다. 손 목사의 교도소에서의 생활은 한마디로 고통 속의 신비였던 것이다. 나도 처음에는 안디옥교회에서의 예배생활을 조금은 불편하게 생각했는데, 손 목사의 고백을 듣는 순간 '순교의 피도 흘리는데, 불편을 감수하는 것쯤이야. 그리고 신앙의 선진들에 비하면 이 정도의 불편은 아무것도 아니구나'라고 생각이 바뀌게 되었다. 나는 불편한 안디옥교회에서의 신앙생활이 너무 행복하다. '불편'이 '행복'이요, '평안'이 되어버린 것이다.

이 목사는 성도들에게 "세상 물질과 영화는 일용할 양식만큼만 누립시다"라고 말한다. 이 말은 "나로 가난하게도 마옵시고 부하게도 마옵시고 오직 필요한 양식으로 내게 먹이시옵소서"(잠 30:8)라는 말씀과도 일맥상통한다. 박진구 목사도 "누구나 하루 세 끼 먹는 것은 같습니다. 산해진미도 좋으나 과식은 성인병을 유발하고 괴로움을 줍니다. 빈궁한 사람에게는 시장이 반찬입니다"라고 말한다. 이 말은 부자가 산해진미를 먹는 것보다 빈궁한 사람이 배고팠을 때 먹는 평범한 밥이 더 만족스럽다는 뜻이다. 그리고 불편한 안디옥교회에서의 생활이 호화스럽지만 빚더미인 예배당에서의 생활보다 더 만족스럽다는 뜻일 것이다.

'안디옥신앙'은 예수님으로부터 그리고 사도 바울로부터 왔다. 예수님은 하나님의 아들이시면서도 온갖 멸시와 천대를 받으시면서 창조주로서의 권리를 다 쓰지 않으셨다. 사도 바울도 "그런즉 내 상이 무엇이냐 내가 복음을 전할 때에 값없이 전하고 복음으로 말미암아 내게 있는 권리를 다 쓰지 아니하는 이것이로다"(고전 9:18)라고 말했다. 즉 예수님, 사도 바울, 많은 순교자, 순교적 삶을 산 선진들의 신앙이 안디옥교회의 이동휘, 박진구 목사에게 까지 이어져 '안디옥신앙'이 된 것이다.

셋째, '안디옥신앙'은 '자신을 드러내지 않는 신앙'이다. 안디옥교회는 자신을 드러내지 않고 봉사하는 것이 자연스럽고 당연하게 여겨진다. 자신을 드러내지 않는 것이 마치 유행인 것처럼 번져 있다. 성도들이 목에 힘주고 다니지도 않지만 그럴 분위기도 아니다. 안디옥교회에서 자기 자랑하는 것은 금물이다. 사회적 지위, 경제적 지위도 안디옥교회에서는 아무런 자랑거리가 되지 못한다. 오직 예수님만을 자랑하며 또 그래야 하는 분위기다. 안디옥교회 성도들은 자기를 자랑하기보다 남들을 칭찬하고 권면해주며 자기를 부인하기에 바쁘다. 자신에게는 엄격하지만 다른 사람들을 정죄하거나 판단하지 않으려고 노력한다. 또한 빈부의 격차에 그리 크게 개념치 않는 편이다. 성도들끼리의 경제적, 사회적 성공에 대하여도 크게 일희일비 하지 않는다. 다른 성도들을 보는 눈이 그렇다. 내가 다녀본 다른 교회의 성도들에 비해 두드러지는 점이 바로 이것이다. 안디옥교회는 각종 교회 봉사도 자신을 드러내지 않으려 노력하기 때문에 어떤 사람은 밤 12시에 와서 조용히 화장실 청소를 하고 가기도 한다.

넷째, 주 안에서 한 형제요, 자매로 대한다. 안디옥교회 성도들은 서로를 세상적인 신분에 따라 차별하지 않는다. 예를 들어 경제적, 사회적으로 성공한 성도들을 더 환영해주고, 행색이 초라한 성도나 '장애우들' 또는 '다문화 가정의 성도들'을 무시하거나 차별하지 않는다.

너희가 아름다운 옷을 입은 자를 눈여겨 보고 말하되 여기 좋은 자리에 앉으소서 하고 또 가난한 자에게 말하되 너는 거기 서 있든지 내 발등상 아래에 앉으라 하면 너희끼리 서로 차별하며 악한 생각으로 판단하는 자가 되는 것이 아니냐(약 2:3~4).

이런 종류의 차별이나 차별의식이 거의 없다. 그것보다는 예수님의 지상 명령, 계명, 말씀에 반응하려고 노력한다. 이런 분위기는 직접 다녀보지 않으면 알 수 없다. 이것이 바로 예수 믿는 냄새이고, 예수 믿는 맛이다.

그래서 안디옥교회는 탐방이 많은 교회다. 배우러 오는 교회다. 예산 없이 어떻게 운영하는지 보려고 오는 사람들이 많다. 부흥의 비결을 배우러 많이 온다. 우리나라에서도 유명하지만 세계적으로도 유명하다. 비공식적인 탐방도 많다. 다른 교회 목사님이 그 교회 청년들에게 "안디옥교회 금요예배 혹은 저녁예배에 한번 다녀오라"고 말하기도 한다. 그러나 실제로 와서 보면 예배를 어떻게 드리는가 하는 형식의 차이는 거의 없다. 더 좋은 영상 장비와 악기, 훌륭한 연주가들을 보려면 서울에 있는 교회를 탐방해야 한다.

대신 안디옥교회 예배가 다른 점은 성령님의 임재가 충만하다는 점과 성경말씀을 지식으로만 갖고 있지 않고 실천해왔다는 점이다. 그러나 일반 교회들이 안디옥교회처럼 하기는 그리 쉽지 않을 것이다. 왜냐하면 이미 교회마다 재무 구조가 확정되어 있기 때문이다. 그래서 탐방을 하고도 그대로 실천하기가 어려운 것이다. 그러나 똑같이는 못해도 도전받고 갈 수는 있다. 그리고 상당부분 개선할 수도 있다. 탐방자들이여! '방법'을 찾기보다는 오직 '기도'하라. 기도해서 '성령'을 받으라. 성령받으면 '선교'하게 될 것이다.

나는 많은 교회가 '60% 선교'하기가 어렵다면 30%라도 했으면 좋겠다는 생각을 했다. 30% 선교도 힘들다면 10%라도 했으면 좋겠다. 십일조처럼 말이다. 그러나 십일조가 그렇듯이 이것 역시 쉽지 않다. 대부분의 교회도 10% 이상 하는 교회가 그리 많지 않다. 내가 다녀본 교회들을 보면 대부분 그랬다. 내가 다녔던 어떤 교회에서의 공동의회 때의 결산서를 보니 명목상으로는 10%가량을 선교와 구제에 사용한 것으로 나오는데 결산 내용을 자세히 들여다보니 그렇지 않았다. 선교와 구제비 지출금액을 실제 지출 예산의 총액과 대비시켜 계산해보니 비율은 4.5% 정도에 불과했다. 내가 다녔던 대부분의 교회에서 실질적으로 예산 총액 대비 10%를 넘는 교회가 그리 많지 않았다. 마음과 실천에는 이렇게 큰 차이가 있는 법이다. 그러나 안디옥교회는 어느 교회든 마음만 먹으면 60% 이상, 70% 이상도 선교와 구제비로 집행할 수 있다는 것을 보여주는 좋은 사례다. 이 목사는 "안디옥교회가 새로운 예배당을 신축하여 건축을 완료하고 교회 빚도 없게 된다면, 그때부터는 재정의 90%까지 선교할 수 있을 여력이 생기게 됩니다"라고까지 이야기한다. 운영비 10%를 제외하면 나머지 90%를 충분히 선교비로 쓸 수 있다는 것이다.

교회에서 상품비, 다과비 같은 것은 안 해도 얼마든지 은혜가 넘치는 교회가 될 수 있다. 이런 운영비를 줄여서 선교를 한다면 60% 선교는 못해도 최소한 30% 선교는 할 수 있을 것이다. 내가 알고 있는 서울의 어느 교회는 재정의 30%를 선교와 구제비로 사용하고 있는데 자부심이 아주 대단하다. 나는 그 교회를 참 좋아한다. 그 교회 목사님은 참 따뜻하고 사랑이 넘치며, 전국적으로 소문난 모범적인 교회다. 30%만 해도 이렇게 주변 교회, 일반인들로부터 칭찬을 듣는다. 나는 30%만 해도 손뼉 쳐드리고 싶다. 그러나 이것저것 운영비 등으로 쓸 것 다 쓰고 나면 10% 하기도 버거운 법이다. 마음먹고 줄이지 않으면 어렵다는 뜻이다.

나는 모든 교회가 꼭 60% 선교를 해야 한다고 주장하는 것은 아니다. 꼭 60% 선교를 해야 좋은 교회고, 그렇지 않으면 부족한 교회라는 뜻이 아니다. 다만, 내가 좀 힘들어도 이웃을 돕고, 내가 좀 불편해도 주님께서 주신 사명을 감당할 수만 있다면 기꺼이 그 불편을 감수하는 신앙, 내가 좀 괴로워도 십자가 달게 지고, 죄와 피 흘리기까지 싸우는 그런 신앙을 사모하자는 것이다. 안디옥교회가 다 이루었다 함도 아니다. 그러나 안디옥교회는 분명 그런 신앙을 추구한다. 그리고 사도 바울이 "푯대를 향하여 그리스도 예수 안에서 하나님이 위에서 부르신 부름의 상을 위하여 좇아가노라"(빌 3:14)라고 말했는데, 안디옥교회도 주님이 주신 '재정의 60% 이상을 선교하라'는 사명을 감당하며 사도 바울처럼 푯대를 향하여 좇아가는 그 신앙을 본받으려고 몸부림치는 그런 교회이며 그 신앙이 바로 '안디옥신앙'인 것이다.

그동안 60% 이상을 선교비로 사용하는 일을 올해로 29년째 해오면서 한국교회와 해외 교민 교회들 중에서 50% 이상을 선교나 구제에 사용하는 교회가 제법 생겨나게 되었다. 2010년을 기준으로 300여 개의 교회가 그렇게 하고 있는 것으로 추산되고 있다고 하니 참으로 바람직한 일이라 하지 않을 수 없다. 앞으로도 그런 교회들이 더 많이 생겨나야 한다. 국내뿐만 아니라 해외 선교지에서도 생겨나야 하고 미 전도 종족의 나라까지도 '안디옥신앙'이 누룩처럼 퍼져 나가야 한다.

안디옥교회는 60% 이상을 선교하고도 운영이 되는 교회다. 넉넉한 예산을 투입하여 많은 프로그램을 만들지 않아도, 예배당을 좋은 시설로 보강하지 않아도 부흥이 된다고 하는 점은 교회를 개척하려는 분들이 눈여겨볼 대목이다. 나는 '안디옥신앙'을 그리스도인들이 이어가야 할 소중한 신앙이라고 생각한다. 그러나 당부하고 싶은 것이 하나 있다. 어떤 교회가 잘하고 있다고 무작정 그 교회처럼 하지는 마시기 바란다. 무작정 안디옥교회처럼 하지는 마시기 바란다. 오히려 수리아 안디옥교회처럼, 초대교회처럼 하시기 바란다. 이동휘 목사처럼, 박진구 목사처럼도 하지 마시기 바란다. 오히려 사도 바울처럼, 예수님처럼 하시기 바란다. 안디옥교회는 다만 참고사항일 뿐이다.

04

이어온 신앙, 이어갈 신앙

깡통목사, 이동휘

거리에 아무렇게나 굴러다니는 것이 깡통이다. 깡통은 겸손을 뜻한다고 볼 수 있다. 이 목사는 자신의 위치를 깡통의 수준까지 낮춘다. 이 목사는 스스로에 대해 '옹졸한 사내, 겁 많은 나, 삼수생, 가짜 목사, 놀고먹는 자, IQ 70에서 조금 넘는 미숙아, 이런 멍청이, 형편없는 인간, 만물의 찌끼 같은 볼품없는 나'라고 평가했다. 이는 다름 아닌 한국에서 가장 모범적인 선교를 하고 있다고 많은 사람으로부터 인정받고 있으며, 단일 교회로서는 한국에서 가장 많은 선교사를 파송한 안디옥교회의 이동휘 원로목사 겸 선교목사가 평소에 자신을 가리켜 표현한 것들이다. 이동휘 목사는 항상 자신을 이렇게 표현해왔다. 이 목사의 자기부인은 여기서 그치지 않는다. "저는 검증받은 가짜 목사입니다", "저는 삯군이지 목자가 아닙니다", "놀고먹는 자가 받을 상이 있다면 그 상은 바로 저를 위한 상입니다"라고 말하며 오히려 성도들에게 사랑받고 있는 것을 미안해한다. "이렇게 부족한 제가 황태자, VIP 대접을 받으며 살아온 것이 너무 미안합니다."

깡통목사는 자가용이 없다. 그리고 새 가구, 새 가전제품이 없다. 이 목사의 집은 마치 중고품 전시장 같다. 집도 오래된 소형아파트여서 키가 큰 자녀가 침대에서 대각선으로 누워도 발목이 방 밖으로 나오기 때문에 방문을 닫지 못하고 잠을 자야 했다. 나는 이 목사를 그가 스스로 표현한 것처럼 마음속으로 '이동휘 깡통목사'라고 불러보았다. 깡통목사는 안디옥교회를 개척한 목사이다. 재정의 60% 이상을 선교비로 드리라는 감동을 가슴속에만 담아두지 않고 실천에 옮긴 사람이다. 철저하게 자기를 부인하고 '선교의 십자가'를 진 사람이다. 이 목사는 속이 빈 목사다. 다 비우고 예수님으로 채우고, 사도 바울로 채우려고 노력했다. 사도 바울은 예수님이 받은 고난을 자신의 육체에 채웠다. "나는 이제 너희를 위하여 받는 괴로움을 기뻐하고 그리스도의 남은 고난을 그의 몸 된 교회를 위하여 내 육체에 채우노라"(골 1:24). 이 목사는 사도 바울이 채우다 남은 고난을 마저 채우려고 애썼다.

이 목사는 사도 바울이 사십에 감한 매를 여러 번 맞았던 것에 대해 이야기하며 "나는 두 번만 맞아도 목사직을 그만 둘 사람입니다"라고 말하지만 그의 자비량 불편은 사도 바울의 남은 고난을 육체에 채운 흔적이라고 말할 수 있다. 이 목사는 신앙의 눈이 높은 사람이다. 예수님과 사도 바울을 기준으로 자신을 비추어보고, 신앙을 갈고 닦는다. 한국 기독교 초기에 뜨거웠던 신앙인들을 기준으로 자신을 평가한다. 주기철, 손양원 등, 대표되는 신앙의 선각자들을 기준으로 자신을 평가한다. 가깝게는 자신이 '안디옥교회의 열심쟁이들'(이 목사식 표현)보다도 못하다고 말한다.

예수님은 말씀하신다. "자기를 부인하라. 십자가를 지라." 이 목사는 "무리와 제자들을 불러 이르시되 누구든지 나를 따라오려거든 자기를 부인하고 자기 십자가를 지고 나를 따를 것이니라"(막 8:34)의 말씀에 순종해서 틈만 있으면 자기부인 하기 바쁘다. 자기부인이라는 단어는 '긍정'의 반대말인 '부정'이라는 단어와는 좀 다르다. 자기부인은 '나의 약함', '나의 죄인 된 모습', '나의 못된 성품'에 대한 부인이다. 부정적인 사고방식이 아니다.

자기부인이 주는 능력

자기부인은 평양대부흥운동의 도화선이 된 죄 고백 사건에서 그 맥락을 찾을 수 있다. 평양 장대현교회의 부흥사경회 때 길선주 장로를 비롯한 많은 교회의 지도자가 자신의 죄를 낱낱이 고백할 때 강풍 같은 성령의 역사가 장대현교회에 임했고, 급기야 평양대부흥운동으로까지 이어졌다. 자기부인은 하나님의 마음을 얻는 열쇠다. 예수님께서 뭐라고 말씀하셨는가? "자기를 부인하고 십자가를 지라"라고 하시지 않았는가? 자기부인은 자신이 죄인임을 인정하고 고백하는 것이다. 하나님은 우리가 자기부인 할 때 우리를 긍정해주신다. '왕 같은 제사장'으로 우리를 높여주신다. '죄인'이 '왕'으로 승격되는 것이다. 하나님은 우리가 자기부인 할 때 우리에게 자신감을 주신다. 죄를 용서받고 불쌍히 여기심을 받을 수 있기 때문이다. 반면에 죄인 된 우리가 자신을 '의인'이라고 우기면 구원받지도 못할 뿐더러 당연히 '왕 같은 제사장'도 되지 못한다. 사도 바울의 능력도 자기부인에서 나왔다. 사도 바울은 스스로를 "만삭되지 못하여 난 자"(고전 15:8), "나는 사도 중의 극히 작은 자라 사도라 칭함을 감당치 못할 자"(고전 15:9), "죄인 중의 괴수"(딤전 1:15)라 불렀다. 사도 바울은 난 지 8일 만에 할례를 받았고, 이스라엘 족속이고 베냐민 지파이며 히브리인 중의 히브리인이고, 율법으로는 바리새인이었다. 그리고 로마의 시민권을 가진 사람이었지만 자신의 잘난 모습을 보이지 않았다. 그 대신 자신의 부족한 면, 허물만을 고백하였다. 바로 그렇게 사도 바울이 자신을 내려놓을 때 하나님께서 쓰셨다.

사도 바울이나 이동휘 목사는 "나는 죄인이다"라고 고백한다. 그러나 바리새인들이나 각종 이단의 교주들은 "나는 의인이다"라고 말한다. 나는 여기에서 교만이 나온다고 생각한다. 급기야 이단의 교주들은 "내가 하나님이다"라고까지 말한다. 자신도 속이고 성도도 속이는 짓을 서슴지 않는다. 그래서 나는 자기부인의 여부가 이단 판별법도 될 수 있다고 생각한다. 우리는 주님 앞에서 자신을 돌아보아 자기를 부인해야 한다. 그렇게 자기를 부인하고 주님이 각자에게 주신 십자가를 지고 따라가며 주님의 영광을 위하여 살아야 한다. 그러나 이단에 속한 사람들은 '주님의 영광'을 위해 일하지 않고 다만 '교주의 영광'을 위해 일한다. 물론 자기부인도 하지 않는다.

이 목사는 얼간이가 VIP 대접을 받는다고 자신을 낮춘다. 능력도 배울 점도 없는 자신이 성도들의 사랑을 듬뿍 받고 있다는 것이다. 이 목사는 "예수 믿고 구원받아 예수님의 피가 흐르고 있다는 것 한 가지만 보시고도 주님께서 귀한 사역을 맡기셨다"며 감격해 한다. 주님이 이 목사에게 맡기신 사역들은 참으로 귀하다. 많은 사람이 안디옥교회를 통해 예수님을 만나고 예수님을 닮아가고 있기 때문이다. 성도들이 온전하게, 그리고 완벽하게 예수님을 닮는 것이 그리 쉬운 일은 아니고, 그 길은 아직 멀지만 그래도 조금씩 예수님 닮고, 목회자 닮아가기 마련이다.

안디옥교회 성도들도 안디옥교회를 통해 예수님을 만나고 배우고 닮는다. 그리고 이 목사, 박 목사를 닮아가고 있다. 그 닮은 모습들은 말과 행실로 나타나는데 그것이 바로 '안디옥신앙'이다. '안디옥신앙'은 안디옥교회 성도들을 통해서 각 직장에서 나타나고, 선교사들을 통해서 전 세계로 퍼져 나가고 있다. 안디옥교회를 통해 성령의 역사가 세계 곳곳에서 나타나고 있다는 것이다. 그러나 이 목사의 자기 자신에 대한 평가는 냉혹하기 그지없다.

돌이켜 보면 나는 실패했다. 나는 이 교회를 믿었고 이 교회의 헌금에 의지했다. 하나님께 직접 구하기보다는 바쳐진 헌금에 울고 웃었다. 그러다 보니 하나님의 세미한 음성과 그때그때마다 필요한 하나님의 방법을 수없이 놓쳤다. 세계 구원에 한 맺힌 하나님의 한을 내 비뚤어진 믿음 때문에 흡족히 풀어드리지 못했다. 더 엄청난 수의 백성 구원을 요구하셨는데 나는 겨우 적은 무리만 건졌다. 바울선교회를 잘못 인도한 대가로 무엇으로 매 맞을는지 두렵다. 잘못했다고 사정하여 노를 풀어드릴 수밖에 없다.[15]

나는 이 목사의 겸손과 자기부인 하는 자세에 눈시울을 적시며 이 목사의 저서 《불편하게 삽시다》를 읽었다. 자신의 믿음을 '비뚤어진 믿음'이라고까지 표현한다. 이건 자기부인의 극치이다. 이 목사는 말한다. "바울선교회를 잘못 인도한 것 때문에 하나님께 매 맞을지 모른다." 모두가 잘한다며 손뼉 쳐주고 있는데도 이 목사의 계산법은 다르다. 꼭 하나님과 계산해보고 부족하다 싶으면 더 엎드린다. 사람 안 바라보고 주님 바라보기 때문이다.

가짜 목사

이 목사가 자주 하는 말이 있다. "저는 가짜 목사입니다. 제가 천국에 가서 상을 받게 된다면 '놀고먹은 자의 상'을 받을 것입니다. 저는 가짜 목사 등급으로 목회를 마쳤습니다." 이 목사는 또 부족한 자신이 성도들로부터 존경받고, VIP 대접, 황태자 대접을 받는다며 미안해한다. 이 목사는 농산어촌 목회자, 특수 사역 목회자, 무명의 선교사들을 존경한다. 자신은 한번도 그 사람들처럼 살지 못했다면서 그 사람들을 "보석덩어리", "하늘나라 VIP"라고 표현한다. 이 목사는 자신이 자비량 불편을 감수하면서 살아왔고, 선교전문가로 많은 선교사를 파송하고 자신이 목회하는 교회가 선교의 모범이 되는 교회라고 인정받고 살아왔지만 정작 자신은 "이런 귀한 일에 직접 참여해본 일이 없다"며 선교의 일선에서 활약하는 무명의 선교사들을 진심으로 존경했다. 이 목사는 자신이 '가짜 목사 등급밖에 안 되는 이유'를 이렇게 설명한다. "나는 이런 귀중한 일에 한 번도 가담해보지 못했습니다." 이 목사가 말한 '한 번도 가담해보지 못했다는 귀중한 일'이란 대체 무엇일까?

첫째, 농촌 목회다. 농촌에는 먼지 뒤집어쓰고 소처럼 일하시는 농촌 목회자들도 많은데 자신은 그렇게까지는 해본 적이 없다는 겸손한 고백이다. 그러나 이 목사는 19년 동안 농촌 교회에서 성실하게 목회를 했었다. 그러나 이 목사는 자신의 농촌 목회가 그리 성공적이지 못했다고 자책한다. 심지어 "저는 농촌운동의 실패자입니다"라고까지 말한다.

둘째, 장애우 사역이다. 장애우 사역자들은 장애우들의 대소변을 씻겨가며 그들을 친자식처럼 보살피는 분들인데 자신은 그렇게까지 해본 적이 없다는 고백이다. 안디옥교회는 현재 장애우 사역을 하고 있으나 이 목사 자신이 직접 대소변을 씻겨가며 사역을 해본 적은 없다는 고백이다.

셋째, 무명의 선교사들이다. 안디옥교회는 국내에서 가장 활발하게 선교 사역을 감당한다고 인정받고 있으나 이 목사 자신이 직접 선교사로 파송되어 선교의 일선에서 사역해본 적은 없다는 고백이다. 이 목사는 선교사를 보내는 교회의 담임목사로서, 선교사들에게 군림하려 하지 않고 무명의 선교사들을 높이고 자신은 그들에게 비하면 '가짜 목사'라며 낮춘다. 세상에 이런 목회자가 또 있을까?

'가짜 목사'라는 표현에 오해하지 마시기 바란다. 이 목사는 자신의 몸속에 예수님의 고귀한 피가 흐른다고 고백했다. "웬일인가? 웬 은혜인가!" 하나님의 사랑에 가슴이 터질 듯하다고 고백한다. '아! 하나님의 은혜로 이 쓸데없는 자 왜 구속하여 주는지 난 알 수 없도다'라는 찬송은 자신을 지목하여 지어진 찬송가라며 이 목사는 쓸데없는 자신을 쓰신다며 하나님을 찬양한다. 그 크신 하나님의 은혜에 날마다 감격해 하고 하나님을 경외한다. 나는 이 목사의 자기부인 하는 말을 들으며 마음속으로 고백했다. '제 가슴도 터질 것 같아요. 안디옥교회에서 신앙생활 하는 것이 감격스러워요.'

가짜 목사와 아멘 할머니

'아멘'을 열심히 하는 할머니들은 어느 교회나 있다. 우리 교회에도 그런 할머니들처럼 '아멘 선수'들이 몇 명 있다. 그분들은 설교 말씀에 씩씩하게 큰 소리로 아멘을 한다. 열심히 하다 보니 아멘을 하지 않아야 할 시점에 튀어나올 때도 간혹 있다. 이 목사가 설교 시간에 "저는 가짜 목사입니다"라고 고백했을 때 어떤 할머니가 힘차게 "아멘" 하고 외쳤다. 그런 일이 있은 뒤부터 이 목사는 "저는 검증받은 가짜 목사입니다"라고 말한다. 이 목사는 계속해서 자기를 부인한다. "바울이 겪은 온갖 고난을 저는 은퇴할 때까지 한번도 맛보지 아니했습니다. 저는 분명 삯군이지 목자가 아닙니다. 저는 가짜 목사입니다. 제가 가짜 목사인 것은 제 아내가 잘 알고 있습니다. 아내가 저의 비리를 폭로하자면 끝이 없을 것입니다. 사도 바울은 박해의 연속인 삶을 살았으나 저는 황태자처럼 고난 없이 성도님들의 사랑을 누리며 살아왔습니다. 저는 그동안 안이하게 목회생활을 해왔습니다."

나는 혼잣말로 중얼거렸다. '그럼 저같이 불의한 자는 뭐란 말입니까? 저는 가짜 집사요, 가짜 성도입니다. 제가 보기에는 목사님은 하나님께서 쓰시는 귀한 종이시고, 저는 가짜 집사입니다.'

자기부인의 유익

이 목사는 그동안 자신이 살아오면서 저지른 실수, 단점들에 대하여 낱낱이 고백하며 하나님께서는 이런 자신에게도 일을 맡겨 선교 사역을 이끌어 가게 하신다며 하나님을 찬양한다. "저는 미숙아입니다. 사도 바울의 표현대로 달도 못 채우고 난 팔삭둥이입니다." 이 목사는 자신이 이렇게 자기부인 하는 사이 어느새 사도 바울 닮고 예수님 닮게 되었다. 이 목사는 은퇴 후 5년이 지난 어느 날 안디옥교회에서 말씀을 전할 때 이렇게 말했다. "저는 개척 때나 지금이나 형편없는 사람입니다. 저 따라 해보세요. '이동휘 목사는 형편없는 사람입니다'라고. 아무리 선교 많이 하는 교회라 하더라도 사랑 없는 선교는 아무것도 아닙니다. 주의 모든 일은 '사랑'으로 하시기 바랍니다." 그리고 이 목사는 잠시 머뭇거리며 이렇게 말한다. "제가 설교는 이렇게 해도 저는 제가 말한 대로 실천하지 못할 때가 많습니다. 저는 이마는 넓은데, 속은 왜 이렇게 좁은지 모르겠어요. 하나님 말씀으로 수술받고 싶어요." 이러한 이 목사의 자기부인에 모든 성도의 마음이 숙연해진다.

이렇게 목회자가 자기부인 하면 성도들도 자기부인 한다. 목회자가 죄를 고백하면 성도들도 죄를 고백하고, 목회자가 선교와 구제에 모범을 보이면 성도들도 선교와 구제에 협력한다. 목회자가 생활에서 모범을 보이면 성도들도 따르려고 노력한다. 목회자가 죄에서 떠나고, 혈기를 죽이면 성도들도 그렇게 하려고 애쓴다.

이 목사는 목소리가 좀 작은 편에 속한다. 그래도 그 작은 목소리에서 강력한 메시지가 나온다. 그래서 이 목사의 설교를 듣고 있으면 성령님의 강한 역사하심이 느껴진다. 나는 이 목사의 설교를 들으며 많은 은혜를 받는다. 그러나 정작 이 목사 자신은 설교에 대해서 엄격하다. 어떤 때 설교가 마음 먹은 대로 되지 않았다고 생각되면 "오늘 설교는 죽을 쑤었습니다"라고 말한다. 어떤 때는 "죽을 쑤어도 개죽을 쑤었습니다"라고 말한다. 어떻게 매번 좋은 설교만 나오겠는가. 그러나 이 목사는 계속 자신을 낮추기만 한다. 먹음직스러운 흰 쌀밥과 같이 맛있는 설교를 해서 성도들에게 먹이고 싶은 이 목사의 마음이 느껴진다. 이 목사는 설교가 잘 안 풀리는 날이면, 맛있는 쌀밥 대신 죽이나 개죽 같은 변변치 못한 상차림으로 성도들에게 먹이는 것 같아 미안해하는 어머니 같은 마음을 가지고 있다. 나는 그런 이 목사의 설교를 듣고 있으면 '강물같이 흐르는 기쁨'으로 시작하는 찬송가 가사가 떠오른다. 다음은 이 목사의 설교를 듣고 회복된 어느 성도의 글이다.

목사님! 안녕하세요.

언제나 목사님을 멀리서만 뵈었던 한 성도입니다. 저희 집은 물질적으로 어려움이 많았습니다. 힘들고 지쳐서 정말 일어날 힘도 없을 때에 저는 교회로 향했습니다. 눈에는 항상 눈물이 고여 있었고 마음은 찢기고 찢기어서 아무 삶의 희망도 즐거움도 없었습니다. 그때 들려주시던 목사님의 잔잔하고도 강한 그 음성은 마치 예수님이 저를 위로하시는 듯했습니다. 한없는 그 위로와 평안은 제가 지금껏 시달렸던 고통과는 비교할 수 없는 것들이었습니다. 그리하여 저는 마음의 평안을 얻게 되었습니다. 목사님은 말씀을 전하실 때 호소하는 듯한, 그리고 코끝이 빨개지면서 눈가에 눈물이 고이는 목사님이셨습니다. 주님의 마음으로 주님의 심정으로 항상 겸손을 보이셨던 목사님이셨습니다. 이제 저는 주님을 만나고 기쁨을 얻었습니다. 그 기쁨은 그 어떤 것과도 바꿀 수 없다는 것을 알게 되었습니다.

목사님 어디에 계시든 항상 건강하십시오. 그리고 사랑합니다.[16]

이 목사의 설교를 듣고 있으면 '나는 참 존귀한 사람이구나'라고 느껴진다. 세상을 변화시킬 중요한 인물이 될 사람이라고 느껴진다. 이 목사의 설교는 사람들의 마음속에 있는 열정이 꿈틀대도록 만드는 힘이 있다.

그렇게 이 목사는 별종(?)이라는 생각이 들 정도로 겸손하고 인간적인 명예, 체면, 권위를 철저하게 내려놓았다. 나는 이것이 다 예수님을 닮으려는 노력의 일환이라고 생각한다. 이 목사는 자기 자랑을 하지 않는다. 나팔 불지 않는다. 자신의 업적이나 선교 자랑을 하지 않고 자신을 철저히 내려놓고도 '자신을 내려놓았다'며 자랑하지 않는다. 이 목사는 안디옥교회를 섬길 때 오른손이 하는 일을 왼손이 모르게 했다. 이 목사의 작전은 히딩크를 능가한다. 주님 앞에서 상 받으려고 이 땅에서는 나팔 불지 않고, 자신을 드러내지 않으며 살아왔다.

이 목사는 평소에 "저는 은퇴하면 300km 이상 떨어진 곳으로 가겠습니다"라고 말하곤 했다. 이 목사는 실제로 은퇴 후 300km 정도 떨어진 수원으로 거처를 정했다. 후임자가 마음껏 자신의 목회 철학을 펼칠 수 있도록 하겠다는 평소의 생각을 실천한 것이다. 이 목사는 은퇴 후 보통의 원로목사들과는 달리 아주 왕성하게 사역하고 있다. 은퇴와 동시에 안디옥교회에서 원로목사 겸 선교목사로 추대받았기 때문이다. 이 목사는 현역 때보다 은퇴 후에 각종 부흥집회에서 더 많은 초청을 받고 있다. 국내외의 많은 교회로부터 집회 인도를 요청받고 있어서 스케줄을 관리하는 데 어려움이 있을 정도다. 담임목사 시절보다 더 바쁘게 사역지를 누비고 있으며 마치 현역 부흥강사처럼 활동이 왕성하다.

울보 목사, 박진구

"제가 저를 잘 압니다. 제 속에는 죄가 가득합니다. 하나님은 그래도 쓰십니다." 박 목사는 철없던 학창 시절 이야기를 가감 없이 드러낸다. 가족, 부모님에 관한 치부도 가감 없이 드러낸다. 박 목사는 '믿음으로 거저 주시는 은혜'를 받았다며 감격해 하며 사역한다. 박 목사는 '눈물의 지도자'이다. 당신은 목에 힘주지 않고 자신의 부족함에 자책하고 주님의 은혜에 감격하며 눈물 흘리는 지도자를 보았는가?

박진구 목사는 안디옥교회의 담임을 맡기 전 21년 동안 해외에서 선교사로 활동하였다. 선교사 훈련원장도 지낸 선교전문가이다. 다들 안디옥 2기에 들어와서 덜 불편해졌다고 말한다. 그러나 그건 내가 다녀본 다른 교회들과 비교할 때 극히 제한적이다. 리모델링도 화장실이나 식당 등 위생상 불가피한 곳만 하였고, 지하층 내의 비상계단 등 안전상의 문제로 불가피한 곳들만 제한적으로 수리하였다. 시설이 호화롭게 바뀌었거나, 편해진 것은 결코 아니다. 박 목사는 이 목사의 실천 강령을 그대로 이어받았고 교육 선교, 제자훈련을 통한 3만 3천의 비전을 추가로 제시하였다. 선교비 비율도 1기 때처럼 매년 70%를 넘긴다. 이 목사는 후임자인 박 목사가 자신의 목회 철학을 이어받아 실천 강령을 그대로 지켜가는 것에 대해 고마운 마음을 가지고 기회 있을 때마다 그 마음을 나타낸다.

2010년 개척 27주년 감사예배 특별설교에서도 "2009년에도 72%했다"는 말을 전해 듣고 흐뭇한 표정으로 '72% 선교한 이야기'를 가장 먼저 꺼냈다. 그 광경을 보며 나도 마음이 따뜻해지는 것을 느꼈다. 하나님은 박 목사를 이 목사의 후임자로 선택하셨다. 그 이유는 성령 사역과 치유 사역에서 찾을 수 있다. 하나님은 박 목사를 통해서 전 세계에 예수님의 복음을 전할 뿐만 아니라, 성도들이 성령 사역을 통한 치유와 성령님이 주시는 자유를 맛보는 '자녀의 삶'을 살도록 계획하셨다.

박 목사는 어린 시절을 불우한 환경 속에서 자랐다. 그러나 예수님을 믿고 가난과 영적 눌림에서 해방되었다. 자유를 얻게 된 것이다. 박 목사는 자신이 스스로 체험한 신앙을 가지고 성도들도 주 안에서 자유를 얻게 해달라고 하나님께 간구한다. 박 목사는 이 목사의 신앙을 이어받아서 '60% 선교'(실제는 72~75%)는 기본적으로 하고, '사람의 60%'를 하나님께 드리기 위해서 하나님이 주신 '3만 3천의 비전'을 선포하였다. 그리고 자신이 예수님을 믿고 받은 '자녀가 누리는 영광의 자유'를 모든 안디옥교회 성도도 받을 수 있도록 날마다 기도한다. 박 목사의 사역은 '성령 사역'이고 '치유 사역'이다.

울보 목사의 특징

박 목사는 설교 도중 울거나 눈물이 글썽거릴 때가 많다. 진심으로 예배드리고 힘을 다해 설교한다. 그리고 특히, 칭찬을 잘하는 목사다. 아마도 칭찬하는 문화가 보편화되어 있는 서양에서 학위를 받고, 목회도 해서 그러리라 생각해본다. 박 목사는 목회하면서 항상 성령님을 의지한다. 그리고 이렇게 말한다. "우리 교회는 성령님이 담임목사님이십니다. 성령님이 이끌어 가십니다." 자신을 내려놓고 성령님을 의지하는 모습은 영락없이 이동휘 목사를 닮았다.

2008년 미국발 금융위기 때였다. 안디옥교회의 재정도 악화되어 박 목사는 대출을 받아야 하나 고민하고 있었다. 바로 그때 미국 뉴저지의 어느 교회에서 제의가 들어왔다. "안디옥교회에서 3년 계셨으니 이제 미국으로 들어오시죠." 한국에서의 사역에 적응하느라 지쳐 있던 박 목사는 잠시 고민에 빠졌다. 그러나 바로 그때 안디옥교회의 언니(?)들이 박 목사를 찾아왔다. "목사님, 말씀드릴 것이 있어요." 그 언니들은 60~70대의 여성도들이었다. 언니들은 "목사님, 요즘 힘드시죠?" 하면서 1인당 100만 원씩을 모아 500만 원을 박 목사에게 드렸다. 그 500만 원은 회갑잔치 비용이나 여행 비용 등을 줄여서 선교를 위해 가져온 것이었다. 그 일이 있고 얼마 후 박 목사는 성도들에게 "언니들 다섯 분이 전해준 500만 원은 너무도 감동적이었다"라고 고백하였다. 나는 이것을 '오병이어와 같은 일'이라고 생각한다. 왜냐하면 그 일이 있은 뒤 2009년 어느 날 박 목사는 그동안 안디옥교회가 지고 있던 빚을 모두 갚았다는 '제로 빚 선언'을 했기 때문이다. 힘들어도 하나님의 때를 기다리던 박 목사는 '제로 빚 선언'을 하면서 "이 모든 것은 하나님께서 하셨습니다"라며 감격해 했다.

박 목사는 대학에 보결로 합격한 학생을 예로 들면서 자신의 안디옥교회에서의 사역을 설명했다. "보결로 합격한 학생이 정상 합격자보다 더 감격해 합니다. 입학식 날 더 감격스럽습니다." 그리고 자신을 '대학에 보결로 합격한 학생'과 같다고 낮춘다. 또 "부족한 제가 전주 안디옥교회에서 시무하고 있는 것은 정말 감동입니다. 안디옥교회는 저에게 분에 넘치는 교회입니다. 저는 항상 '나보다 보람 있고 기쁜 목사가 또 있을까?' 하고 생각합니다. 세상에 저보다 더 행복한 사람은 없을 것입니다"라고 고백한다.

"저보다 못한 가정은 없을 것"이라는 어린 시절의 고백이 예수님을 영접한 이후 "저보다 행복한 사람은 없을 것"이라는 고백으로 바뀐 것이다. 박 목사는 이런 내용을 예배 시간에 자주 이야기한다.

박 목사는 '부목사'라는 표현을 사용하지 않는다. 그 대신 "동역하는 목사님들"이라는 표현을 사용한다. 동역하는 목사들을 아랫사람으로 보지 않고 동등하게 대한다. 그래서 성도들도 그 표현을 그대로 따른다. 장로들과 성도들이 대표기도 드릴 때는 "동역하는 목사님들께 힘주세요. 성령충만주세요"라고 기도한다. 박 목사는 자신을 가리켜 항상 '부족한 종'으로 호칭한다. 동역하는 목회자들에게는 한 번도 '부'자가 안 들어가게 호칭한다. 그 대신 '눈에 넣어도 아프지 않을 목사님들'이라는 표현을 자주한다. 박 목사는 장거리 심방이나 천국환송예배 등에 참석할 때 동역하는 목회자가 피곤해 보이면 자신이 직접 교회 업무용 봉고차를 운전하고 동역하는 목사를 조수석에 태우고 다닐 때도 있다. 예수님도 제자들이 사역에 바빠서 힘들 때에 제자들이 쉴 수 있도록 배려하고 예수님 자신은 다른 한적한 곳으로 가신 적이 있다.

사도들이 예수께 모여 자기들이 행한 것과 가르친 것을 낱낱이 고하니
이르시되 너희는 따로 한적한 곳에 가서 잠깐 쉬어라 하시니 이는 오고
가는 사람이 많아 음식 먹을 겨를도 없음이라 이에 배를 타고 따로 한적
한 곳에 갈새(막 6:30~32).

박 목사는 부교역자들 앞에서 목에 힘주는 목회자가 아니다. 동역하는 목
회자들을 진심으로 사랑하고 자신과 동등하게 대해준다. 나는 교사대학 졸
업식이나 군입대자를 위한 안수기도식 등의 행사 때 동역하는 목회자들이
진행을 위해 열을 지어 앞으로 나올 때면 바라만 보아도 은혜가 밀려온다.
눈물이 날 때도 있다. '눈에 넣어도 아프지 않을 목사님들'이라는 박 목사의
고백이 자꾸 떠오른다.

또한 박 목사는 "장로님들 중에 한 분도 저에게 나가라는 분이 안 계셨습
니다. 부족한 저에게…. 정말 눈물이 납니다"라고 고백한다. 성도들도 분란
없이 잘 순종하고 있지만 박 목사의 겸손은 정말 우리가 본받을 만하다. 박
목사가 말했다. "뉴저지에서 제의가 왔습니다. 좋은 차와 좋은 집을 제의하
며 오라고 했습니다. 그러나 가지 않았습니다. 그 이유가 무얼까요? 우리 교
회가 좋으니까" 하며 박 목사는 얼굴에 함박웃음을 지었다.

박 목사는 자주 "전주 안디옥교회는 시골에 있으나 전 세계를 바라보는
교회입니다"라고 말한다. 그리고 안디옥 2기의 담임목사로 부임한 초창기
때 몇 명의 직분자는 사임하고 나가서 마음이 힘들었다고 한다. 그러나 박
목사는 "더 좋은 분들이 오셨습니다"라고 고백한다. 그리고 그때의 일을 회

상하며 큰 깨달음을 얻었다고 말한다. 그 깨달음은 "내가 만일 그때 뉴저지로 갔더라면 안디옥교회는 더 좋은 목사님이 오시겠구나" 하는 것이다.

박 목사는 어려운 성도가 있으면 자신의 지갑을 털어서 도와준다. 잘 울기도 하지만 어려운 성도들에게는 지갑 털어 도와주는 목사다. 안디옥교회의 모든 어려운 성도를 다 도와줄 수는 없겠지만 심방 가서 어려운 사정을 듣거나 교역자들로부터 어려운 분들의 이야기를 들으면 도와주지 못해 안타까워하고 때로는 그 자리에서 지갑을 털어주기도 한다. 박 목사가 잘 울고 지갑 털어주는 것은, 별세목회로 유명했던 한신교회의 고 이중표 목사를 닮았다. 박 목사는 이중표 목사를 도와 한신교회를 설립하였고 이중표 목사 밑에서 5년간 전도사로 사역한 경력이 있다.

박 목사는 선교비 지출에 힘겨워 하던 어느 날, 미국에 교환교수로 가 있던 성도로부터 전화 한 통을 받았다. "목사님, 안녕하셨어요? 저… 상의 드릴 것이 있는데…. 제가 안디옥교회 성도인데 현재는 일시적으로 미국에 있잖아요. 십일조헌금을 어느 교회에 드려야 좋을지 판단이 안 서요. 조언 좀 해주세요." 박 목사는 잠시 망설였다. 그리고 "알아서 하세요"라고 대답하려다 곧바로 "대예배드리는 교회에 드리세요"라고 말했다.

박 목사는 헌금에 대한 원칙을 제시했다. 안디옥교회 성도들 중에 다른 지역으로 발령이 나서 객지에 있는 성도들에게도 말한다. "헌금은 그 교회에 드리세요. 그렇게 하는 것이 좋습니다." 안디옥교회가 재정의 70%가 넘는 금액을 선교비로 지출하느라 매달 빠듯한 재정 형편이지만 박 목사는 욕심 부리지 않고 성도들에게 좋은 신앙의 자세를 가르치려고 노력한다. 이것이 박 목사의 '목회 철학'이다. 만일 헌금에 욕심이 있는 목회자라면 이렇게 말할 수도 있을 것이다. "안디옥교회는 선교 많이 하는 교회이니 안디옥교회에 드리시죠. 성도님이 내신 십일조헌금은 전액 선교비로 사용되는데 운영비로 많이 사용하는 다른 교회보다는 안디옥교회에 헌금하시는 것이 낫지 않겠습니까?" 그러나 박 목사는 선교에 힘을 쏟느라 어려운 재정 형편 속에서도 원칙을 지키는 목회자다. 헌금에 대해 욕심 부리지 않고 후덕한 성품을 가졌고 성도들을 사랑하는 마음이 넘친다. 설교할 때도 모든 성도가 위대한 하나님의 인물로 쓰임받기를 원하는 사랑의 마음이 배어나온다. 자신을 버리고, 포기하고, 성도들을 사랑하는 성품은 이 목사와 닮은꼴이다.

안디옥교회는 주일 저녁예배 때는 연약한 교회의 목회자를 초청해서 설교 말씀을 듣는 시간을 가질 때가 있는데, 그때의 헌금은 전액 그 교회를 지원하는 데 쓴다. 기타의 경우에는 지진 피해를 당한 아이티 돕기 등 좋은 일에 전액을 사용한다. 교회가 재정적으로 힘들 때에도 이 원칙은 변함없이 지켜나간다. 그리고 성탄절 등의 절기헌금은 전액 구제에 사용하고 있다.

박 목사는 넉넉한 마음을 가지고 사역한다. 교회에서 '사순절 묵상집' 등 유료도서를 배포할 때에도 이렇게 광고한다. "그냥 가져가시고 대금은 헌금함에 넣으시기 바랍니다." 박 목사는 일일이 계산하지 않는다. 성도들 각자의 믿음에 맡긴다. 그러다 보니 어떤 성도는 대금을 안 내고 그냥 가져갔다가 나중에 회개하고 내는 경우도 있다고 한다.

울보 목사는 자신이 체험해온 신앙을 바탕으로 설교하고 목회한다. 그리고 이렇게 말한다. "저는 예수 믿고 인생의 모든 문제를 해결 받은 사람입니다.” 그 은혜를 감당할 길이 없어 성도들에게 예수님의 사랑을 전해주는 목사다. 박 목사는 예수님을 영접하고 가난, 질병, 눌림, 걱정, 염려 등을 해결받았다고 감격해 한다. 그리고 어려움 속에 있는 성도들도 자신이 체험한 것처럼 예수님을 만나서 인생의 모든 문제를 해결 받기를 간절히 원하고 그런 마음으로 사역한다. 박 목사가 기도회 시간에 자주 부르는 찬송가 구절이 있다. 그것은 '예수로 나의 구주 삼고'로 시작하는 찬송가의 후렴인데 '이것이 나의 간증이요, 이것이 나의 찬송일세. 나 사는 동안 끊임없이 구주를 찬송하리로다'이다. 그 찬송가의 구절에는 '하늘의 영광 누리도다. 하늘의 영광 보리로다. 구속한 주만 보이도다'라는 내용이 많이 나온다. 주님이 주신 '영광의 자유'를 누리고 사는 박 목사의 간증과도 같은 찬송가 가사이다.

다른 듯 닮은꼴의 1, 2기 두 담임목사

이 목사와 박 목사는 다른 듯 닮은꼴이다. 이 목사는 늘씬한 체격이고, 박 목사는 건장한 체격이다. 이 목사는 조용조용하고 부드러운데, 박 목사는 우렁차고 박력 있다. 이 목사의 설교 말씀을 들으면 '비둘기 같은 성령님'의 임재가 느껴지고, 박 목사의 설교 말씀을 들으면 '불길 같은 성령님'의 임재가 느껴진다. 그러나 몇 가지 닮은 점도 있다.

첫째, 자기를 부인한다. 박 목사는 말한다. “저는 부족해도 쓰시는 주님의 은혜는 놀랍습니다.” 구원의 감격과 주님의 은혜에 침몰되어 늘 감사하고, 감격해 하며 사는 신앙이다. 때로는 사역에 힘들어할 때도 있지만, 약하기에 주님 의지하고 주님 없이는 하루도 못 사는 그런 신앙을 가졌다. 바울은 자신의 약함을 자랑하였다. 이동휘 목사나 박진구 목사도 학벌이나 가문, 이런 세상적인 것을 자랑하지 않는다. 사역 자랑, 선교 자랑도 하지 않는다. 오히려 자신들의 약함을 자랑한다. 그러나 우리나라에는 이런 세상적인 것들을 자랑하는 사람도 꽤 많다. 박 목사가 강사초청집회 때 강사분을 소개할 때에는 이렇게 말할 때도 있다. "저는 하나님께서 거름더미, 진흙 구덩이에서 불러주셨고, 강사 목사님은 최고의 세상 학문에서 불러주셔서 목회자 삼으셨습니다."

이동휘, 박진구 목사는 자신의 약함, 수치를 가감 없이 드러낸다. 낱낱이 자기를 부인하는, 바보 아닌 바보들이다. 이 목사와 박 목사는 수도권의 대형 교회 이름 있는 목회자들처럼 명설교가로 이름난 목회자는 아니다. 그렇지만 예수님 닮으려고, 바울 닮으려고 힘쓰고 애쓴다. 이동휘, 박진구 목사는 내가 본 목회자들 중에서 보기 드물게 자기부인을 실천하는 주의 종들이다. 그들의 삶을 볼 때 '자기부인'은 우리가 마땅히 행할 바이며 선택이 아닌 필수라고 말하는 것 같다. 자신들의 삶으로 우리에게 말해주고 있는 것이다.

이 목사, 박 목사가 자기부인 하니까 동역하는 목회자들도 자기부인 한다. 안디옥교회의 동역하는 목사들도 "저는 부적격 목사", "저는 내세울 것 없는 사람", "저는 제가 보기에도 창피한 사람" 등으로 자신을 표현한다. 그리고 "저는 이 자리에 설 수 없는 죄인입니다. 전적으로 하나님의 은혜입니다"라고 고백한다. 장로, 교구장 등 직분자들도 똑같이 자기부인 한다. 모든 성도가 자기부인 한다. 자신의 약함을 자랑하는 것이다. 당신은 이런 교회에 다니는 행복을 느껴본 적이 있는가?

둘째, 체험 신앙이다. 이 목사나 박 목사는 모두 체험이 많다. 체험 신앙인 것이다. 이 목사는 교통사고로 생명이 위독한 상태였으나 어머니의 기도로 살아났고, 박 목사는 피부병으로 고생했지만 금식기도 후에 고침을 받게 되었다. 이 목사, 박 목사 모두 하나님의 은혜라고 고백한다. 이 목사는 중학교 시절에 심부름을 가다가 교통사고를 당했는데 짐을 가득 실은 대형트럭이 이 목사의 몸을 깔고 지나갔다고 한다. 이 목사는 정신을 잃은 상태였지만 어머니의 기도로 살아났다. 어머니 주희순 여사는 교통사고 소식을 듣자마자 놀라지도 않고 방에 들어가서 한참을 기도한 후에 나와서 이렇게 말했다고 한다. "우리 동휘는 죽지 않습니다."

박진구 목사는 젊은 시절 피부병으로 고생을 많이 했다고 한다. 거봉 포도 알 크기의 혹 덩어리가 허벅지에 주렁주렁 달릴 정도로 많이 났었는데 금식 기도 후 깨끗이 나았다고 한다. 피부병이 나은 그 자리는 하나님의 능력이 지나간 자리여서 땀이 나도 가렵거나 피부병이 생기지 않는다고 한다. 땀이 나면 다른 쪽만 가렵다고 한다. 놀라운 하나님의 능력을 몸소 체험하면서 확신을 갖는 기회가 된 것이다.

이 목사는 고백한다. "저는 지도자가 될 자질은 도무지 없었고 우울증에 걸릴 확률만이 다분히 있었습니다. 그런데 예수님은 그런 저의 성격을 변화시켜주셨습니다. 하나님께서 주신 감동에 순종하며 살았더니 매사에 감사하는 삶으로, 긍정적인 삶으로 변화시켜주셨습니다. 제가 생각해도 정말 놀랄 정도로 쾌활한 성격으로 바뀌게 되었습니다. 제가 하나님께 순종했더니 하나님은 저의 기질을 변화시켜주셨습니다."

주님은 있는 그대로를 쓰시지만 이렇게 다듬어서 쓰신다는 것이다. 이처럼 성령님께서는 이 목사와 박 목사에게 임하셔서 놀랍게 변화시켜주셨고 또 놀랍게 사용하고 계신다. 이동휘 목사는 낙심하기 쉬운 우울한 성격이었다. 그러나 하나님께서 쾌활한 사람으로 기질을 변화시켜주셨다. 그리고 엄청난 사역을 맡겨주셨다. 박진구 목사는 불량 청소년이었다. 불우한 가정환경 속에서 자랐다. 그러나 하나님께서는 가난하고 버림받고 깨진 가정을 구원하시어 '자녀가 누리는 영광의 자유'를 얻게 해주셨다.

성령님은 낙심하고 우울하고 어긋날 만한 자들을 택하시어 이렇게 놀랍게 사용하고 계신다. 하나님께 엎드리고 순종하는 자에게 하나님은 놀라운 선교의 역사를 쓰게 하시고 인품까지 성화되게 하셨다. 그 하나님께서 모든 안디옥교회 성도에게도 동일한 은혜를 주시지 않겠는가? 나는 벌써부터 마음이 설렌다. 오직 여호와 앞에 나의 부족함과 연약함을 내어놓고 모든 일에 여호와 하나님만을 의지하리라. 오직 여호와만을 찬송하리라. 내게도 주소서! 안디옥교회 성도들에게도 주소서!

불편하게, 풍성하게

이 목사는 안디옥교회를 개척하여 "불편하게 삽시다"를 외치며 선교 사역을 해왔다. 이 목사가 외친 "불편하게 삽시다"에서의 불편은 '자비량 불편'이었다. 이 목사는 비교적 넉넉한 가정에서 태어나 남을 도와주며 사는 집안이었지만 자비량 불편을 선택하였다. 이 자비량 불편은 예수님께서 본을 보이셨고 그 본을 사도 바울이 따랐으며 많은 신앙의 선진을 통하여 이 목사에게까지 이어졌다. 이 목사는 "불편하게 삽시다"를 외치며 안디옥 1기의 선교 사역을 마쳤다. 그리고 안디옥 2기에서도 박 목사는 '불편하게 삽시다'를 그대로 계승하였다. 그러나 안디옥 2기에 와서는 슬로건이 좀 달라진 것처럼 보인다. 왜냐하면 박 목사는 '풍성하게 삽시다'라는 슬로건도 함께 외치고 있기 때문이다. 박 목사는 안디옥교회의 모든 성도가 가난과 질병, 영적 눌림과 부자유함, 인간관계에서의 막힘 등에서 벗어나 '자녀가 누리는 영광의 자유'를 마음껏 누리며 살아야 한다고 외친다.

'불편하게 삽시다'와 '풍성하게 삽시다' 이 두 가지의 슬로건을 겉으로만 보면 정반대의 내용처럼 보인다. 결코 양립할 수 없는 것처럼 보인다. 그러나 박 목사는 이 두 가지 슬로건을 동시에 추구한다. '불편한 삶'을 오해하지 마시라. 불편 속에 평안과 기쁨이 있다. '풍성한 삶'을 오해하지 마시라. 이 풍성함은 무작정 부와 명예와 사치를 추구하는 세상적인 풍성함이 아니다. 풍성하게 받은 하나님의 축복을 이웃에게 나눈다. 그리고 그 풍성함을 미 전도 종족에게도 나누어준다. 즉, 주님(마 25장)께 되돌려 드리는 것이다.

안디옥교회의 발자취를 살펴보면 안디옥 1기에서 이 목사가 '자비량 불편'을 드렸고 그 결과 안디옥교회는 많은 선교 사역을 감당할 수 있었다. 그리고 많은 양적 부흥과 질적 부흥을 가져왔다. 안디옥교회가 풍성해진 것이다. 2기에 와서도 박 목사는 1기에서 계승받은 자비량 불편을 계속 실천하였다. 그랬더니 안디옥교회는 더욱더 풍성해지게 되었다. 교회가 풍성해졌으니 주님께 더 많이 드릴 수 있게 되었다. 교회 빚도 다 갚게 되었다. 안디옥교회는 마태복음 25장 달란트의 비유가 그대로 실현된 교회다. 1기에서 눈물(불편한 삶)로 씨를 뿌렸기에 2기에서 기쁨(풍성한 삶)으로 거둘 수 있었다. 이 두 가지는 하나님께서 인도하시는 일련의 과정이 되었다. 그러나 박 목사가 '풍성하게 삽시다'를 외친다고 해서 이 목사가 제시한 '불편하게 삽시다'라는 슬로건을 버린 것은 결코 아니다. 박 목사와 모든 성도는 여전히 불편한 예배당에서 선교하는 즐거움을 맛보며 신앙생활 하고 있다. 예배당을 넓히는 문제도 온전히 하나님께 맡겼다.

박 목사는 불편해도 '선교를 최우선순위'에 두고 사역한다. 그리고 박 목사는 성도들의 가난, 질병, 각종 눌림과 인간관계에서의 어려움에 대해서는 주님의 마음을 가지고 안타까워한다. 박 목사는 예수님을 영접하기 전에는 가정적으로 개인적으로 많은 어려움을 겪었지만, 복음을 받아들인 후 하나님께서 자신의 인생에 나타나셔서 자신이 겪고 있던 인생의 모든 문제를 친히 해결해주셨다. 그랬기 때문에 박 목사는 말할 수 없이 안타까운 심정으로 성도들도 자신이 하나님께로부터 받은 것처럼 똑같이 하나님의 축복을 받아야 한다고 역설한다. 예수님을 믿는 우리들은 하나님의 자녀 된 지위를 회복하여 영광의 자유를 누려야 한다는 것이다.

서로 사랑하는 깡통목사, 울보목사

울보목사는 깡통목사를 진심으로 존경하고 사랑한다. 깡통목사 역시 울보목사를 매우 사랑한다. 이 목사는 박 목사에게 힘을 실어주었다. 첫째, 3만 3천의 비전에 힘을 실었다. 사람을 내놓아야 한다며 잘 양육되고 훈련된 제자, 군사, 재생산 사역자를 배출하도록 하는 독수리 제자훈련에 힘을 실어주었다. 둘째, 북방 선교에도 힘을 실었다. 셋째, 깡통을 끝까지 유지하려는 생각은 원래부터 없었다며 예배당 확장에도 힘을 실었다.

이 목사는 말한다. "하나님께서 우리 안디옥교회를 축복하셔서 훌륭한 박진구 목사님을 보내주셨습니다. 너무나 큰 축복입니다. 3만 3천의 비전을 반드시 이루어 하나님을 기쁘시게 해드립시다. 저는 박진구 목사님처럼 좋은 후임자를 만나서 너무나 행복합니다."

2기 박 목사가 잠시 안식월 겸 휴가 중일 때 이 목사는 설교 시간에 성도들에게 이렇게 말했다. "저 따라해보세요. 박진구 목사님, 사랑합니다." 이럴 때는 마치 성경에서 모세가 여호수아에게 사역을 물려줄 때의 장면이 떠오른다.

박 목사는 성도들에게 자주 말한다. "이동휘 목사님은 특별한 분이십니다. 저는 그분에 비하면 너무 부족합니다." 박 목사는 이런 식의 진심 어린 존경의 표현들을 자주 이야기한다. 박 목사는 이 목사의 삶에 대해 이렇게 이야기할 때가 많다. "우리나라에는 많은 순교자가 있습니다. 그분들은 너무 훌륭하신 분들입니다. 그러나 평생을 순교 정신을 가지고 순교적 삶을 사는 것이 순교하는 것보다 더 힘들 수도 있습니다." 박 목사는 이 목사의 '자비량 불편의 삶'을 '순교적 삶'으로 묘사한다.

박진구 담임목사는 이동휘 원로목사를 진심으로 존경한다. 설교에서 존경하는 마음이 배어나온다. 박 목사의 꿈은 안디옥교회에서 주의 종으로 한결같이 주님과 성도들을 섬기다가, 은퇴 후에는 이 목사처럼 선교지로 다시 나가는 것이다. 박 목사는 이 목사의 발자취를 밟고 싶은 마음을 수시로 나타낸다. 다른 교회의 경우는 전임자가 은퇴를 하면 후임자가 자신을 드러내기 위해 원로목사의 업적에 대해 잘 언급하지 않는 경우가 많다. 심한 경우 원로목사를 '뒷방 늙은이'처럼 취급하는 후임자도 있다. 그래서 '안디옥교회 이야기'는 이동휘, 박진구 목사의 '아름다운 사랑이야기'이기도 하다.

3

안디옥교회는 선교이다

· 땅끝까지 섬기는 선교
· 온 유대와 사마리아를 섬기는 섬교 · 기타 섬기는 사역

오직 성령이 너희에게 임하시면 너희가 권능을 받고
예루살렘과 온 유대와 사마리아와 땅끝까지 이르러 내 증인이 되리라 하시니라(행 1:8).

땅끝까지
섬기는 선교

깡통교회가 하고 있는 일을 한마디로 요약하자면, 사도행전 1장 8절의 명령에 순종하는 일이다. 이것을 사역별로 나누면 해외 선교, 농촌 선교, 특수 선교가 된다. 안디옥교회가 하고 있는 사역들은 복음을 모르는 사람들에게 예수님의 복음과 예수님의 사랑을 전하는 일이다. 교회는 온 힘을 다해 선교하고 성도들은 전적으로 순종한다. 그래서 안디옥교회 성도들은 천국의 삶을 살고 있는 사람들이다. 이 땅에서도 천국을 살고 있으며, 삶을 마치면 주님이 예비하신 영원한 천국에 들어가게 된다.

선교전문가인 이동휘 목사는 예수님께서 주신 사도행전 1장 8절의 말씀을 가지고 안디옥교회의 선교 방향을 제시하였고 그 말씀대로 선교하고 있는데, 이 목사와 박 목사는 사도 바울의 선교 전략을 거의 그대로 재현하고 있다 해도 과언이 아니다. 목장 선교회도 1남 선교회, 2여 전도회 등으로 이름을 짓지 않고 남아프리카공화국 목장 선교회, 브라질 목장 선교회 등으로 나라이름을 넣어서 지었다. 그렇게 하여 모든 성도가 선교의 필요성을 느낄 수 있도록 하였고, 각 목장 선교회의 활동을 통하여 선교사들을 위한 중보기도를 드리고 선교비를 모아서 물질로도 돕고 있다.

박 목사는 말한다. "우리나라에 복음이 전해진 지 불과 120여 년밖에 되지 않았지만 어느덧 복음을 수출하는 나라가 되었습니다. 올챙이가 개구리 되었습니다. 40년 전만 해도 우리나라는 피선교지의 낙후된 나라였습니다. 하지만 현재 한국은 12대 경제대국이 되었고 선교하는 나라가 되었습니다. 그동안은 받는 교회였지만 이제는 주는 교회로 탈바꿈해야 합니다." 선교사들도 선교 보고 때에 이렇게 말한다. "어느덧 한국은 신흥 기독교 강국이 되었습니다. 우리나라의 해외 선교사 파송이 전 세계에서 1위로 올라섰고 저희들은 자부심을 가지고 선교 활동에 임하고 있습니다."

특히 이 목사는 한국교회가 선교에 집중해야 하는 이유에 대해 이렇게 말한다. "한국은 영적으로 풍성합니다. 그러나 외국의 많은 나라는 영적으로 파산 직전입니다." 유럽의 많은 국가가 예수님을 믿고 축복을 받았으나 그 후에는 물신주의에 빠져 주님을 멀리하고 형식적으로 예수님을 믿는 사람들이 많아졌습니다. "영국, 미국도 과거에는 선교사를 많이 파송하고 선교에 열정을 가진 나라들이었으나 지금은 많이 식어 있습니다. 그러나 우리나라는 열정이 있는 나라입니다. 그 파산 직전인 나라들을 도와야 합니다."

실제로 많은 유럽교회의 성도가 이미 세속화되었고 교회에 출석하는 성도들의 숫자는 급격히 떨어졌으며 예배당은 관광객들이나 겨우 찾는 장소로 전락하고 말았다. 미국이나 영국에서는 예배당이 팔려서 식당이나 술집, 심지어 나이트클럽으로 쓰이는 경우까지 있다. 참으로 안타까운 일이 아닐 수 없다. 이렇게 유럽교회와 미국교회는 점점 더 세속화되어가고 있다. 그러므로 한국교회는 복음이 전해지지 않은 나라에는 더욱더 열심히 복음을 전해야 하고 이미 복음이 전파된 지역이라도 열정이 식었거나 세속화된 나라에는 선교사를 파송해서 예수님의 사랑과 열정을 전해야만 한다. 그래서 안디옥교회의 선교는 다음과 같은 특징을 가지고 있다.

첫째, 구색 맞추기식 선교가 아니다. 선교지의 교회 개척은 개척해서 독립시키는 것을 목표로 한다. 그리고 선교지의 교회를 모교회에 종속시키지 않는다. 워싱턴 ○○교회, LA ○○교회, 브라질 ○○교회 등과 같은 이름으로도 개척하지 않는다. 영향력 아래 두려하지 않기 위함이며 '노릇'하지 않기 위함이다. 이 목사는 개척한 교회를 모교회에 종속시키고 권한을 행사하는 것을 '기독교 식민주의'라고 규정한다. 그리고 "한국교회는 기독교 식민주의를 타파해야 합니다. 우리 땅에 복음의 씨앗을 뿌렸던 선교사들로부터 받은 신앙을 우리도 이어가야 합니다"라고 강조한다. 한국교회의 신앙은 앞에서 이야기한 대로 '꼬리에 꼬리를 무는 신앙'이 되어야만 한다. 세상적인 방식이 들어와 인본주의적 선교로 변질되어서는 안 된다.

러시아 세○○교회, 중국 제○교회, 러시아 중○교회, ○○장로회 ○○시찰 ○○교회라
고까지 자세히 명칭을 붙인 교회도 있다. 미국 선교사들이 한국에 교회를 세울 때
서울 시카고교회, 서울 보스턴교회라 하지 않았다. 빠른 시일 내에 현지 교회를 자
립시키고 빠져 나와야 한다. 바울이 개척한 교회도 거의 모두 그 지역의 이름을 붙
여 세우게 하였다. 도와준다고 큰소리치지 말고 목소리를 낮추어라. 대적이 들을
까 두렵다. 하늘 상급을 삭감시키지 마라. 그러면서도 더 많은 교회를 세워 가라.[17]

　한국인은 본래 성품이 제국주의적이지 않은데 전시성 선교를 하고 '잠비
아 ○○교회' 등 모교회의 이름을 따서 선교지 교회의 이름을 짓다 보면 제국
주의적 냄새가 나게 될 것이다. 마음은 그렇지 않더라도 이름이 중요한 법이
다. 이름에 따라 마음가짐이 달라지기 때문이다. 안디옥교회는 바울선교회
를 통하여 선교하고 있는데, 바울선교회에 선교비를 지원하면, 바울선교회
는 안디옥교회와 다른 교회들의 지원을 받아 선교사를 파송하고 선교비 송
금, 사후 관리 등을 직접 시행한다. 바울선교회는 교회 자립의 원칙으로 알
려진 네비우스 3대 원칙인 자립, 자전, 자치를 철저하게 지키려고 노력한다.
어떤 교회는 메트릭스 시스템 방식, 멀티사이트 교회 등의 새로운 방식을 선
교에 적용하여 독립보다는 작은 모교회를 계속 늘려가는 방식으로 선교를
하고 있는데 안디옥교회의 선교 방식은 그렇지 않다. 새로 개발한 어떤 방식
이 아니라 수리아 안디옥교회처럼, 사도 바울처럼 선교하는 교회다. 교회 개
척도 초대교회에서 적용했던 것과 같은 원리를 적용한다.

　둘째, 초교파적으로 선교사를 파송한다. 선교에 대한 열정을 가진 목회자

라면 그분이 어느 교단, 어느 교파에 속해 있는지를 지나치게 따지지 않고 정성껏 훈련시켜서 파송한다. 교파의 장벽을 허문 것이다. 안디옥교회는 교회별로 선교하거나 또는 같은 비전을 가진 교회끼리는 협력, 연합하여 다른 교단, 교파와 경쟁하는 그런 방식으로 선교하지 않는다. 안디옥교회는 수리아 안디옥교회의 바울과 바나바처럼 선교한다.

셋째, 미 전도 종족 위주의 선교를 한다. 현재 각국에서 파송되는 선교사의 90%는 이미 복음이 전파된 지역에서 선교 활동을 하고 있다고 한다. 그러나 지구촌에는 지금껏 복음을 전혀 들어보지 못한 종족들이 아직도 많다. 그래서 안디옥교회는 미 전도 종족 위주의 선교로 방향을 틀어서 맹활약을 펼치고 있다. 미 전도 종족이 있는 나라에서는 선교사가 할 일이 너무도 많다. 그리고 미 전도 종족 중심의 선교는 두 가지 면에서 그 가치가 높다. 하나는 미 전도 종족이 사는 곳은 복음의 씨앗조차 떨어지지 않은 곳이다. 가장 시급한 곳에 복음을 전파하기 때문에 복음을 접할 기회를 주었다는 면에서 귀한 일이고 하나님이 기뻐하실 일이다. 다른 하나는 미 전도 종족이 살고 있는 문화권에 대한 희귀 문화의 보존으로 세계사적 사료 가치가 높다.

대부분의 나라에 이미 존재해 있는 기성 교회들은 형식화되어 있다. 100% 복음화 되었다고 자축행사까지 크게 벌인 한 종족이 있어 매우 반가웠지만 바로 옆에 있는 미 전도 종족에 대한 선교 관심과 열정은 전혀 없다. 나라마다 자체 교회가 뜨거운 열정만 가진다면 선교사가 철수해도 좋을 나라도 많을 것이다.[18]

넷째, 세계선교기관들과 협력한다. 선교는 협력, 연합이 매우 중요하다. 필리핀 등 선교가 어느 정도 자리를 잡은 지역은 철수하는 것을 원칙으로 한다. 필리핀은 10년 내에 철수하라는 방침을 세웠고, 이는 많은 선교단체 중에서 바울선교회가 가장 먼저 협조해주었다. 국민일보의 쿠키뉴스는 '가장 먼저 한국세계선교협의회의 권고를 받아들인 사람은 이동휘 목사다'라고 적고 있다.

한국세계선교협의회(KWMA)에 따르면 2009년까지 필리핀에 파송된 한국 선교사들은 모두 1,285명이다. 이들은 주로 마닐라와 바기오 등지에 집중돼 있어 불필요한 경쟁과 중복 투자 등의 문제가 불거졌고 이에 따른 갈등도 상존했다. 필리핀교계에서도 이러한 현실을 인식하고 16년 전부터 한국교회 측에 선교사 파송 자제를 주문했었다. 가장 먼저 행동에 옮긴 것은 바울선교회(대표 이동휘 목사)였다. 예장 통합의 '모라토리엄 선언'도 이런 맥락 속에 나왔다고 볼 수 있다.[19]

많은 해외 선교사는 안디옥교회에 권면한다. "선교모델교회인 안디옥교회가 더욱더 정진해주세요. 다른 교회, 다른 나라도 안디옥교회와 바울선교회를 본받아 제대로 선교할 수 있도록 주님 앞에 더욱더 무릎 꿇고 기도해주세요." 안디옥교회의 주일 밤예배에서 선교사들이 선교 보고를 할 때에도 선교사들은 이렇게 말한다. "선교는 안디옥교회가 기본이고 모델입니다. 이정도면 됐다고 생각하지 마시고 주님 오실 때까지 계속 정진해주세요."
안디옥교회는 한국교회에서 단일 교회로서는 가장 많은 선교사를 파송한 교회가 되었다. 그러나 이 목사, 박 목사는 "선교 자랑하지 맙시다"라고 말한다. 또한 박 목사는 "우리가 자랑하려고 선교 많이 하는 것 아닙니다. 빌립보서 4장 17절의 말씀처럼 우리의 삶이 풍성해지기 위해서 선교하는 것입니다. 선교는 우리를 위함입니다. 우리가 선교 안 하면 하나님은 다른 사람들을 사용하십니다. 선교하면 쓰임받는 기쁨을 누리고, 삶이 축복되고, 삶의 열매가 풍성하게 됩니다. 저는 오히려 우리 안디옥교회를 쓰시는 하나님께 감사드립니다."

선교의 궁극적인 목적은 하나님의 영광을 나타내기 위함이다. 영혼 구원은 하나님께서 하신다. 이 목사도 "전도는 하면 되고 안 하면 안 됩니다"라고 말한다. 즉, 일단 하기만 하면 하나님께서 도와주시므로 무조건 된다는 뜻이다. 그러므로 우리가 하는 것이 아니다. 그런데도 우리가 만일 선교 자랑을 하면 하나님의 영광을 가로채는 일이 되고 만다. 박진구 목사는 항상 성도들에게 겸손해야 한다고 말한다. "안디옥교회가 세계적으로도 유명한 교회이므로 안디옥교회가 선교를 선포하는 교회라고 생각하십니까? 아닙니다. 우리는 다만 주님의 사명을 감당할 뿐이고 성령님께서 선교하시도록 기도해야 할 것입니다." 이 말은 선교 자랑하지 말라는 이동휘 목사의 말과 일맥상통한다. 이 목사도 TV 인터뷰에서 앞으로의 계획과 비전을 묻는 사회자에게 "그냥 하는 거지요. 특별한 비전 같은 것은 없습니다"라고 겸손하게 대답했다.

이동휘, 박진구 목사는 목회의 성공을 목표로 사역하지 않는다. 목회의 성공을 위해 기도하지 않는다. 하나님의 뜻에 순종하기 위해 사역하고 내가 변화받기 위해 기도한다. 박 목사가 말하는 '좋은 사람 수준'될 수 있기를 위해서 기도한다. 이동휘, 박진구 목사는 항상 주님 앞에서, 그리고 세상에 대하여 이렇게 겸손하다.

현대 선교의 아버지로 불리는 구두수선공 출신 영국의 윌리엄 캐리도 마찬가지다. 그는 인도 선교사로 나가는 것을 시작으로 '선교의 역사'를 열었다. 당시에는 선교사로 나가는 일이 아무런 세상적인 명예도, 유익도 없었기에 아무도 선교사로 나가려 하지 않았다. 선교로 수많은 업적을 남긴 그였지만 그는 한 번도 자신의 명예를 얻기 위해 업적을 쌓지 않았다. 단지 하나님께서 맡겨주실 위대한 일을 기대하고 기다렸으며, 하나님께서 주신 감동을 가지고 영광 돌리기 위한 위대한 일을 계획하고 실행했다. 그리고 그는 죽기 전에 유언을 하면서 시편 51편 1절의 내용(하나님이여 주의 인자를 따라 내게 은혜를 베푸시며 주의 많은 긍휼을 따라 내 죄악을 지워주소서)을 인용하여 자신의 묘비명을 써달라고 부탁했다. 그래서 그의 묘비명에는 지금도 이렇게 써 있다. '윌리엄 캐리, 가엾고 불쌍하고 무력한 벌레 같은 인간, 당신의 친절한 팔에 안기나이다.' 그는 그 귀한 선교 사역을 하면서도 항상 자신을 벌레 같은 사람이라는 표현을 하며 자기를 부인했다.

그는 이처럼 겸손하게 선교 사역을 감당했다. 그리고 친구에게 말했다. "내가 죽으면 캐리 박사에 대한 말은 한마디도 하지 말게. 캐리 박사의 구세주에 대해서만 이야기하게." 윌리엄 캐리는 자신의 선교 업적을 자랑하지 않았다. 죄 많고 무능한 자신을 구원하신 주님만을 자랑했다. 예수님도 말씀하셨다. "명한 대로 하였다고 종에게 감사하겠느냐 이와 같이 너희도 명령

받은 것을 다 행한 후에 이르기를 우리는 무익한 종이라 우리가 하여야 할 일을 한 것뿐이라 할지니라"(눅 17:9~10). 하나님의 명령을 잘 수행하였다 하더라도 자랑하지 말라는 말씀이다.

이 목사, 박 목사는 강조한다. "나 자신을 높이거나 교회를 높이지 맙시다. 사역 자랑하지 말고 선교 자랑하지 맙시다." 주님께 영광을 돌리지 않고 자신에게 영광을 돌리거나, 교회에 영광을 돌리는 것은 바벨탑을 쌓는 것과 같다. 노아의 홍수 이후에 문명이 발달하면서 노아의 후손들은 자신들의 이름을 내기 위해 바벨탑을 쌓았다. "또 말하되 자, 성읍과 탑을 건설하여 그 탑 꼭대기를 하늘에 닿게 하여 우리 이름을 내고 온 지면에 흩어짐을 면하자 하였더니"(창세기 11:4). 그러나 결과는 그들이 의도한 대로 되지 않았다. 오히려 하나님께서는 그들을 언어소통이 안 되게 하셔서 온 지면에 흩으셨고, 하나님을 거역한 자들로 기록되어 그들의 이름이 땅에 떨어졌다.

선교의 자세, 봉사의 자세

손양원 목사가 쓴 일기 중에서 "어떤 이들은 나를 위해 기부한다"라는 표현이 있다. 아주 정확한 지적이라고 생각한다. 오늘날의 교회에서도 나를 위해 봉사하고, 나를 위해 헌금하며, 나를 위해 전도하고, 나만을 위해 기도하는 사람들이 많다. 나는 '주님이 주신 사랑 때문에 그 사랑을 전하지 않고는 못 배기는 불타는 마음으로 전도한다면 얼마나 행복할까' 하는 생각을 해보았다.

안디옥교회는 매 주일 저녁예배 때에 선교지의 몇 나라들을 차례대로 소개하고 중보기도하는 시간이 있다. 나라 소개는 그 나라의 정치, 경제적 사정과 복음화율, 이방종교의 현황 등에 대해 자세하게 한다. 나라 소개가 끝나면 그 나라들에서 사역하고 있는 선교사들의 기도 제목들을 놓고 중보기도하는 시간을 가진다. 주일 저녁예배의 설교 시간에는 일시적으로 귀국한 해외 선교사들이 설교를 할 때가 많은데 그 시간에 선교 보고까지 겸한다. 이때 선교사들은 기적으로 가득 찬 복음 전파의 현장에서 일어나는 생생한 이야기들을 전해주는데, 그 이야기들을 듣고 있자면 은혜가 넘치고 성도들의 마음속에는 선교의 열정이 꿈틀거리게 된다.

안디옥교회는 1년에 한 번 정도는 전 교인이 모여 선교의 날 행사도 가진다. 교회가 선교에 불이 붙어 있으니 성도들은 가만히 있어도 선교정신으로 무장된다. 선교정신의 함양이 절로 되는 것이다.

해외에 파송된 선교사들은 선교지에서 교회를 개척하고 선교지 주민들의 필요를 채워주며 복음을 전한다. 그런데 어떤 선교지에서는 선교사들이 선교의 일환으로 현지에서 신학교를 설립하기도 하는데, 그런 경우 현지의 신학교를 통해 많은 현지인 목회자들이 탄생하게 되고 복음의 확장은 기하급수적으로 늘어나게 된다. 밀알처럼 작은 복음의 씨앗이 떨어져 많은 열매를 맺게 되는 것과 같은 이치다. 선교지 중에는 폭발적인 복음 전파가 이루어지는 곳도 많이 있다. 안디옥교회는 한 나라에 한 명씩을 파송하더라도 그 열매는 30배, 60배, 100배로 거두고 있다는 것이다.

그러나 이 목사는 "한국에는 수백 개의 선교단체가 있지만 모든 선교단체가 주님이 주신 선교 사명을 잘 감당하고 있지는 않습니다. 그중에는 개선해야 할 점들을 가지고 있는 단체들이 더 많습니다"라는 우려의 말도 한다. 선교전문가인 바울선교회 이동휘 목사, 장병조 국제본부장, 이광윤 선교사는 한국의 선교단체가 개선해야 할 점들을 다음과 같이 이야기한다.

첫째, 전시성 선교를 중단하라. 우리나라에는 전시성, 행사성으로 선교하는 교회들이나 선교단체들이 많다. 선교지에는 지속적인 지원이 필요한데 전시성이나 일회성 행사로 선교를 하게 되면 선교 중단을 초래하고 새로운 다른 교회의 후원을 받아 독단적인 선교 활동을 할 우려까지 있다. 전시성 선교는 세상적인 가치를 가지고 선교하는 것이다. 그리고 각 교단, 교파별로 불필요한 경쟁을 불러온다. 불필요한 경쟁은 선교 자원의 낭비도 가져온다. 오른손이 하는 선교를 왼손이 모르게 하자. 우리나라에 온 초기의 외국인 선교사들이 자신들의 선교 업적에 대해 기념관을 세우며 나팔 불지 않았다. 기념비나 기념관은 자신이 세운 것이 아니다. 그리고 신앙의 선진들이나 우리나라에 복음을 전해준 외국인 선교사들에 대한 기념관도 지나칠 정도로 호화스럽게 건립해서는 안 된다. 그분들을 우상으로 만들어서는 안 되기 때문이다. 그리고 기념관이 관광객 유치가 주목적이 되어 장삿속으로 변질되어서는 더더욱 안 될 일이다. 비록 규모는 작더라도 믿음의 선배들이 걸어온 길을 되돌아보고 하나님께 영광 돌릴 수 있다면 그것으로 충분하다.

둘째, 군림하지 마라. 모교회는 선교지의 교회에 대하여 군림하기 쉽다. 군림하지 말아야 한다. 거저 받았으니 거저 주어야 한다. 현지 사정을 잘 모르면서 무조건 감독 기능만 강화하면 안 된다. 가급적 우리는 돕는 역할만 하고 현지인 선교사의 배출을 유도해야 한다. 현지의 교회를 자립시키고 빨리 빠져나와야 한다. 그래서 차차 현지인 중심의 선교로 변화시켜 나가야 한다. 그것이 효과적이고 효율적이며 바람직한 방법이다. 이 목사는 오만하지 말고 겸손한 태도로 선교를 해야 한다고 말한다.

셋째, 협력하라. 선교단체 간, 교단 간, 교회 간의 긴밀한 협조가 필요하다. 협력 없이 선교를 하게 되면 중복된 선교로 선교비를 이중적으로 지출하는 꼴이 되고 만다. 협력이 부족한 선교는 개인주의, 교단주의, 교파주의, 자기중심주의에 빠지기 쉽다.

넷째, 선교사 훈련이 중요하다. 잘 훈련된 선교사의 수명은 25년, 훈련받지 못한 선교사의 수명은 5년이라는 말이 있다. 잘 훈련되지 않은 선교사는 5년 안에 중도포기하고 돌아온다는 뜻이다. 선교사는 잘 훈련시켜서 파송하여야 한다. 훈련을 부실하게 해서 파송을 하면 많은 문제가 생긴다. 훈련이 부족하면 대립과 갈등을 야기하고 자기중심적으로 선교하게 되며 선배 선교사들의 충고를 받아들이지 않는 경향이 있다. 그렇게 되면 선교의 방향을 상실하여 혼자서 교리적으로 위험한 길을 갈 수도 있다. 그래서 선교사 수련회가 필요한 것이다. 선교사 수련회는 영적 재무장의 기회가 된다.

다섯째, 선교지 현지인 교회의 성도들을 교육하라. "선교지의 교회는 그 교회를 지원하는 교회보다 강할 수 없다." 허버트 케인의 말이다. 그러므로 파송한 교회가 건강해야 한다. 그래야 선교지의 교회도 건강하게 성장할 수 있다. 나도 학교에서 학생들을 지도하고 있는 교사지만 학생들도 교사가 가르친 것 이상으로 성장하기가 쉽지 않다. 그러므로 잘 가르쳐야 한다. 선교지에서도 마찬가지다. 선교지의 교회는 모교회 이상으로 신앙이 성장하기가 어렵다. 모교회가 본을 보여야 한다. 모교회의 선교정신을 선교지 교회에도 전수해주어야 한다. 예를 들어 안디옥교회가 재정의 60% 이상을 선교비로 사용하고 있는 것과 선교 노하우 등을 현지인들에게 전해줘서 이를 선교지 교회들이 벤치마킹할 수 있도록 도와주어야 한다. 선교지에도 열정을 가진 교회들이 많이 있기 때문이다.

> 아시아교회들이 150년 선교 역사에도 아직도 봉사와 십일조 등 헌금과 교회에 대한 책임의식이 없는 것은 솔직히 선교사들의 교육 부재라고 보아야 한다. 루터의 만인 제사장의 사명을 구체화시키면서 한국교회의 뜨거운 열심과 전도열, 기도, 헌금 등의 사명들을 가르칠 수 있는 무기가 우리에게 있다고 믿는다.[20]

　여섯째, 기독교 국가에도 파송하라. 이 목사는 기독교 국가에도 선교사를 파송해야 한다고 말한다. 우리나라에 복음을 전해준 유럽이나 미국 등의 나라에 명목상의 그리스도인들이 많아졌기 때문이다. 그리고 아시아는 복음화율이 낮고, 아프리카는 한 번도 복음을 들어보지 못한 종족들이 많다. 그래서 이 목사는 전 세계적인 선교가 필요하다고 말한다. 즉, 땅끝까지 복음을 전하는 4구역 선교가 필요한 것이다. 기독교 국가에도 파송하여 형식적 믿음을 반석 같은 믿음으로 바꾸어 나가는 선교가 되어야 한다. 그러려면 실질적인 복음화를 위해 기독교 국가에도 예수님을 전해야 한다는 결론이 나온다.

아시아는 복음의 박토다. 서구의 80~90퍼센트 크리스천 비율에 비해 7퍼센트 정도밖에 안 될 정도로 적다. 이중 복음의 옥토는 심히 적다. 구라파는 형식상의 통계가 크지만 실질적으로 크리스천은 10퍼센트 안팎이라는 슬픈 소식이 전해온다. 기독교 문화 속에서 살면서도 예수를 모르는 이방인들이다. 우리의 선교는 실로 세계적이 되지 않으면 안 되는 선교의 새 시대가 된 것이다.[21]

일곱째, 단기선교는 현지의 선교사들을 돕기 위한 목적으로 하라. 단기선교는 사역을 할 때 현지의 선교사와 긴밀한 협의를 통하여 진행해야 한다. 선교의 열정을 가지고 단기선교를 한다고 하더라도 자칫 선교지의 문화에 거슬리는 행동이 나올 수 있기 때문이다. 단기선교는 선교지에서 사역하는 선교사들의 가려운 부분을 긁어줄 수 있는 방향으로 해야 한다.

최근에 단기선교에 문제점이 있다며 '단기선교의 무용론'을 주장하는 사람들도 있다. 하지만 문제점은 개선하면 된다. 대부분의 선교사 지망생이 단기선교를 해본 경험이 있는 사람들 중에서 나오기 때문이다. 구더기 무섭다고 장을 안 담그면 음식의 맛을 낼 수 있는 장은 구경도 못하게 되는 이치와 같다.

이 목사는 하나님의 선교 사역을 아름답게 하려면 선교의 3박자인 선교단체, 지원하는 모교회, 선교사가 서로 잘 맞아야 하고 아름답게 조화를 이루어야 한다고 강조한다. 서로 협력하는 자세로 선교 사역에 임해야 한다는 것이다. 자기 의만을 드러내려 하다 보면 불협화음이 생기게 된다는 것이다. 기도로, 성령으로 선교 사역을 감당해야 한다고 말한다. 물질로만 선교가 되는 것이 아니다. 만약에 기도로, 성령으로 선교를 하고 있지 않다면 그 선교는 돈으로 하고 있는 선교일 것이다.

"나는 아직도 배가 고프다"라는 히딩크의 말이 떠오른다. 이 목사와 박 목사는 선교에 배고파하고 목말라한다. 이 정도 선교했으면 만족할 만도 한데 생명이 다하는 날까지 선교하다가 주님 앞에 서고 싶어 한다. 이 목사와 박 목사는 더욱더 많이 선교해야 한다며 아직 복음을 들어보지도 못한 많은 종족에게 복음을 전하지 못해 안타까워하는 심정을 토로한다.

바울선교회와의 특별한 관계

이 목사는 안디옥교회와 바울선교회와의 관계는 뼈와 살의 관계라고 말한다. 모든 해외 선교는 바울선교회를 통해서 하고 있다. '아담이 이르되 이는 내 뼈 중의 뼈요 살 중의 살이라'(창세기 2:23), 즉 안디옥교회와 바울선교회와의 관계는 아담과 하와의 관계, 그리고 부부관계가 되는 셈이다. 바울선교회는 우리나라에서 보기 드문 토종 선교단체이다. 토종이라는 단어 자체에 네비어스 방식으로 선교하고 있다는 뜻이 포함되어 있다. 바울선교회는 〈사도행전〉에 나오는 사도들의 선교 방식을 따른다. 선교지의 교회 위에 군림하려 하지 않는다.

바울선교회의 특징 중 하나는 선교지에 선교비를 보낼 때 행정비용을 떼지 않고 보낸다는 점이다. 어느 선교단체나 구제단체든지 선교비나 구제비 중에서 행정비용, 사무실 유지비용 등의 명목으로 10% 정도를 공제하고 보내는데, 바울선교회는 그렇게 하지 않고 책정된 선교비의 전액을 보낸다. 간사, 사무실 직원들에 대한 생활비는 안디옥교회에서 별도로 지원하고 있다. 바울선교회는 주인 노릇 하지 않으려고 조심하면서 선교한다. 예수님은 사랑이시므로 '사랑'으로 하려고 노력한다. 고린도전서 13장의 말씀처럼 '사랑이 없는 선교', '사랑이 없는 구제'는 아무것도 아니기 때문이다. 이 목사와 박 목사는 항상 강조해서 말한다. "사랑 없이 하는 모든 일은 헛일이고 아무 유익도 없습니다. 60% 선교한다고 목에 힘주지 맙시다. 겸손하게 선교해야 합니다. 무릎 꿇고 두 손으로 드려야 합니다." 이러한 점을 바탕으로 바울선교회의 특징을 몇 가지로 요약할 수 있다.

첫째, 믿음 선교를 표방한다(하나님만 의지하고 사람을 의지하지 않는다). 물질이 있어야 선교한다는 생각을 갖지 않는다. 이름 있는 사람과 함께해야 선교하기 수월하다는 생각도 갖지 않는다. 필요한 생활비에 대한 것도 하나님께 기도만 한다. 오직 하나님 한 분만을 믿고 의지한다. 예수전도단(YWAM)의 창시자 로렌 커닝햄이 그랬던 것처럼 바울선교회는 사람에 기대지 않고 하나님만을 의지하고 나아간다. 그렇게 하면 하나님께서 통신망을 작동시켜서 도와주실 것이라는 믿음으로 나아간다. 사람에게 구걸하는 듯한 방법으로 선교비를 후원받고 선교할 때 인간적인 냄새가 나기 때문이다.

둘째, 사도 바울의 영성을 따른다. 사도 바울의 영성은 검소한 생활, 성화된 인격, 순교를 각오하는 삶이다(행 20:24; 고전 15:31, 9:27). 바울선교회에서 파송되는 선교사들은 선교사로 파송되는 순간 순교할 각오까지 하고 나간다. 선교지에서도 검소한 생활을 하려고 노력하고, 성품에 있어서도 예수님을 닮으려고 노력하며 선교사의 사명을 감당해나간다.

셋째, 미 전도 지역에 우선적으로 파견한다. 요즘은 특히, 서북부 아프리카에 집중적으로 파견하고 있다. 백화점식이나 전시성으로 파견하지 않고 복음이 가장 급하게 필요한 지역에 최우선적으로 파송하고 있다. 필리핀에는 더 이상 파견하지 않기로 했다. 필리핀은 복음이 뿌리를 내려 자국민들이 충분히 복음 전파를 해나가는 단계에 진입했기 때문이다. 이는 불필요한 경쟁을 줄이고 효율적인 선교를 하기 위해서다. 선교는 협력하고 연합해야 성과가 배가 된다. 그리고 그것이 하나님께서 원하시는 일이기 때문이다.

넷째, 효율적인 선교 전략을 세워서 전략적으로 접근한다. 먼저, 현지인 선교사를 키운다. 현지인들이 복음을 받아들이고 스스로 복음을 전하는 것이 그들에게 축복이 되기 때문이다. 우리나라의 기독교 역사에서도 기독교 초기에 한국인들이 스스로 전도하는 것을 당연하게 여기고 예배당도 집 팔고 논 팔아 스스로 짓는 신앙을 가졌기에 오늘날과 같은 부흥과 '선교 한국'이 가능했던 것이다. 바울선교회는 현지인들의 지도력 개발 프로그램을 강화하여 스스로 전도하고, 자급, 자치할 수 있도록 역량을 길러주는 데 주력한다. 그다음으로 시대에 부응하는 선교를 한다. 출판, 영상, 인터넷을 활용한 선교, 평신도 선교훈련, 기획, 홍보, 단기선교, 사역전문기관 설립 등으로 시대에 맞는 선교 전략을 가지고 선교한다.

다섯째, 선교사 케어를 강화한다. 선교사들에게는 선교지에서 겪게 되는 환경적, 정서적, 언어적, 영적, 인간관계에서의 어려움들이 많이 있다. 이러한 어려움들은 정기적인 선교사 수련회를 통해서 치유받는다. 함께 모여서 예수님을 만나고 예수님으로부터 치유받는다. 이 목사는 선교사 수련회를

'예수병원'이라 부른다. 예수님으로부터 치유받는다는 뜻에서 붙인 별명인데 전주에는 실제로 1898년에 의료 선교를 위해 미국에서 온 마티 잉골드가 시작하여 설립된 '예수병원'이라는 병원이 존재한다.

선교사 가족들은 우리나라에 살고 있는 다문화 가정이 겪고 있는 문화적 충격을 똑같이 겪으며 살아간다. 이를 견디지 못하고 힘들어하는 선교사 가족들도 많고 영적 탈진 상태에 있는 선교사들도 많다. 이에 대한 대책도 강구해나간다.

바울선교회는 2010년까지 92여 개의 나라에 410명의 선교사를 파송하였다. 협력선교사도 100여 명에 달한다. 그러나 자세히 들여다보면, 여기에서 그치지 않는다. 선교지의 선교사 훈련원에서 현지인들을 훈련시켜서 별도로 선교사를 파송하고, 개척교회도 세우고 있는데 그 숫자는 여기에 포함되어 있지 않다. 복음은 꼬리에 꼬리를 물고 이어진다. 그래서 선교 사역은 너무도 귀한 일이라 말하지 않을 수 없다.

안디옥교회의 저녁예배 시간에 선교 보고를 했던, 아랍권에 파송된 어떤 선교사는 10여 년 동안 2,400여 명의 현지인을 제자로 훈련시켰고 이집트에 현지인 선교단체까지 만들었는데, 현지인들이 주도하고 있는 훈련을 통하여 길러진 제자들의 숫자는 그 선교사가 훈련시킨 사람들의 숫자보다 훨씬 많았다고 한다. 그 선교사는 현재 수백만 명의 아랍인이 기독교로 개종하도록 하는 사역의 일원으로 동참하고 있다는 사실에 대하여 큰 보람을 느끼고 있었다. 선교사는 "부족한 저도 사역에 참여할 수 있었던 것은 하나님의 은혜입니다. 여러분이 물질을 보내주셨고 기도로 후원해주셨기 때문에 할 수 있었습니다. 저와 안디옥교회는 영원한 팀입니다"라고 고백하였다.

　바울선교회의 선교사들은 파송받을 때 순교까지 각오하고 선교지로 떠난다. 선교사 파송식 때에도 선교사 임명장에 '귀하를 ○○주재 선교사로 파송합니다'라는 문구와 그 아래에 "내가 달려갈 길과 주 예수께 받은 사명 곧 하나님의 은혜의 복음을 증언하는 일을 마치려 함에는 나의 생명조차 조금도 귀한 것으로 여기지 아니하노라"(행 20:24)라는 말씀이 쓰였다. 생명을 버려 순교에 이르기까지 주님을 위해 충성하라는 뜻을 담기 위해서다. 선교사 파송 안수식 기도 때에도 바울선교회 대표이사인 이동휘 목사는 "하나님께서 필요하시면 순교하는 영광도 주시옵소서. 그러나 사역 중에는 머리털 하나 상하지 않도록 지켜주옵소서"라고 기도한다.

온 유대와 사마리아를 섬기는 선교

장애우예배

베데스다라는 연못가에는 물이 동하기를 기다리는 많은 병자가 있었다 (요 5:2~3). 안디옥교회는 그 말씀을 따서 장애우 선교회를 베데스다 선교회라 이름 지었다. 장애우 사역은 주로 재가 장애우들을 봉고차에 태워 교회에 데려와서 함께 예배를 드리도록 하는 일이다. 장애우예배에서 교사들이 주로 하는 일은 예배 시간에 장애우들의 필요를 채워주는 일이다. 그리고 장애우들에게 하나님께서 그들을 사랑하신다는 것을 말해주고 느끼게 해주는 일이다. 천사반의 어떤 아이가 교사에게 이런 질문을 했다고 한다. "저는 얼굴이 못생겨서 하나님이 저를 사랑하시지 않겠죠?" 그 질문을 받은 교사는 잠시 고민을 했다. 그러나 곧 하나님께서 "아니다. 나는 저 아이를 너무너무 사랑한단다"라고 감동을 주셨다. 그래서 그 교사는 감동받은 대로 기쁘게 말해주었다고 한다. 그리고 그 아이는 하나님의 사랑을 느낄 수 있게 되었고 나아가 하나님께서 어떤 분이신지 더 깊이 알게 되었다.

장애우예배 교사들은 매주 토요일에 모여서 기도하고 사역에 관한 이런 저런 이야기들을 나눈다. 그때 교사들은 주로 '우리 교사들이 어떻게 변해야 할 것인가'에 대해 의논한다. 장애우들을 어떻게 지도할 것인가가 아니라는 것이다. 하나님께서는 교사들에게 장애우예배를 통해서 장애우들을 섬기는 일을 맡기셨다. 하지만 그 일을 통해서 교사들을 하나님의 사람으로 만드시고 빚으신다. 일은 많아도 힘들어하는 교사들을 찾아보기 힘들다. 장애우예배를 통해서 천국의 삶을 보았기 때문이다.

예배를 드리는 장애우들의 얼굴에는 항상 해맑은 미소가 있고 기쁨이 넘친다. 나와 같은 목장 선교회에 속해 있는 친구 집사 한 명이 장애우예배의 차량봉사를 하고 있는데 어느 날 내가 그 친구 집사에게 말했다. "나는 교회에서 장애우들을 보면 어떤 때는 천사들을 보는 것 같아." 그러자 그 친구 집사는 "천사반 장애우들은 천사 같은 것이 아니라 진짜 천사야"라고 말했다. 그 친구 집사는 장애우들이 몸은 불편해도 영혼만은 순수하고 천사 같은 모습이어서 그렇게 표현했을 것이다. 장애우 사역 봉사자들도 기쁨이 넘친다. 장애우예배에서는 천국과 같은 예배와 교제의 모습을 볼 수 있다. 내 딸아이도 천사반에서 교사로 장애우들을 섬기고 있는데, "장애우들은 영혼이 너무

착해요"라고 자주 말한다. 그러면서 "천사반 사역이 가끔 힘들 때도 있지만 장애우들은 순수하고 맑은 영혼을 가졌기 때문에 항상 기쁜 마음으로 일을 하게 돼요"라고 말한다. 장애우예배의 교사인 어떤 자매는 장애우 헌신예배 때 이런 간증을 했다. "저는 30년간 좋은 부모 밑에서 자랐고, 좋은 직장을 다니며 사람들 보기에는 부족함이 없는 사람이었습니다. 그러나 저는 행복하지 않았습니다. 세상에는 좋은 것들이 너무 많아서 제가 가진 것만으로는 충분히 만족할 수 없었기 때문입니다."

> 은을 사랑하는 자는 은으로 만족하지 못하고 풍요를 사랑하는 자는 소
> 득으로 만족하지 아니하나니 이것도 헛되도다(전 5:10).

"그러나 천사반에 와서 행복을 찾았습니다. 알 수 없는 기쁨과 이상한 기운이 느껴졌습니다. 이것은 과연 무엇일까? 하나님, 너무 신기해요. 제가 웃고 있어요. 베데스다에서 우리는 한 가족이었습니다. 저는 저의 건강한 팔, 다리가 하나님의 축복인 것으로 착각했습니다. 봉사 1년 후 저는 하나님이 너무도 공평하시다는 것을 깨달았습니다. 베데스다 장애우들이 저에게 주는 사랑에는 변함이 없었습니다. 그들은 기다려줍니다. 우리가 생각하기에 그들이 모자라서 그렇다고 할 수 있지만 장애우들은 하나님을 닮았습니다. 그들은 저에게 날마다 사랑을 가르쳐줍니다. 저는 너무 모나고 뾰족한데 하나님께서 저를 다듬으시기 위해 베데스다에 보내주신 것입니다. 장애우 섬김이 사역이 힘들 때도 있지만 예배 시간마다 하나님께서 주시는 은혜를 서

로 주고받기 때문에 그 어떤 것보다도 더 장애우예배가 좋습니다. 장애우예배는 말씀과 찬양과 자유함과 사랑이 있습니다. 장애우예배에 놀러오세요."

장애우 사역은 곧 '주님 섬기기 사역'이다. 특수 선교가 다 그렇다. 마태복음 25장의 말씀에 의하면 '장애우'는 주님, '노숙자'도 주님, '교도소 재소자'도 주님, '환우'들도 주님이시다. 예수님께서는 마태복음 25장에서 이렇게 말씀하고 계신다. "내가 주릴 때에 너희가 먹을 것을 주었고 목마를 때에 마시게 하였고 나그네 되었을 때에 영접하였고 벗었을 때에 옷을 입혔고 병들었을 때에 돌아보았고 옥에 갇혔을 때에 와서 보았느니라." 내가 죄 안 짓고 옥에 갇혔을 때라고 말씀하지 않으셨다. 그냥 옥에 갇혔을 때라고 말씀하셨다. 내가 게으르지 않고 노숙자 되었을 때라고 말씀하지 않으셨다. 그냥 주리고 목마르고 나그네 되었을 때에 돌아보라고 말씀하셨다. 즉, 모든 불쌍한 사람과 죄인을 돌아보라는 말씀이다. 살인, 강도범까지도.

주여! 애양원을 사랑하게 해주시옵서. 오 주여! 내가 또한 세상의 명예심으로 사랑하거나 말세의 무슨 상급을 위해 사랑하는 욕망적 사랑도 되지 말게 하옵소서.[22]

손 목사는 사랑으로 하지 않은 모든 것은 아무것도 아니라는 것을 이미 깨닫고 있었다. '욕망적 사랑'이라는 표현은 애양원 사역이 손 목사 자신의 의를 드러내기 위한 이기적 사랑이 되지 않게 해달라는 겸손한 기도이다. 손 목사는 이 기도를 통하여 "주님을 사랑하기 때문에 나환자들을 보살피는 것"이라는 고백을 하고 있다. 손 목사는 그렇게 나환자들을 주님 본 듯, 주님 섬기듯 하며 섬겼다. 손 목사는 "나환자의 상처는 직접 빨아내면 낫는다"라는 말을 듣고 애양원에서 처음으로 환자들의 상처를 직접 빨아내며 그들을 섬겼다. 《사랑의 원자탄》의 저자 안용준 목사는 손 목사가 나환자들의 발에 난 피고름을 입으로 직접 빨아냈다고 증언하고 있다.

세계 선교라는 지상명령을 내리신 주님은 우리가 느낄 수는 있지만 눈에 보이지 않는, 즉 육안으로는 볼 수 없는 주님이시다. 특수 선교는 지극히 작은 자, 눌린 자들을 섬기는 사역이다. "그들에게 한 것이 곧 나에게 한 것"이라는 주님의 말씀에 순종하는 사역이다. 그들을 보며 마음속으로 "주님, 얼마나 추우세요. 오리털 파카 여기 있어요. 주님, 얼마나 배가 고프세요. 이것 좀 드셔보세요. 주님, 얼마나 몸이 가렵고 아프세요. 제가 목욕시켜 드릴게요"라고 외치자. 그들은 눈에 보이는, 즉 육안으로 볼 수 있는 주님이시다. 눈에 보이는 주님께서 애타게 우리의 손길을 기다리고 계신다. 우리는 하늘나라에 대한 믿음과 소망이 있으므로 헐벗은 주님, 몸이 불편한 주님, 갇혀 있는 주님, 눌려 있는 주님을 섬겨야 한다.

안디옥교회에서의 생활은 모든 것이 불편하지만 그래도 장애우예배는 신축한 교육관과 일반 건물인 모리아 성전에서 드린다. 바로 눈에 보이는 주님을 섬기고자 하는 마음의 표현인 것이다. 안디옥교회 장애우예배는 '재가 장애인'들을 위한 예배다. 정부에서도 시설장애 쪽은 자꾸 부정이 생겨서 재가 장애 쪽에 관심을 보인다고 한다. 그리고 우리나라에서는 기독교가 복지 문제의 75% 이상을 담당하고 있기 때문에 정부에서도 긍정적인 시각으로 특수 선교를 바라보고 있다고 한다. 참으로 바람직한 현상이 아닐 수 없다. 한국교회가 계속 이 일에 앞장서서 하나님께 영광을 올려드렸으면 좋겠다.

특수 선교 중에는 시각장애우들을 위한 실로암 선교회가 있다. 실로암 선교회에서는 이들을 위한 점자성경공부반을 운영한다. 장애우 일자리 사업도 있다. 행복나눔카페의 운영을 통해 장애우들을 위한 일자리를 마련하였고, 친환경 비누 만들기 사업을 통해 장애우들의 자활을 돕고 있다.

한번은 안디옥교회의 저녁예배에서 노숙인 사역을 하는 강사분의 설교가 있었는데 그분의 노숙인 사역에 대한 간증은 이 '주님을 섬기는 사역'이 얼마나 소중한지를 말해준다. 그분은 미국의 한인교회에서 사역을 하다가 하나님께로부터 노숙인 사역에 대한 사명을 받은 분인데 미국 애틀랜타 지역의 노숙인들을 섬기는 사역을 하고 있다. 그분은 부부가 함께 수백 명의 노숙인들을 위해 식사를 대접하고 있으며 그들과 함께 예배를 드리는 사역을 하고 있다. 노숙인들은 예배를 통하여 황폐했던 분위기가 평화로운 분위기로 바뀌었다고 한다. 그리고 노숙인들 중에 어떤 분들에게는 지도자 훈련을 시켜서 셀 모임을 인도하도록 하고 있는데 매우 은혜롭게 진행된다고 한다. 그분은 이러한 사역의 결과로 노숙인들의 자존감과 자신감이 높아졌다고 간증하였다.

그분은 "지극히 작은 자 하나에게 한 것이 곧 내게 한 것이니라"라는 주님의 말씀에 순종해서 노숙인 섬김이 사역을 하고 있으며 '인종 화합 운동'의 일환으로 애틀랜타에 있는 할렘가 중심에 센터를 세워 미국의 인종 갈등 문제의 해결에도 도움이 되고 예수님의 복음도 전하겠다는 비전을 가지고 있어서 안디옥교회 성도들도 많은 도전을 받는 계기가 되었다.

외국인예배

안디옥교회의 외국인예배에는 '영어예배', '중국어예배', '베트남예배' 등이 있다. 외국인예배는 다문화예배다. 동남아에서 온 외국인 노동자들이나 유학생들이 점점 늘어나고 있고 국제결혼도 증가하고 있기 때문에, 앞으로는 우리나라도 다문화 사회로 가고 있는 추세다. 그래서 나는 다문화 예배, 다문화 선교를 더욱 강화해야 한다고 생각한다. 이들에게 복음을 전하면 이들이 본국으로 돌아가서 가족, 친척들에게 복음을 전할 수 있고 교회를 개척할 수도 있다. 다문화 가정의 아내가 친정 식구들에게 복음을 전파할 수도 있다. 이 얼마나 효율적인 선교의 한 형태인가?

나와 같이 열린모임팀이었던 김 장로는 국어교사인데 앞으로 몇 개월 후면 정년퇴직한다. 그는 퇴직 후 아내와 함께 실버선교사로 중국에 갈 예정이다. 김 장로는 그동안 대학에서 외국인들에게 한국어를 가르쳐온 아내와 함께 중국어예배에 참석하여 봉사를 하고 있으며 부부가 함께 중국인들에게 한국어를 가르쳐왔다. 김 장로 부부가 자비량 실버선교사를 꿈꾸는 것은, 퇴직 후 받은 연금으로 생활비 걱정 없이 환율이 싼 중국에서 선교를 열심히 할 수 있겠다는 생각 때문이다. 김 장로 부부는 그동안 중국어예배를 통해 중국인들을 섬기면서 때로는 그들과 함께 국내 관광지를 여행하며 한국의 문화를 전하기도 하였다. 또 재정이 넉넉지 않은 중국어예배팀이 제주도에서 수련회를 가질 수 있도록 많은 비용을 자비량으로 부담하기도 했다. 김 장로의 아내는 "비용이 좀 들기는 하지만 이분들을 신앙으로 잘 훈련하면 이분들이 귀국해서 가족, 친지들에게 복음을 전파할 수 있기 때문에 선교사로 나가서 선교하는 것만큼이나 효율적인 선교입니다"라고 말한다. 이것이 바로 다문화 선교다. 우리나라에는 동남아에서 온 외국인이 많다. 이들에게 복음을 전하는 것은 대단히 효율적인 선교다. 비용면에서도 적은 비용으로 많은 효과를 낼 수 있다. 김 장로는 그들이 복음을 받아들이면 외국 현지에 파송된 선교사와 연계해서 신앙을 이어가고 유지해나가도록 하는 것이 중요하다고 말한다.

의료 선교

의료 선교팀은 대형버스에 각종 의료장비를 싣고 전국 방방곡곡을 다니며 의료 봉사를 하고 있다. 의료 선교팀은 양방팀과 한방팀이 함께 활동을 하며 간호팀, 이미용 봉사팀, 전도팀 등도 같이 소속되어 협력하며 선교한다. 안디옥교회는 교회 버스는 없지만 의료 선교를 위한 버스는 있다. 그것도 교회에서 산 것이 아니다. 의료 선교팀에서 자비량으로 산 것이다. 의료 선교를 다닐 때의 식사도 물론 자비량이다. 선교지에 부담주지 않기 위해서다. 의료 선교팀은 1년에 24개 정도의 농어촌에 있는 교회를 다니며 국내 의료 선교를 하는데 일 년에 한 번 정도는 해외 의료 선교를 다녀오기도 한다. 요즘은 의료 선교 활동을 해달라고 요청하는 농산어촌 교회들이 많아서 매주일 의료 선교를 나가는 경우가 많아졌다. 하지만 의료 선교팀은 힘들어도 거절하지 않고 최선을 다해 의료 선교 활동에 임하고 있다.

의료 선교팀은 선교지에서 환자들을 진료하면서 상태가 심한 환자들에게는 링거를 주사하는데, 환자가 링거를 맞고 있는 동안 전도팀이 복음을 전한다. 이렇게 링거를 꽂아놓은 상태로 1시간 동안 이야기도 들어주고 상담도 해주며 복음을 전한다. 의료 선교팀은 이러한 전도를 '녹여내는 전도'라 부른다. 박진구 목사도 "이러한 전도법은 세계 특허감"이라며 칭찬을 아끼지 않는다.

의료 선교 전용버스에는 각종 의약품, 의료장비 등이 준비되어 있는데, 의료 선교에 필요한 모든 비용 및 부대 비용에 대해서는 교회의 지원을 전혀 받지 않고 자비량으로 한다. 의료 선교팀 버스는 '하나의 움직이는 교회'다. 의료 선교 봉사활동을 하면서 이동 중에는 찬양과 기도를 하며 사랑이 넘치는 대화들로 가득하다. 그래서 의료 선교 가는 날은 '미니 부흥회' 하는 날이기도 하다. 의료 선교팀은 교회 내에서 매 주일 외국인 무료 진료도 실시하고 있다.

농촌 선교

농촌 선교회의 역할은 막중하다. 이 목사는 농촌 교회 하나하나가 다 소중하다고 강조한다. 그 이유는 농촌의 모든 동네에 교회가 있으면 교회 가기가 쉽겠지만 현실은 그렇지 못하기 때문에 교회가 없는 마을의 사람들은 교회가 있는 다른 마을까지 먼 길을 가야 하는 번거로움이 있기 때문이다. 그래서 농촌에서는 전도하는 데 어려움이 많고 가급적 한 동네에 한 개 정도의 교회가 세워져야 한다는 것이 이 목사의 생각이다. 더구나 농촌에는 어르신들이 많으므로 복음을 전파할 시간적 여유가 많지 않은 것이 중요한 이유이기도 하다. 한 생명을 천하보다 귀히 여기는 이 목사의 마음은 예수님의 마음을 닮았다. 이 목사는 '농어촌'의 주민들을 '여리고로 내려가다가 강도 만난 이웃'에 비유한다. 이는 누구나 농어촌 교회에서 목회하는 것을 기피하기 때문이다. 그래서 선한 사마리아 사람이 필요하다고 말한다. 이 목사, 박 목사는 호소한다. "농어촌에서 헌신할 분들을 찾습니다. 선한 사마리아인을 찾습니다." 이 목사는 "진정한 의인은 농촌에 있습니다"라고 말한다. 이 목사 자신도 19년 동안 농촌 교회를 기쁘게 섬겼다. 그러나 "저는 농촌운동의 실패자입니다"라며 자신을 낮춘다. 농촌 선교회에서는 매년 한 개씩의 개척 교회를 농어촌 지역에 세워가고 있다.

박 목사는 농촌 선교회 회원들의 활약상에 대해서 칭찬을 많이 한다. 언젠가 농촌 선교회 헌신예배 시간에 농촌 선교회 회원들이 깨끗한 한복을 입고 찬양을 불렀는데 박 목사는 그때 농촌 선교회 회원들을 이렇게 칭찬했다. "귀부인들이 몸뻬를 입고 헌신하고 있습니다. 마늘 까고 멸치똥 발라내고 설거지하느라 손이 부르터도 기쁜 마음으로 헌신하고 있습니다. 때로는 뜨거운 물에 데이고, 때로는 남편의 핍박도 있습니다. '당신은 왜 그렇게 만날 교회만 가는 거야? 차라리 교회에서 살아라'라는 말을 듣기도 한답니다. 그러나 농촌에도 복음이 전해져야 하기에 이렇게 헌신하고 있습니다."

농촌 선교회의 회원들은 주로 60~70대의 큰언니(?)들이 활동하고 있다. 이 큰언니들은 거의 매일 교회에 출근(?)하다시피 하면서 직판장에서 판매할 물품들을 준비한다. 농촌 선교회는 최고령의 회원들이 가장 헌신적으로 시간과 노동력을 주님을 위해 바치는 선교회다. 안디옥교회의 3D 기관은 농촌 선교회, 특수 선교회, 해외 선교회다. 농촌 선교회 회원들이 힘들어서 모두가 내년 1년은 쉬어야겠다고 말해놓고도 연말이 되면 대부분 희망서에 또 동그라미를 친다.

농촌 선교회는 선교비가 부족해서 농산물을 판매하여 그 수익금으로 보충한다. 그런데 농촌 선교회에서 판매하는 생필품들은 매우 인기가 높다. 품질이 좋고 가격이 저렴하기 때문이다. 예수님을 믿는 믿음의 분량만큼 정직한 품질과 착한 가격을 가지고 판매한다. 메뉴는 김치, 현미, 보리, 찹쌀, 엿기름, 콩, 멸치, 건어물, 양파, 식혜, 두부, 젓갈, 돈가스, 굴비, 미역, 들깨 가루, 찰밥, 참기름, 들기름, 쇠고기 등이다.

아내는 농촌 선교회에서 판매하는 참기름과 들기름은 정성스럽게 볶아서 기름을 짰기 때문에 매우 고소하다고 좋아한다. 시중에서 잘못 사면 냄새가 나는 경우가 있는데, 그 이유는 기름을 많이 나오게 하기 위하여 필요 이상으로 깨를 오랫동안 볶아서 냄새가 난다는 것이다. 어떤 참기름은 고소한 향이 나게 첨가물을 넣기도 하므로 믿을 수 있는 제품을 잘 선택해야 한다고 한다. '수박'과 '수박 맛 아이스크림'은 하늘과 땅 차이 아니겠는가.

주일 밤예배 시간에는 이따금 농촌 교회의 목회자들을 초청하여 설교를 듣는 시간을 갖기도 하는데, 편안한 도시생활에 익숙한 안디옥교회 성도들은 힘든 농촌생활 이야기를 들으며 은혜를 받는다. 농촌 선교회에서는 농촌 교회를 방문할 때 선물과 헌금을 가져가서 농촌 사역의 어려움에 조금이나마 위로가 되도록 도와준다. 이 외에도 안디옥교회에서는 농어촌 교회성장 연구회를 만들어 정기적으로 농산어촌 교회의 목회자들을 위한 세미나를 열어 바람직한 농산어촌 교회 사역의 방향을 모색하는 시간을 갖는다.

북방 선교

안디옥교회는 북방 선교의 일환으로 북한에서 가까운 중국 땅에 빵 공장, 국수 공장을 설립하였다. 빵과 국수는 곧바로 먹을 수 있는 완제품 형태로 공급한다. 원재료 상태로 제공하면 쌓아두고 군량미로 사용할 우려가 있으므로 곧바로 먹어서 배고픔만을 해결할 수 있는 형태로 제공하고 있다. 최근에는 수해를 당한 북한 주민들을 돕기 위해 컨테이너 2개 분량의 라면과 내복 6천 벌, 그리고 털모자 등 기타 물품들을 북한에 보내기도 했다. 사실 안디옥교회가 하고 있는 북방 선교만으로는 부족한 점이 많다. 빵 공장, 국수 공장 하나로 북한의 기아 문제를 해결할 수 있겠는가? 안디옥교회의 북방 선교는 이제 시작일 뿐이다. 우선은 굶어서 죽어가는 동포들의 숫자를 줄이고 결국에는 굶어죽는 동포들이 한 사람도 없도록 하는 것이 목표다. 그리고 그 과정을 통해서 북한 동포들이 예수님의 사랑을 느끼고 예수님의 복음을 알도록 만드는 사역이다.

우리 한민족의 복음화 역사를 살펴보면 교회의 부흥이 남한에서보다 북한에서 훨씬 더 크게 일어났다. 1903년 원산부흥운동을 시작으로 1907년에 평양대부흥운동이 일어나 서울을 비롯한 남한 각지까지 큰 부흥의 불길이 번져나갔다. 1907년 1월에 평양 장대현교회의 부흥사경회(부흥사경회는 기도, 성경공부, 전도를 집중적으로 실시하는 것으로 부흥회보다 좀 더 체계적인 신앙 훈련이며, 주로 농한기인 겨울에 많이 실시했다) 기간 동안에 임한 성령의 역사는 평양대부흥으로 이어졌고, 우리나라 전역에 실로 엄청난 부흥을 가져왔다. 평양대부흥운동 직후 북한의 평양과 정주는 인구의 80%까지 복음화가 되었다고 한다.

　우리나라에 선교사를 파송한 미국의 선교기관들과 우리나라 기독교 역사가들은 그때의 성령강림 사건을 '평양의 오순절'이라고 부르고 평양을 '동방의 예루살렘'이라고까지 부르게 되었다. 이러한 '평양대부흥운동'은 지도자들의 '죄 고백'으로 일어난 '성령님의 임재'가 그 출발이었다. 하나님께서는 죄를 진심으로 회개하는 그들에게 놀라운 일들을 행하셨던 것이다.

　2002년 월드컵 때 우리나라와 이탈리아가 축구경기를 하는 날, 응원단은 'Again 1966'이라는 카드섹션을 선보였다. 북한이 1966년에 축구 강국 이탈리아를 누르고 8강을 차지했기 때문에 우리나라 선수들도 이탈리아를 이겨서 다시 한 번 그때의 영광을 재현해달라는 응원이었는데, 그 염원은 곧 현실이 되어 월드컵 4강이라는 위업을 달성하였다. 그리고 2010년 남아공월드컵에서도 북한이 월드컵 16강, 8강에 진출하기를 기원하는 마음으로 다시 한 번 'Again 1966'을 기원하기도 하였다. 북한이 휴전 이후에 남한을 향해 꾸준히 무력도발을 해오고 있는 가운데서도 스포츠인, 문화인은 동포애를 발휘해 기회가 있을 때마다 북한을 응원하고 북한 주민들을 도우려 하고 있다. 그러나 'Again 1966'보다 북한을 위한 더 큰 소망이 있다. 그것은 바로 'Again 1907'이다. 2007년에는 한국교회에서도 대대적으로 'Again 1907' 행사를 가지며 평양대부흥이 다시 한 번 일어나기를 소망하였다. 이 소망은 6·25 동란 이후 예수님의 복음에 대하여 얼어붙은 땅, 북한을 향한 소망이다. 그러나 'Again 1907'에 대한 소망은 북한뿐만 아니라 남한을 위한 소망이기도 하다. 1907년의 평양대부흥은 북한뿐만 아니라 남한에 엄청난 부흥을 가져왔고 주기철 목사와 손양원 목사 등의 많은 순교자를 낳았기 때문이다.

그러나 북한은 휴전 이후 틈만 나면 우리나라에 군사적인 도발을 감행해 왔다. 1968년 청와대 습격사건을 시작으로 땅굴사건, 도끼만행사건, 아웅산 테러, KAL 858기 폭파사건, 무장간첩 침투사건, 잠수정 침투, 연평해전 등 일일이 열거하기도 어려울 정도로 많은 만행을 저질러왔다. 2010년에는 북한 군부의 호전적인 불장난으로 우리나라의 억울한 젊은이들이 안타깝게 희생을 당한 천안함 침몰 사건이 일어났고, 그 이후로 북방 선교에는 어려움이 많아졌다. 이 일로 정부에서는 대북 지원사업을 중단시켰고, 민간 차원의 지원도 금지시키거나 제한하였기 때문이다. 더구나 북한은 최근에 민간인들까지 희생시킨 연평도 도발사건을 일으켰다. 그들은 남쪽에 있는 동포들이 죽든 말든, 북쪽에 있는 주민들이 어려움을 겪든 말든, 자신들의 권력 유지와 세습을 더 중요하게 생각한다. 이 모든 것이 다 예수님을 몰라서 생긴 일이다. 그들의 마음속에 예수님이 안 계시기 때문에 마음이 완악해진 것이다. 북한의 권력자들의 마음이 더 이상 완악해지지 않도록 그리고 이 땅에 다시는 전쟁이나 전쟁의 소문이 생기지 않도록 하나님께 기도해야 한다.

이 시점에서 박 목사의 설교 말씀이 생각난다. "기도는 불가능한 것을 놓고 하는 것입니다. 기도하면 됩니다." 북한에 인도적 차원의 지원이 재개되고 북한 복음화를 위한 사역들이 착실히 진행되도록 기도해야 할 시기다. 우리는 한국교회 부흥의 원천이 되었던 원산, 평양 그리고 온 북한 땅에 다시금 복음의 씨앗을 뿌리고 물을 주며 가꾸어나가야 한다. 'Again 1907' 행사는 100주년 기념해인 2007년에만 할 일이 아니다. 금년에도, 내년에도, 내후년에도 해야 한다. 북한 땅에 평양대부흥이 다시 올 때까지 계속되어야 한다. 일회성 행사로 그칠 일이 아니다. 주님의 명령을 따라 북한 땅이 백퍼센트 복음화될 때까지 해야 한다. 몇 년이 걸릴지 모르지만 눈물로 씨를 뿌리는 북방 선교가 기쁨으로 결실을 얻을 때까지 계속되어야 한다.

1907년 평양대부흥을 이룩한 북한은 신앙적으로 모든 면에서 남한보다 앞서나갔다. 우리나라의 대표적 순교자 주기철, 손양원 목사도, 머슴 출신으로 어려운 시기에 3번의 총회장직을 잘 수행한 이자익 목사도 모두 평양신학교 출신이었다. 과거에는 이렇게 북한이 신앙적인 면에서 우위를 보였으나 6·25 동란 이후 북한은 영적으로나 물적으로나 심각하게 피폐해졌다. 북한은 지금 식량으로도, 복음으로도 아사 직전의 상태에 있다.

이 목사는 당시 북한의 복음화율을 몇 가지의 통계를 가지고 설명한다. 해방 당시에는 남한 인구 3천만 명에 교회는 650개였는데, 북한은 인구 천만 명에 교회는 2천5백 개였다고 한다. 즉, 북한의 교회 숫자가 남한보다 4배 정도 많았던 것이다. 인구수에 따른 비율을 감안한다면 북한이 남한보다 12배 더 많이 복음화되었다고도 볼 수 있는 수치다. 이 목사는 6·25 60주년을 기념하여 "북한에서는 북침을 주장하고 있지만 남침이 맞습니다. 북침이라면 어떻게 서울이 3일 만에 함락되겠습니까? 북한 지도층은 북침이라며 억지를 부려서라도 자신의 권력을 유지하고 북한 주민들을 자신의 체제하에 장악하려고 합니다"라고 말했다.

과연 이렇게 체제 유지만을 위해 노력하는 것이 북한 지도층의 주장대로 북한 주민들을 진정으로 사랑하는 일일까? 그건 아닐 것이다. 북한은 "종교는 아편이다"라고 주민들에게 세뇌시키면서도 김일성은 신격화시켰다. 공산주의는 "하나님이 없다"라고 주장하는 무신론 위에 세워졌기 때문에 피의 숙청과 인민재판, 재산 몰수 등으로 기독교인들을 탄압하고 있는 것이다. 중국도 마오쩌둥을 신격화시키며 기독교에 엄청난 박해를 가했었다. 그러나 마오쩌둥 사후에는 탄압이 많이 줄어들었다고 한다. 그러나 북한은 김일성 사후에도 전혀 변화가 없다.

북한은 전 세계에서 기독교 박해국 1위에 올랐으며 이란과 사우디아라비아가 그 뒤를 잇고 있다. 그러므로 이제는 우리가 북한을 도와야 할 차례이다. 북한을 위해서 중보기도를 많이 해야 한다. 이 목사는 말한다. "북한의 굶주리는 계층을 도와야 합니다. 북한 땅이 복된 땅으로 바뀌도록 기도해야 합니다. 북한이 종교의 자유가 선포되는 나라가 되도록 기도해야 합니다. 김정일 국방위원장을 비롯한 지도층의 마음이 강퍅하지 않도록, 그 땅을 고쳐 달라고 기도해야 합니다. 북한의 70대 지도자들은 이미 6·25 전쟁을 겪은 사람들입니다. 전쟁도 불사할 마음을 가진 사람들입니다. 그들의 마음이 더이상 강퍅해지지 않도록 기도해야 합니다."

후임 목사가 시작한 북방 선교에 힘을 실어주는 은퇴 목사의 사랑에서 진한 향기마저 느껴진다. 그들은 우리의 동포가 아닌가? 미 전도 종족에 대한 선교가 시급하듯 북방 선교도 대단히 시급하고 중요하다. 많은 동포가 예수님을 모르고 죽어간다. 독재 권력에 눌려서 예수님을 믿을 기회조차 갖지 못하고 영육이 죽어간다. 이제는 북한에게 진 복음의 빚을 갚아야 한다. 그들을 도와야 한다. "밤에 환상이 바울에게 보이니 마게도냐 사람 하나가 서서 그에게 청하여 이르되 마게도냐로 건너와서 우리를 도우라 하거늘"(행 16:9)의 말씀처럼 예수님을 알지 못하고 지옥으로 내려가는 우리 동포들의 신음을 외면해서는 안 된다. 우리는 때를 얻든지 못 얻든지 전해야 한다. 북방 선교가 어렵지만 주님의 사랑으로 감싸 안아야 한다.

평양대부흥이 있었기 때문에 남한 교회에서도 일제시대와 6·25 때에 순교 신앙이 꽃을 피울 수 있었고, 그 순교의 피가 있었기에 오늘날과 같은 눈부신 100년의 부흥도 가능했던 것이다. 그러므로 한국교회는 신앙적으로 평양과 북한에 진 빚이 많다. 6·25 동란 때 북한의 많은 그리스도인이 공산당의 핍박을 피해 남한으로 내려왔고 남한은 북한에서 피난 온 그리스도인들에 의해 크게 부흥되었다. 그들은 남한으로 내려와서 자신들의 집보다 먼저 교회 예배당을 지었다. 그리고 헌신과 열정을 가지고 남한 사람들에게 복음을 전했다.

2천 년 전에도 스데반 집사의 순교 후 예루살렘에서의 핍박을 피해 피난을 간 무리들이 수리아 안디옥에 가서 동굴 교회를 세우고 열정적으로 복음을 전하였고, 예루살렘교회가 흉년이 들었을 때 그들을 도와주었다. 우리도 수리아 안디옥교회가 그랬던 것처럼 북한 주민들을 도와주어야 한다. 그리고 북한의 지하 교회들이 복음의 불씨를 살릴 수 있도록 기도로 도와야 한다. 하지만 북방 선교가 그리 쉬운 일은 아니다. 북한의 지하 교회의 성도들은 많은 핍박을 받고 있어서 마음 놓고 복음을 전할 수 있는 환경이 아니다. 아랍권 선교가 힘들다지만 그에 못지않게 어려운 것이 북방 선교다. 그러나 힘들고 어려워도 늦추거나 포기할 수 없는 일이다. 주님의 지엄하신 명령이 있기 때문이다.

니느웨 선교

안디옥교회는 우리나라를 압제했던 일본에도 선교사를 파송하고 있다. 성경에 원수의 나라 니느웨 백성들에게 복음을 전한 요나가 있었기 때문이다. 2010년은 국권침탈 100년이 되는 해였다. 우리나라는 1910년 일본의 강압과 속임수로 나라를 빼앗긴다. 우리나라 사람들은 일본의 불법적인 36년간의 식민통치 기간 동안 나라 잃은 설움 속에서 온갖 고통을 당하며 살아야 했고, 20만 명이 위안부로 끌려가서 인권을 유린당했으며, 일본에 끌려간 민족 중에서 8만 명이 원자폭탄의 피해로 사망했다. 일본은 우상의 나라로서 일제시대 기간 동안에 우리나라의 기독교인들에게 지독한 탄압을 가했다. 이 일제 36년간의 압제로 인해 우리나라는 8·15 해방 이후 미국과 러시아로부터 신탁통치를 받게 되고 급기야 6·25 동란의 아픔까지 겪게 된다. 만일 일본의 압제가 없었다면 신탁통치도, 6·25 동족상잔의 비극도 없이 정상적인 국가로 성장했을 것이다.

뿐만 아니라 일본은 과거에도 틈만 있으면 우리나라를 쳐들어와 약탈해 왔고, 임진왜란을 일으켜 많은 양민을 학살한 나라다. 그것도 모자라 아직도 독도가 자기네 땅이라고 우기며 우리나라의 영토에 대한 침탈 야욕을 버리지 못하고 있다. 반면에 우리나라는 일본에 선진문물을 전해주어 일본이 개화할 수 있도록 도와준, 일본인들에게는 은혜의 나라이며 고마운 나라다.

일본이 그렇게 반복적으로 우리나라를 침략해왔음에도 불구하고 우리나라는 일본을 한 번도 침략하지 않고 방어만 했다. 그러나 일본은 은혜를 원수로 갚아왔다. 그것도 오랜 역사에 걸쳐 지속적으로 해왔다. 일본은 우리 민족에게 있어서 한마디로 '원수의 나라'라고 표현해도 이의를 제기할 사람이 없을 것이다. 일본이 원수의 나라라면 그 원수를 언젠가는 갚아주어야 하지 않을까?

우리나라가 임진왜란 때와 일제시대 때에 당했던 것처럼 일본 땅을 점령하여 식민지로 만들고 일본말과 일본글 대신 한국어와 한글을 쓰도록 강제하고, 그 땅의 소출과 지하자원을 배로 실어 우리나라로 가져오고 일본의 가정에서 은수저, 금붙이, 놋그릇을 가져오고, 일본인 소유의 땅을 강제 수용하고, 일본의 문화재를 가져오고, 일본인 청년들을 전쟁터로 보내고, 일본인 여성들을 위안부 삼고, 아니 그보다 더 통쾌한 복수는 일본에 예수님의 복음을 전하지 않는 일일 것이다.

그러나 믿음의 눈으로 보면 상황이 좀 달라진다. 예수님은 우리에게 원수를 사랑하라고 말씀하셨기 때문이다. "오직 너희는 원수를 사랑하고 선대하며 아무것도 바라지 말고 꾸어 주라 그리하면 너희 상이 클 것이요 또 지극히 높으신 이의 아들이 되리니 그는 은혜를 모르는 자와 악한 자에게도 인자하시니라"(눅 6:35)의 말씀처럼 우리는 원수의 나라, 일본을 조건 없이 사랑해야 한다. 하나님께서는 이 말씀을 따르려 노력하고 있는 우리나라를 축복하셔서, 현재 우리나라가 18% 복음화되었지만 일본은 0.8%에 불과해 우리나라가 훨씬 높은 복음화율을 자랑하고 있다. 주님의 마음을 품는다면 원수의 나라인 일본을 사랑하지 못할 것도 없다. 우리는 예수님의 마음을 품어 원수를 은혜로 갚아야 한다.

나는 스포츠 경기에서 일본과의 경기가 있는 날에는 온 마음을 다해 우리 나라를 응원한다. 1992년 바르셀로나 올림픽에서의 마라톤 경기 장면이 생각난다. 그때 황영조 선수가 우승한 것도 좋았지만 그보다 더 좋았던 것은 황영조 선수가 막판에 일본 선수를 앞지르기 하여 우승했다는 점이다. 나는 그때 황영조 선수가 일본에 역전승한 것처럼 앞으로 모든 분야에서 우리나라가 일본을 앞지르게 해달라고 하나님께 기도했다. 그것이 일본이 그동안 우리나라에 한 짓의 만분의 일이라도 갚는 일이라 생각했기 때문이다. 그러나 믿음의 눈으로 일본을 바라보기 시작하면서부터는 약간 달라졌다. 일본에서 지진이나 태풍 피해로 사망자가 속출하고 있다는 뉴스를 접할 때면 성경말씀을 떠올린다. "네 원수가 주리거든 먹이고 목마르거든 마시게 하라 그리함으로 네가 숯불을 그 머리에 쌓아 놓으리라 악에게 지지 말고 선으로 악을 이기라"(롬 12:20~21). 그리고 '죄인도 원수도 친구로 변한다'라는 찬송가의 한 구절을 반복해서 부르기도 한다.

우리나라의 기독교인들은 요나처럼 망설이지 않고 기쁜 마음으로 자원해서 일본에 가서 복음을 전하고 있고 안디옥교회에서도 일본 선교에 많은 관심을 가지고 있다. 나는 일본 선교를 '니느웨 선교'라 부르고 싶다. 요나도 하나님의 명령에 잠시 망설였지만 결국에는 원수의 나라 니느웨 백성들에게 복음을 전했기 때문이다. 그래서 나는 일본 선교에 많은 노력을 기울이는 것이 옳다고 생각한다. 니느웨 선교에 대하여 박 목사는 이렇게 말한다. "그동안 일본은 우리나라에게 원수의 나라였습니다. 그러나 이제는 일본을 그리스도의 사랑으로 끌어안아야 합니다. 그리스도 안에서 형제의 나라, 복음 전파의 동반자로까지 발전되어야 합니다."

교육 선교

안디옥교회의 교육기관으로는 태아부, 영아부, 유치부, 유초등부, 중등부, 고등부, 대학부, 청년부 등이 있다. 그리고 청장년들을 위한 제자훈련이 있다. 안디옥교회의 자비량 법칙은 교육기관에도 동일하게 적용된다. 어린이에서 청년들까지 "불편하게 삽시다. 선교하며 삽시다"의 구호 아래 신앙교육을 받기 때문에 안디옥교회에서 신앙생활 하면 '안디옥신앙'이 자동으로 길러진다. 그리고 예수님을 제대로 배우고 세상 공부를 하면 지혜가 생겨서 세상 공부를 더 잘하게 된다는 것을 알기 때문에 안디옥교회에서는 신앙교육의 바탕 위에서 세상 공부를 하도록 가르친다.

안디옥교회는 앞에서 이야기한 것처럼 실천 강령을 교육부서에까지 그대로 적용시킨다. 각 교육부서의 운영비는 자체 헌금으로 해결을 하고 교육부서에서는 그 헌금의 60%는 선교비로 사용하도록 자발적으로 노력한다. 안디옥교회에서는 주일학교 학생들에게 어떠한 상품도 주지 않지만 사실 중요한 것은 상품이나 좋은 시설이 아니다. 무엇을 가르치고 있느냐가 더 중요하다. 나는 오히려 어떤 교회가 상품비나 시설비, 운영비로 헌금의 대부분을 지출하고 있다면 그런 교회 재정시스템 자체가 비교육적인 것이라고 생각한다.

교육 선교는 정말 중요하다. 시간이 흐르면 세대가 바뀌기 때문이다. 한국 교회의 미래는 젊은이들에게 달려 있다. 옛날에 집 팔고 논 팔아 헌금하던 성도들이 다 하늘나라에 가면 한국교회의 장래는 새로운 세대들의 신앙과 믿음에 따라 결정된다. 그러므로 젊은 세대를 잘 교육하는 것이 한국교회의 장래를 위해서 대단히 중요한 일이 아닐 수 없다.

문화 사역, 문서 선교

전주 안디옥교회는 예배를 위한 기본 찬양대 외에 '주리랑 국악 찬양단', '영광 관악단', '카르디아 챔버오케스트라', 병원 선교를 위한 '바울노래 선교단', '부부찬양 선교단', '선교 무용단', '듀나미스워십팀', '홀리라이프워십팀', '기쁨 찬양단', '가브리엘 중창단', '사물놀이팀' 등의 문화 사역팀들이 있다. 모든 문화 사역은 다 자비량이고 문화 사역의 일환으로 펼치는 공연은 모두 무료 공연이다. 특히 '주리랑 국악 찬양단'은 전국을 누비며 활동하고 있기 때문에 일반인에 많이 알려져 있다. 그리고 문서 선교로《행복한 사람들》이라는 월간지를 발행하고 있다.

기타 사역

153전도팀, 교도소 사역팀, 안디옥 경로대학, 호스피스 사역, 발 클리닉, 이혈 봉사, 목욕 봉사, 이미용 봉사, 군 선교회, 병원 봉사, 독거노인 반찬 제공 등이 있으며 덕진노인복지회관, 안디옥 평생대학원, 만경 수련원 등을 운영하고 있다. 최근에는 안디옥 '경로'대학의 이름을 안디옥 '평생'대학으로 바꿨다. 요즘에는 60~70대도 청년들처럼 왕성하게 활동하는 시대가 되었기 때문이다. 이 모든 사역은 한결같이 귀하다.

또한 안디옥교회는 '선교 전주 월요중보 기도회', '구국 기도회', '치유 기도회', '목회중보 기도회', '중보기도 특공대' 등 많은 기도 프로그램이 있는데 그중에서 24시간 연속기도 프로그램인 '엘리야 제단'이 있다. 이 목사는 엘리야 제단을 '안디옥교회의 보일러 시설'이라고 이름 붙였다. 재미있는 표현이다. 엘리야 제단은 한반도 선교관 건물의 지하에 있는 겟세마네 성전의 입구에 있는, 가로 2.5m, 세로 1m 정도의 한 평이 채 안 되는 작은 기도실인데, 그 크기가 보일러실 크기와 비슷하고 위치는 꼭 건물의 보일러실이 있을 만한 곳에 위치해 있다. 그래서 이 목사의 표현을 들으면 웃음이 나온다.

나도 몇 번 아내와 함께 혹은 대타로 릴레이 기도에 참여해본 적이 있는데, 선교 사역을 감당하고 있는 안디옥교회의 기도의 줄이 끊어지지 않도록 이어간다는 생각에 막중한 책임감과 아울러 뿌듯한 마음까지 들었다. 엘리야 제단에는 선교사들로부터 온 기도 제목을 비롯한 각종 중보기도 제목들이 파일에 정리되어 있는데, 환우들을 위한 긴급 기도 제목들은 쪽지나 A4 용지 크기로 엘리야 제단 곳곳에 다닥다닥 붙어 있다. 하나하나 이름을 불러가며 기도를 드리다 보면 안타까운 사연들도 많아 간절함과 애틋한 마음으로 기도하게 된다. 대부분의 중보기도 제목들을 다 아뢸 즈음에는 어느새 다음 번 순서를 맡은 성도가 똑똑 노크를 한다. 그러면 아쉬움을 뒤로 하고 나와야 한다. 이 작은 기도실에서 온 성도가 돌아가면서 하루 24시간, 1년 365일을 쉬지 않고 기도드리고 있다.

엘리야 제단에서 각종 기도 제목을 보며 기도하는 성도

안디옥 2기에 들어와서 박 목사는 릴레이 기도실을 2개 더 증설하였다. 하나는 같은 장소인 겟세마네 성전의 계단실 밑에 있는 공간을 활용하여 만들었고(예레미야 제단) 다른 하나는 모리아 성전 2층에 청년들을 위한 릴레이 기도실(다니엘 제단)을 만들었다. 이로써 3중의 쉬지 않는 기도실이 갖추어진 셈이다. 기도의 삼겹줄을 만들었기 때문에 성도들의 사기는 더욱 충천해졌다. "한 사람이면 패하겠거니와 두 사람이면 맞설 수 있나니 세 겹 줄은 쉽게 끊어지지 아니하느니라"(전 4:12)의 말씀이 생각난다. 엘리야 제단을 비롯한 3개의 기도실은 안디옥교회의 기도의 불, 성령의 불을 지피는 꺼지지 않는 화덕이요, 기도의 아궁이며, 막강 화력을 자랑하는 하나님의 군대다. 이 보일러 시설(?)들은 24시간 365일 꺼지지 않고 가동되고 있다. 이 목사는 "기도 시간을 뺏기는 자는 가장 어리석은 자"라고 말한다. 이곳저곳 인사치레 하느라 시간 빼앗기지 말고 골방 밀실에 들어가서 하나님의 신임을 받도록 하라고, 주님 아닌 것은 다 쓰레기라고 권면한다.

기타
섬기는 사역

안디옥교회는 '전주의 명물' 안디옥 바자회가 있다. 안디옥 바자회는 테마식 바자회다. 선교지의 선교센터 건립, 선교사 수련회 경비 마련 등을 위한 바자회다. 안디옥 바자회는 '안디옥 축제', '하늘나라 장날'이라고도 부르는데, 각 목장 선교회별로 품목을 정해서 물품을 판매한다. 바자회 품목은 주로 통닭, 추어탕, 찐빵, 쑥 개떡, 만두, 두부과자, 음료수, 식사류, 반찬류, 성화, 화초류, 화장품류, 책, 중고 의류 등인데 매 회마다 품목이 조금씩 바뀌며 항상 값싸고 질 좋은 상품을 판매하려고 노력한다.

안디옥 바자회는 재미있고 은혜로운 이야기가 많은데, 그중에서 하나를 소개한다. 안디옥 바자회는 3일간 실시된다. 그런데 어떤 선교회에서 마지막 날 늦은 오후 5시가 되었는데도 상품이 잘 팔리지 않아서 고민을 하고 있었다. 그때 마침 다른 선교회의 잘 아는 집사님이 와서 이렇게 말했다. "뭘 걱정해? 기도하면 되지." 그리고 보혈을 뿌리는 기도를 했다. 선교회 회원들도 그 집사님을 따라서 물품 위에 주의 보혈을 뿌리는 기도를 했다. 그리고 선교 회원들에게만 들릴 정도의 작은 목소리로 보혈 찬양을 불렀다. "주의 보혈 능력 있도다. 주의 피 믿으오…." 그 후 안 팔리던 물품이 2시간 만에 매진되었다. 8시에 즐거운 마음으로 파장할 수 있게 된 것이다. 이와 같은 작은 기적들은 안디옥 바자회 기간 동안에 무수히 많다.

다른 어떤 바자회에 가보면 간혹 강매 바자회, 바가지 바자회, 업자 바자회 같은 느낌이 들 때도 있다. 좋은 일에 쓴다기에 사주기는 하는데 비싸서 찜찜한 마음으로 돌아오는 때도 적지 않았다. 그런데 안디옥 바자회는 세일 바자회, 맛집 바자회다. 안디옥 바자회에서 쇼핑을 하면 사람들이 북적이는 작은 재래시장에서 쇼핑을 하는 것 같은 기분이 든다. 동네 주민들도 환영한다. 웃음꽃이 넘친다. 파는 사람, 사는 사람 모두가 만족한다.

이 목사와 박 목사의 바자회 철학은 비싸면 안 된다는 것이다. 그리고 품질도 좋아야 한다는 것이다. 좋은 일에 쓴다는 핑계로 폭리를 취해서는 안 된다는 것이다. 우리는 예수님을 믿는 사람들이기 때문이다.

안디옥 바자회의 특징

첫째, 가격이 저렴하다. 둘째, 양심적이고 품질이 좋다(음식 가지고 장난치

안디옥 바자회에서 인기 품목인 찐빵 만드는 모습

지 않는다). 셋째, 재미가 있다 (사물놀이, 색소폰 연주 등의 볼거리가 있다). 안디옥교회의 바자회는 전국의 교회들이 배워가는 바자회가 되었다. 특히, 인기품목인 안디옥 찐빵, 통닭 코너 등에는 항상 길게 줄을 서서 기다려야 살 수가 있다. 좋은 재료를 쓰고 저렴하며 맛이 일품이기 때문이다. 한 예로, 안디옥 바자회는 목장 선교회 회원들끼리 또는 구역 식구들끼리 준비를 하는데 '하늘나라 장날'에 오실 귀한 손님들을 모시기 위해 시간을 투자하여 좋은 재료를 찾아다닌다. '쑥 개떡'을 담당하는 어느 선교회는 가장 좋은 쑥을 찾아야 한다며 시골 골짜기까지 찾아다닌다.

그리고 안디옥교회 바로 옆에 있는 대학병원의 의사들, 동네 주민들이 많이 오는데, 사람들은 추어탕을 먹으며 "이렇게 걸쭉한 추어탕은 여기밖에 없다"고 입에 침이 마르도록 칭찬한다.

그러나 때론 3일 동안의 바자회 봉사는 몸살을 앓게 만들기도 한다. 안디옥 바자회는 일반 교회들의 바자회에 비해 규모가 큰 편이다. 일반 교회의 바자회가 구멍가게 규모라면, 안디옥 바자회의 규모는 대형마트 규모이다. 이는 수십 년간 모범적으로 바자회를 개최한 결과다. 간혹 바자회 기간에 다치는 사고가 발생하기도 한다. 44회 바자회의 경우 바자회 준비 과정에서 한 명이 다치고, 끝나고 뒷정리 단계에서 한 명이 다쳤다. 한 명은 이가 깨지고 한 명은 바자회가 끝나고 해체작업 때 손을 잘못 짚어서 손목이 골절되는 사고를 당해 깁스를 했다. 그러나 '다쳐도 주를 위하여, 안 다쳐도 주를 위하여'라는 생각으로 일을 한다. 안디옥 바자회는 이런 일이 생겨도 은혜가 충만하다. 담당 장로가 "치료 비용은 교회에서 지불하겠습니다"라고 하니까 다치신 분은 "주의 일 하다 다친 것인데 제가 치료하는 것이 당연합니다"라고 말했다. 미국의 어떤 교회에서는 교회 내부가 미끄러워 넘어져서 다치게 되자 교회를 고발하는 사례도 있었다고 한다. 그래서 요즘은 교회에서도 안전사고에 대비하여 보험에 가입한다.

그 밖에 의류는 각 성도들의 가정에서 안 입는 옷을 교회로 가져오면 그것을 바자회 기간 동안에 판매하는데, 판매하다가 남은 옷은 외국의 가난한 나라에 보내거나 국내의 어려운 사람들을 돕는 데 사용한다. 안디옥 바자회에는 불신자들도 아주 많이 온다. 바자회 기간에는 성도들이 성도들의 지인, 직장 동료, 친척들을 초대하여 같이 온다. 신자와 불신자 간의 아주 좋은 교제가 이루어지는 곳이다. 그러므로 전도의 기회도 된다.

4

제2의 깡통교회를
꿈꾸며

• 한국교회를 향한 이동휘 목사의 외침 • 박진구 목사의 5가지 외침
• 이동휘 목사의 '간단 가정예배' • 부족한 안디옥교회

오직 성령이 너희에게 임하시면 너희가 권능을 받고
예루살렘과 온 유대와 사마리아와 땅끝까지 이르러 내 증인이 되리라 하시니라(행 1:8).

한국교회를 향한
이동휘 목사의 외침

안디옥교회 성도들은 그냥 '안디옥교회'라고 말하지 않고 '전주 안디옥교회'라고 말하는 습관이 있다. 우리나라에 '안디옥교회'라는 이름의 교회가 많은 탓도 있지만, 어떤 모임에서든 자신을 소개할 때는 '전주'를 붙여서 "저는 전주 안디옥교회를 섬기고 있는 아무개 집사입니다"라고 말한다. 선교하는 안디옥교회에서 불편을 기꺼이 감수하며 기쁨으로 신앙생활 하고 있다는 것을 자랑스럽게 여기기 때문이다. 앞으로 전국 방방곡곡에 그리고 해외 선교지에서도 제2, 제3의 안디옥교회가 많이 나왔으면 좋겠다. 그렇게 되려면 이 목사와 박 목사의 외침을 한번 들어보는 것도 도움이 될 것이다.

선교하라

이 시대를 향한 이 목사의 외침이 있다. 선지자의 말에 귀를 기울이는 것처럼 그의 말에 귀를 기울여보자. 이 목사는 한국교회를 향해 이렇게 외친다. 첫째, 선교하라. 교회는 부흥할 것이다. 선교하는 교회가 성장하며 부흥한다. 모두가 "한국교회는 성장을 멈추었다"라고 말한다. 성장을 멈춘 한국교회에 선교가 대안이다. 이 목사는 선교를 통해 교회의 부흥을 체험한 사람이다. 선교는 우리의 마땅한 의무이기도 하다. 이 목사는 한국교회의 성장이 정체된 문제를 해결하기 위해 그리고 미 전도 종족을 비롯한 전 세계에 복음을 전하기 위해서는 7배의 능력으로는 부족하다고 말한다. 하나님께 7천 배의 능력을 구하자고 말한다. 오늘날의 지구촌은 엘리야 시대보다 수천 배의 죄가 누적되었기 때문에 7천 배의 능력은 받아야 넉넉히 이길 수 있다는 것이다. 그리고 선교에서 구제를 이끌어내자. 선교를 하면 구제도 보인다.

이 목사는 말한다. "선교하라. 교회는 활기를 띨 것이다." 나는 구제도 이와 마찬가지라고 생각한다. "구제하라. 교회는 활기를 띨 것이다." 나는 장애우 사역, 탈북자 일거리 사업, 쪽방촌 사람들을 돕는 데 60% 이상을 쓰는 교회가 나온다면 반드시 부흥할 것이라고 생각한다. 하나님의 마음을 시원하게 해드리는 일이기 때문이다. 이 목사는 선교할 때 "4구역을 빠짐없이 선교하라"고 말한다. 4구역 선교는 이 목사의 목회 철학이지만 그보다 앞서 주님의 지상명령이다. 4구역 선교는 이 목사가 한국교회, 세계교회 그리고 선교지의 현지인 교회에게 전하는 메시지다.

먼저 이 목사는 한국교회들에게 선교비를 늘리라고 외친다. 예배당만 크

고 화려하게 짓고 쥐꼬리만큼만 선교하는 교회들에게 예배당 건축은 주님
께 맡기고 선교하는 일에 집중하라고 외친다.

> 탐욕은 언제 멈출 것인가? 예배당은 화려하고 살 집이 넓고, 소득 높아 누리고 살
> 면 축복인가? 구제와 선교를 부담 없는 선에서 적당히 양심 치레하는 것으로 한계
> 를 긋는 것이 과연 축복받은 자의 체면인가? 세상은 교회를 향해 돌을 던지는데,
> 하루에 굶어 죽는 사람들이 삼만 오천 명인데도 하나님 재산인 헌금을 교회에만
> 거의 다 써버리고도 마음이 정말 편한가. 본질로 돌아가자 … 천국에 가서 살 사람
> 들이여! 경계선을 넘었다면 원상 복귀하라.[23]

3~5%의 체면치레에 그치지 말고 10% 이상, 30% 이상, 60% 이상을 드리
라는 이 목사의 외침이다. 이 외침은 하나님의 재산을 교회 운영비로 거의
다 써버리고도 마음이 편할 정도의 믿음을 가졌는가 하는 물음이기도 하다.

전도서 5장 12절에는 단잠을 자는 비결이 나와 있다. 그 말씀을 보면 노동
자는 배가 고프든 배가 부르든 잠이 달지만 부자는 배가 불러 잠을 잘 자지
못한다는 것이다. 부자들은 재산을 지키기 위해서 신경 쓰느라 스트레스를
받는다고 한다. 일명 '부자 스트레스'인 셈이다. 부자들이 하나님께서 맡겨
주신 재물 관리의 은사를 가지고 여전히 축적하는 일에만 집착한다면 부자
스트레스가 더 많아질 것이다. "은을 사랑하는 자는 은으로 만족하지 못하
고 풍요를 사랑하는 자는 소득으로 만족하지 아니하나니 이것도 헛되도다
재산이 많아지면 먹는 자들도 많아지나니 그 소유주들은 눈으로 보는 것 외

에 무엇이 유익하랴"(전 5:10~11). 그러나 하나님께서 주신 재물 관리의 은사를 사용하여 주님의 선한 일에 사용하며 나눈다면 하나님께서는 더 많은 재물을 맡겨주실 것이다. 선교도 이와 같다. 운영비 비율이 지나치게 많은 교회, 즉 먹고 마시는 교회는 배가 부르다. 선교비 비율이 낮아도 별 문제의식이 없다. 그러나 배부르지 말자. 배가 너무 불러서 잠을 설치는 교회는 되지 말자. 교회들이여, 선교하라! 구제하라!

이 목사가 제안하는 60%의 필요조건은 이것이다. "헌금은 오직 하나님의 재산이므로 선교, 구제만을 위해 쓰고 운영비는 최소화하라. 기도원, 공동묘지, 수양관 등의 건축에 너무 목매지 마라. 실내장식, 비품을 간소화하라. 성탄절 선물을 없애라. 연말에 수고 파티, 선물비, 다과비, 상품비 등을 없애라. 임직, 취임, 기념식 등의 행사를 간소하게 하라. 고급 승용차 타지 마라. 교회 버스도 꼭 필요한 것만 남기고 없애라. 교회 직원, 부교역자 수도 가급적 줄여라." 그러나 이런 조건들은 '60%' 선교의 필요조건일 뿐 성도들의 기도와 성령님의 인도가 있어야 충분조건이 될 것이다.

안디옥교회는 개척 6개월 만에 전세였던 깡통예배당이 팔리는 바람에 예배처소를 잃을 뻔한 위기에 처한 적이 있었다. 그래서 울며 겨자 먹기 식으로 깡통예배당을 구입하느라 거액의 빚을 지었지만 그런 상황 속에서도 변함없이 선교했다. 그것도 딱 60%만 선교하지 않고 항상 70% 이상을 선교했다. 그러므로 예배당 건축 빚이 있는 교회도 마음만 먹으면 선교할 수 있다는 것이 증명된 셈이다. 선교비의 비율이 문제겠지만 힘을 다해 선교, 구제에 쏟아야 할 것이다. 만일 예배당 건축이 완료되고 빚도 다 갚은 교회가 있다면 훨씬 선교하기가 쉬울 것이다. 우리나라와 미국 등지에는 건축 빚 때문에 선교할 수 없다고 말하는 교회들이 많다고 한다. 그러나 불요불급한 운영비들을 줄여나간다면 충분히 선교가 가능하다고 생각한다. 이 목사는 말한다. "예배당 건축이 완료된 후에는 90% 이상도 선교할 수 있습니다. 안디옥교회는 땅 사고 교육관 등의 건물 짓고 하느라 20% 정도가 사용이 돼서 70~75% 정도를 선교비로 사용해왔지만, 예배당 건축이 끝난 후라면 90% 이상도 선교할 수 있는 여력이 생기게 됩니다."

이 목사는 교회가 엄청난 빚을 진 상태에서도 한 번 서원한 것에 대해 철저하게 지켜왔고 하나님은 '부흥'으로 화답해주셨다. 이 목사는 "저는 빚지는 것을 싫어합니다. 저는 자라온 환경이 빚을 질 만한 환경도 아니었습니다. 하나님께서 안디옥교회가 빚진 상태로 선교하도록 하신 것은 저로 하여금 빚진 교회들을 향하여 어려워도 지상명령인 선교를 하라는 말씀을 전하도록 하기 위해서입니다."

다음으로 이 목사는 성도들에게 "기념예배당, 기념 선교센터를 건립하라. 결혼기념, 부모님 별세기념, 첫 자녀 출생기념, 돌 기념, 회갑 기념, 결혼 10주년, 20주년, 30주년 기념 때 기념교회를 하나둘씩 세워간다면 세계 복음화가 빨라질 것이다"라고 말한다. 시골 같은 지역은 500만 원만 가지고도 예배당을 지을 수 있는 지역이 있으며 낙후된 선교지에는 200만 원으로도 선교센터나 예배당을 지을 수 있는 곳이 있다고 한다. 이러한 기념예배당을 짓는 일은 큰 의미가 있을 것이고 자녀들의 신앙교육에도 도움이 될 것이다. 단, 기념예배당이나 기념선교센터를 지은 후에는 자신이 비용을 들여 지은 예배당이라고 '노릇'하지 않도록 주의해야 할 것이다. 하늘의 상을 받기 위해 자신의 이름은 꼭꼭 숨겨놓는 것이 상책이기 때문이다.

마지막으로 선교지 중에도 "이슬람 형제들을 구원하라"라고 말한다. 지금 이슬람이 몰려오고 있다. 그들의 선교 전략을 알고 대처해야 한다. 안디옥교회는 모슬렘들의 라마단 기간에 역라마단 기도를 드린다. 성도들은 모슬렘의 회심과 구원을 위해 역라마단 기도에 동참한다. 이 목사는 말한다. "앞으로의 영적 싸움은 모슬렘과의 싸움입니다." 선교사 파송 때에도 이 목사는 모슬렘 이야기를 많이 한다. 모슬렘의 선교 전략 동영상을 보아도 현재의 모슬렘 증가속도로 보면 5~7년 안에 세계에서 가장 큰 규모의 종교는 모슬렘이 될 가능성이 높다고 한다. 유럽이 가장 먼저 이슬람화 될 것이라고 한다. 유럽에 있는 과거의 교회 건물들 중에 상당수가 이슬람 사원으로 변하고 있다고 한다.

이스라엘도 마찬가지다. 예루살렘의 심장부에는 모스크가 세워져 있다. 예루살렘 성전이 파괴된 바로 그 자리에 회교 사원인 모스크가 세워져 있는 것이다. 그리고 유대인들은 1년에 한 차례만 성전 터에 있는 통곡의 벽에 와서 기도를 드릴 수 있도록 허용되었다. 그곳은 100년 전에 팔레스타인 땅이 되어버렸기 때문이다. 모슬렘들은 최근 미국 뉴욕의 심장부에도 모슬렘 센터와 모스크를 세우려고 계획 중이다. 이 목사는 "주님이 다시 오시기 전에 마지막으로 가장 힘써야 할 곳은 모슬렘권입니다"라고 말한다. 안디옥교회는 이 목사가 제시한, 이슬람을 마비시키는 중보기도를 드리고 있다. 새벽기도 시간, 예배 시간, 금식기도 시간에 엘리야 제단에서 수시로 기도한다.

이슬람을 마비시키는 중보기도

1. 이슬람 구원에 대한 성경 약속이 속히 성취되도록 (창 25:13; 사 60:7)

2. 예수님이 하나님의 아들이요 구주라는 신앙과 신학이 이슬람 교리에 침투되도록

3. 이슬람 지역에 있는 교회가 〈사도행전〉의 교회처럼 성령충만하여 강하도록

4. 고난받는 성도와 순교자들 가족이 더 굳게 믿음 지키고 복음의 용사 되도록

5. 이슬람 나라의 종교 지도자와 왕들에게 변화를 주시어 복음을 용납하는 정책 펴도록

6. 근본주의자들의 과격함과 테러가 꺾이고 그들의 계교가 무산되도록

7. 이슬람권을 향한 방송 선교가 각 가정에 예수님을 영접하는 영향력이 크도록

8. 미국이 타락에서 벗어나 각성하여 복음을 전하는 일에 세계적으로 쓰임받도록

9. 세계 교회가 이슬람의 정체를 알아 각성하고 저들의 구원을 위해 선교 전략을 세우도록

10. 모슬렘권에 있는 선교사, 한국교회, 기업인들이 효과적인 선교 전략을 성취하도록

이슬람은 마비시키되 이슬람 형제는 구원해야 한다. 이스마엘의 후손인 그들이 구원을 받아야 한다. 하나님은 이슬람을 구원하시려는 계획을 갖고 계시기 때문이다. 이 목사는 모슬렘을 경계하면서도 그들에게도 예수님을 전해야 한다고 역설한다. 이 목사의 선한 부담이며 선한 욕심이다. 미국은 이슬람 국가를 테러집단으로 규정하고 이슬람권 선교에 소극적이지만, 한국교회는 성경에 있는 하나님의 이슬람 형제들을 향한 구원의 계획이 속히 이루어지도록 기도해야 할 것이다.

이스마엘의 아들들의 이름은 그 이름과 그 세대대로 이와 같으니라 이스마엘의 장자는 느바욧이요 그다음은 게달과 앗브엘과 밉삼과 (창 25:13).

게달의 양 무리는 다 네게로 모일 것이요 느바욧의 숫양은 네게 공급되고 내 제단에 올라 기꺼이 받음이 되리니 내가 내 영광의 집을 영화롭게 하리라(사 60:7).

모슬렘들은 구원의 확신이 없다. 율법대로 점수 따는 신앙생활을 하다가 최종적으로 알라신이 구원시킬지 말지를 결정한다고 믿기 때문이다. 불쌍한 사람들이다. 그들은 예수님이 우리의 구주되시는 것을 모른다. 예수님을 선지자로는 존경하지만 최후의 선지자였던 마호메트를 그들의 주로 인정한다. 그러므로 그들에게도 예수님을 전해서 구원받도록 도와주어야 한다. 그들은 또 무슨 일을 하든지 남성들을 위주로 하고 여성들과 아이들을 무시하는 관습이 있다고 한다. 그러나 예수님은 어린아이들을 귀하게 여기셨다. 예수님께서 말씀하시지 않았는가. "너희가 돌이켜 어린아이들과 같이 되지 아니하면 결단코 천국에 들어가지 못하리라"(마 18:3). 이 목사는 기도한다. "이슬람의 파상공격을 마비시키소서! 복음을 대적하는 바알신의 종자들로 무릎 꿇게 하소서!"

한편 이슬람 국가에서도 근본주의자들의 박해에 굴복하지 않고 순교할 각오로 복음을 전하는 오순절 계통 교회들이 있다. 그들을 위해 기도하자. 그들에게는 방송 선교가 효과적이다. 폐쇄적인 사회에서 사는 이슬람 지역 사람들에게 위성방송만은 관대하게 열려 있다. 아랍어로 발사되는 기독교 방송은 엄청난 효과를 거두고 있다. 방송 선교를 더욱 강화해야 한다.

순결하라

이 목사는 "목사는 성직자요 나실인이다"라며 목회자의 기준을 제시했다. 한국교계를 향한 메시지다. 향후 100년의 부흥을 이루려면 순결해야 한다는 것이다. 한국교회의 문제점으로 지적받고 있는 교회 세습 문제, 재정 비리 문제, 음란 문제 등에 대해 회개해야 한다는 뜻이다. 이 목사는 '불 꺼진 한국교계'라는 표현을 통해 한국교회의 음란, 분쟁, 거짓말, 경쟁심, 탐욕 등을 지적한다.

먼저 이 목사는 '강단까지 올라온 이세벨의 음란'이라는 표현을 사용하여 한국교회의 이성 문제에 대한 자성의 목소리를 내고 있다. 목회에서 성공한 목회자들 중 일부가 이 음란의 문제에 많이 빠져 있다는 것이다. 교회의 지도자들이 이 문제에 대해서 회개하지 않으면 복음의 통로와 전도의 문이 막히게 된다. 이 목사가 한국교회를 향하여 말할 수 없이 안타까운 심정으로 던지는 메시지인 것이다.

두 번째로, "주의 일을 하면서 자신의 영광을 드러내지 않도록 주의하라. 하나님의 영광을 드러내야 한다"라고 지적한다. 각 교단의 총회장 선거가 과열되면 자칫 봉사가 아닌 명예욕이 될 수 있다. 이렇게 되지 않도록 주의 해야 한다. 양보하고, 일치하고, 세워주어야 한다. 총회장 선거 때조차도 금권선거나 흑색선전이 난무한다. 상대방을 깎아내리면서까지 내가 당선되려 너무 애쓰지 말아야 한다는 뜻이다.

세 번째로, 이 목사는 교회 세습 문제에 대해서 이렇게 지적한다. 원칙적으로는 세습하지 않는 것이 바람직하고 예외적으로 교회에 특별한 사정이 있는 경우에만 세습하는 것이 바람직하다는 것이다. 어떤 교회에서는 함량 미달인 자녀에게 담임목회자의 자리를 물려주어 문제가 발생하는 경우도 있다. 반면에 세습을 피하기 위해 아들을 다른 곳으로 보내고 새로운 분을 청빙했는데 성도 수가 감소하고 교회에 어려움이 생기자 다시 은퇴한 목회자의 자녀를 청빙한 사례도 있다는 것이다. 그러나 이 경우에도 남발하면 곤란하고 매우 제한적으로 이루어져야 한다고 말한다.

네 번째로, 재정 비리의 문제에 대해서 지적한다. 소수지만 어떤 교회에서는 수십억 원의 헌금을 횡령하는 경우가 있고 가짜 박사학위를 돈 주고 사는 경우도 있으며 가족이나 친인척들을 위한 불법적인 청탁 등 세상 사람들도 비난받을 일을 교회에서 하는 경우가 있다고 한다. 어떤 교회에서는 자신이 소유한 땅의 예배당 부지를 시가보다 몇 배 더 비싸게 사도록 하는 경우도 있고, 어떤 교회는 예배당을 건축하면서 관계자들이 뇌물을 받기도 한다. 어떤 교회에서는 대기업 직원의 연봉에 해당될 정도로 많은 금액을 목회자 자녀의 학자금으로 지급하다가 자녀가 졸업한 후에도 계속 학자금 명목의 예산을 편성하여 변칙적으로 지급하는 경우도 있다.

다섯 번째로, 예배당 빚 문제를 지적한다. 교회들이 선교와 구제는 소홀이하고 예배당 건축에만 힘쓰는 것도 문제다. 예배당을 너무 무리하게 짓다가 빚더미에 빠져서 선교와 구제는 손도 못 대고 임직 예정자들에게 반강제의 헌금을 거두는 경우가 많다는 것이다. 그러나 이 목사는 이렇게 한국교회가 예배당 건축에 대한 문제들로 인해 위기인 것은 사실이나 절망적인 상태까지는 아니라고 말한다. 예배당에 관해서 희망이 있다는 것이다. 유럽에서는 예배당을 국가에서 지어주었지만 우리나라는 성도들이 자신들의 집을 팔고 논을 팔아 지었기 때문에 예배당에 대한 애착이 있어서 유럽교회들처럼 텅 텅 비는 예배당은 되지 않을 거라는 것이다. 유럽교회 성도들의 신앙은 현재 자유주의 신학에 종교다원주의, 세속주의가 섞여서 대부분 명목상의 그리스도인으로 바뀌고 말았다. 교회는 텅텅 비고 예술과 역사를 보기 위한 관광객들만 넘쳐난다. 그러나 우리나라에는 아직도 복음주의 신앙이 깊이 뿌리 내리고 있기 때문에 유럽과는 다르다는 것이다. 그래서 이 목사는 한국교회는 아직 희망이 있다고 말한다.

기독교윤리실천운동 자문위원장인 손봉호 장로도 기독교방송 인터뷰에서 한국교회의 부패의 심각성을 이렇게 지적한 적이 있다. "한국교회의 부패의 정도는 개신교 역사상 가장 심합니다. 이런 부패가 계속되면 앞으로 한국교회는 완전히 무력해질 것입니다. 특히, 목회자의 명예욕, 재물욕, 성 타락의 문제가 심각합니다. 지도자의 도덕적 권위 없이는 복음 전파가 잘 안 됩니다. 복음을 듣는 사람들이 복음을 전하는 사람들을 우습게 보면 복음을 복음으로 받아들이지 않게 됩니다. 또한 교회가 정치, 권력, 돈으로 사회에 영향력을 행사하려는 것도 문제입니다. 우리가 예수님을 닮아 있으면 예수님의 복음은 자동으로 전해지는 법입니다. 반드시 테레사처럼, 장기려처럼 하지 않아도 조금만 더 줄이면 됩니다." 손 장로는 또 믿음이 좋은 사람들은 하늘의 상을 사모할 것이므로 그렇게 하지 않을 것이라고 덧붙였다. 이 말은 바꾸어 말하면 한국교회의 부패는 지도자들의 믿음이 식었기 때문이라는 뜻도 된다.

평생을 제자훈련과 교회 갱신운동에 헌신해오다 얼마 전 소천한 옥한흠 목사도 평소에 "현재의 한국교회는 좌초해가는 배와 같다"라고 말했다. 그는 줄기차게 한국교회의 일치와 연합을 외쳤고 그 문제를 놓고 하나님께 기도해왔으나 한국교회가 이미 좌초해가는 배처럼 느껴져 안타까워하는 심정을 드러냈던 것이다.

예전에 내가 다녀본 교회들 중에서도 이런 부패상들을 본 적이 있다. 어떤 교회의 목회자는 예수님을 높이기보다는 자신을 높이는 데 열심이다. 예수님의 이름은 땅에 떨어져 밟히고 자신의 이름만을 온 교회 내외에 떨친다. 어떤 교회는 부흥회 기간 동안에 가난한 과부의 두 렙돈처럼 바쳐진 헌금과 금반지며, 금목걸이 등 각종 폐물을 다른 곳에는 전혀 사용하지 않고 부흥강사와 담임목회자가 공평하게 절반씩 나누어 가져가기도 한다. 어떤 교회에서는 담임목회자가 수많은 여성도와 이성 문제를 일으키고도 회개하기는커녕 이를 지적하는 성도들을 출교시키고, 자신을 방어하기 위해 건장한 청년들을 경호원으로 곁에 두고 다닌다.

한국교회의 성도 수가 줄고 있다. 세상의 빛과 소금이 되지 못하고 각종 부정부패로 명예가 추락하였다. 일각에서는 반기독교운동까지 벌이고 있는 상황이다. 그러나 아직 절망적인 상황은 아니다. 다윗은 하나님 앞에서 참으로 큰 죄인 살인과 간음을 저질렀다. 그러나 다윗은 진정으로 하나님께 회개하였다. 그리고 '성군'의 칭호를 부여받았다. 이처럼 하나님은 회개하는 자들을 찾으신다. 예수님도 교만한 바리새인들보다 회개한 세리를 인정해주셨다.

세리는 멀리 서서 감히 눈을 들어 하늘을 쳐다보지도 못하고 다만 가슴을 치며 이르되 하나님이여 불쌍히 여기소서 나는 죄인이로소이다 하였느니라 내가 너희에게 이르노니 이에 저 바리새인이 아니고 이 사람이 의롭다 하심을 받고 그의 집으로 내려갔느니라 무릇 자기를 높이는 자는 낮아지고 자기를 낮추는 자는 높아지리라 하시니라(눅 18:13~14).

신앙은 '양'보다는 '질'이다. 질적인 신앙이 회복되면 성도 수는 늘어난다. 그러므로 현재의 한국교회 성도들의 신앙이 한국 초기 기독교 신앙의 수준으로 회복되는 것이 필요하다. 오늘날의 한국교회는 순교적 삶의 신앙이 필요하다. "순교하거나 순교적 삶을 살거나" 하겠다는 각오를 하고 살았던 한국 초기 기독교의 신앙이 필요하다.

닫힌 예배당 문을 열어라

예배당을 '만민의 기도하는 집'으로 만들자. 세상 어느 곳을 가든지 '만민의 기도하는 집'이 당연히 있어야 하는데 닫혀 있는 예배당이 너무나 많다. 통계에 의하면 도시 교회의 80%가 예배당 문을 잠가둔다고 한다. 이 목사는 기도 없는 교회는 일반 건물에 불과하다고 지적한다.

평화하라

첫째, 내 직장, 내 사업장에서 동료들과 평화하라. 예수님을 믿는 성도들은 누구나 선교사다. 그러므로 직장을 다니는 사람은 누구나 직장 선교사고,

사업장을 운영하고 있는 사람은 누구나 사업장 선교사다. 부모들은 모두 부모 선교사다. 이 외에도 기도로 협력하는 기도 선교사, 물질로 협력하는 물질 선교사, 온 가족의 구원을 목표로 하는 가족 선교사, 걸어 다니는 길거리 선교사가 되어야 한다. 내가 어느 곳에 있든지 그곳은 사역지이고 나는 선교사여야 한다는 것이다. 그러므로 이 목사는 사역지인 직장과 사업장에서 복음을 전할 뿐만 아니라 동료들과 마땅히 평화해야 한다고 외친다.

둘째, 교회 성도들끼리도 분열하지 마라. "화평하게 하는 자는 복이 있나니 그들이 하나님의 아들이라 일컬음을 받을 것임이요"(마 5:9), "화평하게 하는 자들은 화평으로 심어 의의 열매를 거두느니라"(약 3:18)의 말씀들을 기억하고 교회에서 성도들끼리 분열하지 말고 화평케 하는 자가 되어야 한다는 것이다.

셋째, 교회들끼리 일치하라. 교파, 교단 너무 따지지 마라. 한국교회는 각 교파, 교단별로 서로 배타적이고 다른 교파와 교단을 좀처럼 인정하지 않으려는 경향이 있다. 심지어 같은 교단의 노회, 총회 등의 연합회에서도 일치의 목적보다는 감투나 높은 자리를 위한 경쟁에만 몰두하는 경향이 있다. 한국교회는 해외에 파송된 선교사들조차도 연합이 잘 안 된다고 한다. 가톨릭은 로마교황의 권위가 각 나라, 각 지역의 동네에 있는 성당에까지 미친다. 이것은 가톨릭의 특징이며 덕이지만 개신교는 그런 체계가 아니어서 일치하는 데 불리하긴 하다. 하지만 그래도 초교파적으로 일치하고 협력하고 연합하려는 노력이 필요하다고 말한다.

예수님은 대책이 없으신 분이시다. 3년간이나 12명, 70명, 5천 명, 수만 명 떼 지어 다니면서도 교단 이름 하나 지어놓지 않으시고 조직이라는 것도 전혀 없으시고 초상화 한 점, 유품 한 점 남겨놓지 않으시고 가셨다. 예수 믿는 사람의 공식 명칭도 없다가 훨씬 뒤에야 수리아 안디옥교회에서 비로소 "그리스도인"이란 이름으로 불리게 되었다.[24]

우리도 예수님의 제자라면 교파, 교단 너무 따지지 말고, 조직화, 서열화, 계급화하려고 하지 말며, 자기 의를 드러내기 위해 일하지 말라는 뜻이다.

좌로나 우로나 치우치지 말라. 일치하라. 분열하지 마라. 왜 이렇게 교회와 부르심 받은 자들 가운데 분열이 그렇게도 많은가? 내 잘못이란 생각이 도무지 들지 않은가? 원한을 계속 품을 작정인가?[25]

일치하면서 주의 일을 할 수 있어야 한다. 아무리 열심히 주의 일을 하더라도 갈라지고 분열하면서 하는 것은 하나님께서 기뻐하지 않으신다.

순종하라

하나님의 말씀에 순종하라. 그것은 우리가 마땅히 행할 바이다. 담임목사의 목회 방침에도 순종하라. 대부분의 예언은 영적 권위자인 담임목사를 통해서 온다. 예를 들어, 담임목사가 기도 중에 어떤 일을 하라는 감동이 올 경우에 순종하라는 것이다. 물론 담임목회자도 연약한 인간인 것만큼은 분명하다. 그러나 목회자의 3대 필수 성결사항이라고 하는 교리 문제, 이성 문제, 재정 비리 문제에 관한 경우가 아니라면 내 생각이나, 내 방법과 좀 달라도 순종하라는 말씀이다.

문제가 있는 목회자를 위해서도 기도하여야 한다. "사랑은 허다한 죄를 덮느니라"(벧전 4:8), "우리가 우리에게 죄 지은 자를 사하여 준 것같이 우리 죄를 사하여 주시옵고"(마 6:12)의 말씀을 마음에 품고 사랑과 온유함으로 섬겨야 한다. 하나님이 세우셨기 때문이다. 순종은 분쟁을 막는다. 순종할 만한 지도자이므로 순종하는 것이 아니다. 하나님의 종이기 때문에 순종하는 것이다.

어떤 교회의 젊은 집사가 교회 개혁에 관한 어느 유명한 목사의 글을 읽고 느낀 바가 있어서 성도들에게 "우리 교회는 개혁이 필요합니다"라고 말했다. 개혁할 내용은 사례비 연봉제 등 아직 한국교회는 보편화되지 않은 내용들까지도 다수 포함되어 있었다. 그 집사는 당회에 자신이 주장하는 조항들을 보여주며 개혁을 요구했다. 그러나 자신의 의견이 받아들여지지 않자 서명운동까지 했다. 이 일로 인해 교회는 시험에 들었고 결국 담임목회자가 교회를 떠나게 되었다. 그 집사의 행동은 교회에 덕이 되지 못했다. 그 일로 인해 교회의 영적 분위기가 심각할 정도로 피폐해졌다.

나는 이 이야기를 전해 듣고 그 젊은 집사가 좀 더 온유하게 그리고 하나님께 기도하며 문제를 해결했더라면 하는 아쉬운 마음이 들었다. 좋은 뜻도 그 뜻을 실현하는 방법이 분열을 가져오고 문제를 일으키게 만든다면 빛을 바래고 말 것이기 때문이다.

이 책도 마찬가지다. 이 책을 읽고 있는 사람들도 꼭 이렇게 해야 좋은 교회이고 그렇지 않은 교회는 문제 있는 교회라는 생각은 금물이다. 교회마다 사정이 다를 수 있기 때문이다.

순교하거나, 순교적 삶을 살아라

백성들의 칭송을 받았던 초대교회 시절, 한국 기독교 초기에 환란과 핍박 속에서도 많은 순교자가 나왔던 시절, 70~80년대의 한국교회 부흥 시절을 그리워하는 이동휘 목사는 성도들에게 "초대교회의 신앙으로 돌아가자. 순교적 삶을 살아야 한다"라고 외친다. 사도 바울도 순교를 각오했다. "나는 주 예수의 이름을 위하여 결박당할 뿐 아니라 예루살렘에서 죽을 것도 각오하였노라"(행 21:13). 사도 바울은 복음을 전한다는 이유로 많은 고난을 받았다. 그는 감옥에 갇히기도 하고 매도 수없이 맞았다. 사십에 하나 감한 매를 다섯 번이나 맞았으며 돌로도 맞아보고 타고 가던 배가 세 번이나 파선하는 어려움도 겪었다. 전도여행을 다니며 강과 시내와 바다의 위험과 강도의 위험도 당하였다. 동족과 이방인 모두에게 핍박을 받았으며 춥고 배고프고 목말라도 전도여행을 강행했다. 잠도 제대로 자지 못하고 죽을 뻔한 적도 많았으나 예수님의 복음을 전하기 위해 이 모든 어려움을 달게 받았다. 자신은 이렇게 고난을 당하며 복음을 전하면서도 성도들이 어려움을 겪고 있을 때는 애타는 마음으로 그들을 섬겼다. 그리고 마침내 순교했다. 이 목사는 말한다. "순교자가 될 것을 각오합시다! 그러나 얼굴에 웃음은 잃지 마시기 바랍니다."

박진구 목사의
5가지 외침

선물보다 주님이다

박 목사는 주님이 주신 선물보다 그 선물을 주신 주님을 더 사랑하라고 외친다. "선물보다 믿음입니다. 선물보다 주님입니다. 믿음의 선진들의 순교로 한국교회는 100년의 부흥을 이루었습니다. 그래서 주님으로부터 선물도 많이 받았습니다. 국가가 복 받고 기독교가 양적으로 크게 성장하였습니다. 그러나 우리나라는 유럽 나라들이 그랬던 것처럼 선물만을 끌어안고 즐거워하면 안 됩니다. 유럽의 교회들처럼 되지 말아야 합니다."

유럽교회는 흥왕할 때 '선물'만을 끌어안고 하나님을 떠났다. 하나님께서 주신 주5일제, 부유함 등의 선물만 기뻐하다가 쇠락의 길을 걷게 되었다. 선물을 주신 주님을 바라보며 주님의 계명을 묵상하고 지키며 살지 않았다. 우리나라도 이제 부유한 나라가 되었다. 아쉬울 것이 없게 되었다. 하나님을 떠나기 쉽게 된 것이다. 돈 귀신 맘몬 앞에 엎드릴 것인가? 어디에 마음을 두어야 할 것인가? 창조주 아버지께 마음을 두어야 한다. 주님의 지상명령인 선교와 섬기기(구제)에 주력해야 한다.

박 목사가 싱가포르에서 사역할 때의 일이다. 박 목사에게는 마약중독자들의 갱생 사역을 위한 공간이 필요했다. 그러나 싱가포르는 물가가 비싸서 그 당시 싼 집도 한국 돈으로 5억 원 정도 했다. 다른 기관에서도 갱생원을 운영하는 기관이 몇 군데 있었다. 당시에는 정부가 사회단체에 그 일을 하도록 장려하던 시기였기 때문이다. 그러나 박 목사는 돈(선물)이 없어서 그 사역을 못하고 있었다. 그러자 정부 관계자가 방문하여 박 목사에게 물었다. "왜 안 하고 계시나요?" 박 목사는 대답했다. "하나님께서 돈을 갖고 계시니 기다리고 있습니다." 그러자 정부 관계자가 제안을 했다. "그렇다면 폐교를 이용합시다." 당시 정부 관계자가 제시한 폐교는 교실 50칸짜리였는데 운동장도 넓고 좋았다고 한다. 그 관계자는 폐교의 1년 임대료로 단돈 1달러만을 지불하는 조건으로 계약하자고 했다. 하나님의 은혜였다.

박 목사는 말한다. "어렵다고 낙심하지 맙시다. 질병이나 부도로 낙심하지 맙시다. 소아마비 아이도 아버지가 안고 가면 계단을 올라갈 수 있는 법입니다. 아버지를 의뢰합시다. 믿는 사람들은 자연적으로 흘러갈 그런 사람들이 아닙니다. 우리는 초자연적인 힘을 공급받아 자연을 거슬러갈 수 있는 사람들입니다. 그리고 주님을 사랑하는 마음으로 우리의 죄를 끊어 냅시다." 박 목사는 낙심하지 않고 하나님의 때를 기다렸다. 오직 기도하면서 기다렸다. 선물이 늦게 도착해도 믿음으로 기다렸다. 하나님은 박 목사의 믿음을 보시고 귀한 사역의 기회를 선물로 주셨다. 선물이 늦게 도착한다고 낙심하거나 죄의 유혹에 빠지지 말아야 한다. 죄와 피 흘리기까지 싸워야 한다. 주님은 우리의 죗값을 갚아주시기 위해 피를 흘리셨기 때문이다. 우리가 죄와 싸워야 할 마땅한 이유이지 않은가?

박 목사는 덧붙여 말한다. "은사 때문에 일희일비하지 마시기 바랍니다. 재능이나 재물 그리고 외모 등은 은사인데 하나님께서 주신 은사만을 끌어안고 그 은사를 주신 하나님을 잊어버려서는 안 됩니다. 감사함으로 하나님께 더욱 나아갑시다. 가정환경, 가난, 인간관계 등 환경이 힘들어도 주님 모시고 항상 기뻐하며 일합시다. 선물 가지고 일하려 하지 맙시다. 은사, 돈 가지고 일하려 하지 맙시다. 선물 주시는 주님을 의지하며 일합시다. 성령님을 의지하며 일합시다."

주님만 바라고 영광의 자유를 누리라

박 목사의 이 외침은 '오직 주님께 마음을 두라', '주님의 얼굴을 구하라', '주님의 임재를 기다려라', '주님께 순종하라'라는 뜻이다. "보이는 것은 나타난 것으로 말미암아 된 것이 아니니라"(히 11:3). 이 말씀은 보이지 않는다고 존재하지 않는 것은 아니라는 뜻이다. 우리 눈에 보이는 해와 달, 별, 은하수 등 모든 사물은 하나님께서 만드신 것이다. 공기도 보이지 않지만 존재한다. 5분간만 숨을 안 쉬어도 사망에 이르게 된다. 하나님은 우리의 육안으로는 보이지 않아도 천지만물을 창조하신 분이고 우리의 아버지가 되신다. 그러므로 그분을 믿고 의지하여 자녀의 지위를 마음껏 누리라는 뜻이다.

그리고 눈에 보이지는 않지만 꿈을 가져라. 노아도 산에 방주(배)를 만들었다. 아브라함도 갈 바를 알지 못하고 그저 하나님의 말씀에 순종하여 길을 떠났다. 모세는 바로의 아들이라 칭함 받는 것을 거절했다. 풍요롭고 편안한 삶을 포기하고 하나님께서 명하신 출애굽의 사명을 감당하기 위해 불편을 감수하였다.

박 목사는 어느 날 새벽기도 때 천사응원단이 안디옥교회 성도들을 응원하는 모습을 보았다는 간증을 한 적이 있다. 선교를 위해서 불편해도 참고 나아가는 안디옥교회 성도들을 위해 천사응원단이 열심히 응원하는 모습을 본 것이다. 우리는 천사응원단과 마귀응원단 중에서 누구의 응원과 환호를 받아야 할까? 사도 바울이 말했다. "나는 선한 싸움을 싸우고 나의 달려갈 길을 마치고 믿음을 지켰으니 이제 후로는 나를 위하여 의의 면류관이 예비되었으므로 주 곧 의로우신 재판장이 그날에 내게 주실 것이며 내게만 아니라 주의 나타나심을 사모하는 모든 자에게도니라"(딤후 4:7~8).

"나에겐 꿈이 있습니다." 마틴 루터 킹 주니어 목사의 말이다. 꿈은 믿음 안에 있다. 킹 목사는 투쟁하느라 힘이 들어도 계속해서 꿈을 꾸었다. 안디옥교회도 불편하지만 계속해서 선교의 꿈을 꾼다. 그 꿈은 하나님이 보여주신 꿈이다. 우리가 만들어낸 어떤 꿈이 아니다. 안디옥교회는 하나님이 보여주신 그 꿈을 따라 계속해서 나아간다.

그렇다면 안디옥교회의 꿈인 선교사를 파송하는 사역은 교회가 재정적으로 손해 보는 일일까? 아니다. 박 목사는 선교사 시절 자신에게 도움을 주었던 싱가포르 교회의 어느 성도를 통해서 이를 설명한다. 그 성도는 선교사를 재정적으로 도와주는 역할만 하다가 나중에 하나님의 인도하심으로 선교사가 되어 호주로 파송을 받게 되었다. 그리고 호주에서 교회를 개척하였다. 박 목사는 해외에서의 선교 사역을 마치고 귀국하였을 때, 그 선교사에게 말했다. "그동안 저를 많이 도와주셨으니 이제는 저희가 도움을 드릴게요." 그러나 호주에 있는 그 선교사는 이렇게 말했다. "We are sufficient!" '우리는 재정적으로 충분합니다. 도움받지 않아도 됩니다'라는 뜻이다. 선교사를 파송하고 도움을 준 교회와 성도들은 더 큰 축복을 받는 법이다.

자녀의 지위를 회복하라

박 목사는 외친다. "에덴의 축복과 영광을 회복합시다. 자녀의 지위를 회복합시다." 박 목사의 이 외침에는 두 가지 의미가 있는데, 하나는 '하나님이 거룩하니 너희도 거룩하라'는 것이고 또 하나는 '하나님은 영광을 받으시고 우리는 하나님의 자녀로서의 영광의 자유를 얻어야 한다'는 것이다. 박 목사는 이것을 '주님의 자녀로서 지위 회복'이라 표현한다. 예수님을 믿는 우리는 성도로서 거룩하게 살고 영광스럽게 살아야 한다는 의미이다.

박 목사는 자신이 먼저 그와 같은 자유를 누리는 체험을 하였다. 그리고 성도들에게도 자신이 누리고 있는 영광의 자유를 나누고 싶어 안타까운 심정으로 말한다. "저보다도 못한 가정은 없을 것입니다. 저희 가정은 깨진 가정이었습니다. 어머니는 정신병에 걸리고 저는 불량학생으로 학교에서 제적예고통지까지 받았습니다. 제가 예수 믿어 구원받고 가난과 눌림과 질병에서 자유함을 얻고 안디옥교회에서 목회까지 하게 된 것은 다 하나님의 은혜입니다. '힘으로 되지 아니하며 능력으로 되지 아니하고 오직 나의 영으로 되느니라'(슥 4:6)의 말씀은 저에게 딱 맞는 말씀입니다."

예수님이 이 땅에 오신 목적은 다음의 말씀에서 찾을 수 있다. "주의 성령이 내게 임하셨으니 이는 가난한 자에게 복음을 전하게 하시려고 내게 기름을 부으시고 나를 보내사 포로 된 자에게 자유를, 눈 먼 자에게 다시 보게 함을 전파하며 눌린 자를 자유롭게 하고"(눅 4:18). 박 목사는 이 목사가 감당해 온 선교 사명에 추가하여 3만 3천의 사람을 키우는 비전으로 하나님의 사역을 완성해 나가겠다고 다짐한다. 병들고, 눌리고, 가난하고, 인간관계가 막혀 있는 성도들이 치유되고 눌림과 막힘에서 회복되어 자녀들이 누리는 영광의 자유를 얻도록 하는 비전을 가지고 있는 것이다. 이것이 2기 박진구 목사의 목회 철학이고 외침이다.

먼저 주를 위해 기도하라

기도의 원칙은 예수님이 가르쳐주신 기도, 즉 '주기도문'이다. 주기도문은 그 내용을 기도와 간구 두 가지로 나눌 수 있다. 기도는 하나님의 이름을 높이고, 하나님 나라가 임하시기를, 그리고 하나님의 뜻을 구하는 것이다. 간구는 우리를 위한 기도인데 다시 타인을 위한 기도와 자기 자신을 위한 기도 두 가지로 나눌 수 있다. 그 두 가지의 기도 중에서도 다른 사람들을 용서하는 기도와 다른 사람들을 위한 중보기도를 먼저 드려야 한다. 그리고 난 다음에야 나에게 필요한 것들을 구해야 한다. 그런데 대부분의 사람은 간구는 많이 하는데 기도는 거의 하지 않는 경향이 있다고 한다.

박 목사의 기도에 대한 간증을 들어보자. "저는 이 기도의 원칙에 충실해서 기도하려고 노력해왔습니다. 그 덕분에 선교사 생활을 하면서도 항상 풍성한 생활을 해왔습니다. 사람들은 저에게 묻습니다. '당신은 선교사이면서도 왜 항상 모든 것이 풍성합니까?' 그러면 저는 이렇게 대답합니다. 먼저 그의 나라와 그의 의를 구했더니 '더함'의 축복을 받아서 그렇습니다. 그것이 비결입니다." 박 목사는 성도들에게도 권면한다. "먼저 그의 나라와 그의 의를 구하십시오. 그리고 더함의 축복을 받으십시오."

하나님께서는 로마서 8장 15절과 갈라디아서 4장 5절의 말씀을 통하여 우리가 하나님께 '아바 아버지'라 부르짖을 수 있는 자격을 부여하셨다. 우리가 하나님께 '아바 아버지'라 부르짖을 때 많은 기도 응답의 역사가 일어난다. 로마서 8장 26절의 말씀에 인간들은 마땅히 하나님께 빌 바를 알지 못하기 때문에 성령님께서 우리가 기도하지 못하는 연약함을 도우시기 위해 우리 속에서 말할 수 없는 탄식으로 중보기도를 해주시는데, 이것이 바로 성령님의 중보기도이며 믿음 안에서 하나님의 뜻대로 하는 완벽한 기도이다.

우리가 하나님께 드리는 기도는 주님이 가르쳐주신 기도인 주기도문, 대표기도, 통성기도, 방언기도, 침묵기도 등이 있지만 우리가 가지고 있는 모든 기도 제목을 내려놓고 오직 성령께서 우리에게 필요한 것을 위해 친히 기도해주시길 간구하는 '아바기도'는 아주 귀한 기도이다. "하나님은 달라고 안달해서 주시는 것이 아니고 우리에게 필요하면 주신다"는 이동휘 목사의 말씀과도 일치한 기도이다. 성도들은 가정에서 기도생활을 하는 데 있어서 불편한 점이 많이 있다. 골방에서 조용히 하나님께 기도할 때도 있지만 때로는 하나님께 모든 것을 내어놓고 마음껏 부르짖고 싶을 때가 있는데, 집에서는 이웃집까지 기도 소리가 들릴까 봐 큰 소리로 기도하기가 어렵다. 교회에서도 전용 기도실이 없는 경우에는 마음껏 부르짖으며 기도할 수 있는 공간이 부족한 것이 현실이다. 그러므로 기도원에 가야 마음껏 부르짖으며 기도할 수가 있다. 만민의 기도하는 집인 교회에서조차 마음 놓고 부르짖지 못하는 것은 안타까운 일이 아닐 수 없다.

그러나 안디옥교회는 지하에 겟세마네 성전, 카타콤 성전 등이 있어서 기도할 환경이 좀 나은 편이다. 그리고 새벽기도회 시간이나 금요철야예배 시간에 '아바기도'하는 시간을 주고 있기 때문에 참석한 모든 성도는 주변 사람들을 의식할 것 없이 마음 놓고 부르짖으며 기도할 수 있다.

우리가 하나님을 아바 아버지라 부를 때 하나님은 친근한 아버지의 모습으로 느껴진다. 다음은 CCM 〈아바 아버지〉이다.

아바 아버지,
아바 아버지,
나를 안으시고 바라보시는 아바 아버지

아바 아버지,

아바 아버지,

나를 도우시고 힘주시는 아버지

주는 내 맘을 고치시고

볼 수 없는 상처 만지시네

나를 아시고 나를 이해하시네

내 영혼 새롭게 세우시네

다음은 CCM 〈성령 하나님 나를 만지소서〉이다.

성령 하나님 나를 만지소서

상하고 깨어져 지친 나를 새롭게 하소서

성령의 바람 시들은 내 영 살리소서

성령 하나님이시여 지금 이곳에 임하소서

바람처럼 불처럼 성령이여 임하소서

성령 하나님 이 땅 고치소서

죄악의 어둠 속 헤매는 우리 태워주소서

성령의 불로 세상 헛된 맘 태우소서 임하소서

성령 하나님이시여 지금 이곳에 임하소서

바람처럼 불처럼 성령이여 임하소서

박 목사가 싱가포르에서 선교사로 사역하고 있을 때의 일이다. 멜링이라는 여자 성도가 있었다. 그녀의 기도 제목은 '결혼'이었다. 당시 40세였던 멜링의 외모는 그다지 출중한 편은 아니었다. 아니, 박 목사의 생각으로는 도저히 결혼하기 어려운 외모였다고 한다. 그런데 멜링은 박 목사에게 이 기도 제목을 가지고 기도를 부탁했다. 박 목사는 대답은 했지만 기도하면서도 확신을 갖지 못했다. 얼마 후 박 목사에게 기도 응답이 왔다. "나는 사람을 외모로 취하지 않느니라." 박 목사는 그 자리에서 엎드려 회개기도를 드렸다. "하나님, 저는 삯군입니다. 성도를 외모로 취하다니요." 박 목사는 그날부터 하나님께 부르짖는 기도를 하기 시작했다. 그러나 박 목사는 한 달여 동안 부르짖어도 여전히 확신을 갖지 못했다. 박 목사는 자책했다. "하나님, 저는 정말 삯군인가 봐요. 아직도 확신이 안 서요." 박 목사는 자신의 부족한 믿음을 회개하며 다시 부르짖었다. 자신의 부족함과 약함과 어찌할 수 없는 상황 등 모든 것을 내려놓고 오직 하나님의 임재만을 구했다. "아바" 하고 부르짖으며 모든 기도 제목을 내려놓고 성령님께서 중보해주시기를 기도했다.

또 한 달이 지났다. 드디어 확신이 생겼다. 박 목사는 '얼굴을 보면 안 될 것 같지만, 기도하면 될 것 같다'는 생각이 들었다. 절반의 확신이 생긴 것이다. 박 목사는 성도들에게 말한다. "제가 이렇게 믿음이 적어요." 그러나 성령님은 "아바 아버지"라 부르짖는 주의 종을 위해 탄식하며 기도해주셨다.

그리고 하나님은 응답하셨다.

에릭이라고 하는 한 남자 성도가 있었다. 그는 사업을 하는 중소기업 사장인데 키도 크고 인물도 좋은, 세상적으로 표현하자면 훈남에 속하는 사람이었다. 게다가 믿음도 좋고 성령이 충만해서 바쁜 와중에도 단기선교를 다니고 하나님의 뜻대로 살려고 노력하는 사람이었다. 어느 날 그는 박 목사에게 기도 제목을 내놓았다. "저에게 맞는 결혼 상대를 만날 수 있게 기도해주세요." 박 목사는 그에게 물었다. "왜 아직까지 결혼을 안 하셨나요?" 그러자 에릭이 대답했다. "하나님의 뜻대로 사는 여자를 아직 못 만나서 기다리고 있는 중입니다." "인물은?" "안 봅니다."

박 목사는 그 두 명의 성도를 연결해주고 싶었다. 박 목사는 당시 교도소 사역의 일환으로 마약중독자 갱생원을 하고 있었는데 그 두 성도에게 갱생원 도우미로 일해줄 것을 부탁했다. 중국어를 잘하고 목소리가 좋은 멜링과 말레이시아어를 잘하는 에릭은 각자 30명 정도씩 맡아서 일하게 되었다. 박 목사는 그 둘에게 6개월 과정의 상담과정 공부도 같이 할 수 있도록 하였는데, 사역에 있어서 매우 조화롭게 일을 해냈다. 그러나 결혼 상대로까지 발전하지는 않았다. 그래도 박 목사는 사역을 하는 중에 같이 어디에 갈 일이 있을 때에는 항상 두 명을 박 목사의 승용차로 태우고 다녔다. 조수석에는 가방을 놓거나 서류들을 수북이 쌓아놓고 둘 다 뒷자석에 앉을 수 있도록 배려(?)하였다. 박 목사는 유머가 많은 만큼 꾀도 많았던 것 같다. 박 목사는 운전 중 커브길을 갈 때는 좀 더 터프하게 차를 몰아 그 둘의 스킨십을 도왔다.

박 목사는 그즈음 사역에 관한 일로 미국에 3개월 정도 다녀왔는데 멜링과 에릭이 찾아왔다. 둘은 결혼하기로 결정했다고 말했다. 에릭은 멜링보다 다섯 살 연하이며 능력 있는 남자다. 박 목사는 그런 에릭을 보면서 '결혼 후 신혼여행을 다녀와서 깨지게 되면 어떻게 하나' 하는 마음이 들어서 여전히 하나님께 빡세게(?) 기도를 드렸다고 한다. 그러나 둘은 20여 년이 지난 지금도 서로 사랑하고 하나님께서 맡겨주신 선교 사역들을 잘 감당하며 행복하게 살고 있다. 박 목사는 멜링과 에릭이 지금도 박 목사의 중보기도에 감사해하고 있으며 멜링의 친척 중에서 매달 일정한 액수의 용돈을 박 목사에게 보내주는 분도 있다며 자랑(?)한다.

박 목사는 하나님께 부르짖는 기도, 특히 '아바 아버지'라 부르짖는 기도는 성령님의 도우심을 받는 기도이기 때문에 많은 기도 응답의 역사가 있다고 강조한다. 박 목사는 멜링과 에릭의 결혼에 대한 중보기도의 응답을 받은 것과는 별도로 박 목사 개인도 보너스의 기도 응답을 받았다고 간증한다. 박 목사는 멜링과 에릭의 결혼식을 복음 전파의 중요한 기회로 삼고자 주례사를 놓고 미리 기도하며 준비하였다고 한다. 하나님께서는 박 목사의 소망대로 주례 시간에 복음 전파의 기회를 주셨다.

박 목사는 700~800명이 모인 결혼식장에서 찬송과 주의 말씀으로 신랑, 신부, 하객들을 권면하면서 주례사를 하였다. 박 목사의 매우 역동적인 찬양과 말씀 증거는 복음 전파와 축복의 결과를 가져왔다. 나중에 멜링과 에릭의 친척들까지 세례를 받게 된 것이다. 박 목사는 그날 열정적인 주례사를 한 일로 주변의 많은 교회로부터 부흥강사로 초청받기도 하였다고 한다. 박 목사는 "장로교단은 오순절 계통의 교단들에 비해 부르짖는 기도를 많이 하지 않는 편이지만 제가 직접 체험하고 응답을 받아보니 너무도 귀합니다"라며 하나님께 더욱 부르짖어 하나님의 자녀 된 영광의 자유를 마음껏 누리자고 말한다.

아바기도에 대한 간증은 엄청나게 많다. 안디옥교회는 금요철야예배 때 나 주일 밤예배 때 아바기도 간증을 하는데 수많은 간증자가 간증할 순서를 기다릴 정도로 많다. 박 목사는 말한다. "미국의 빌리그레이엄 목사님이나 오바마 대통령이, 그리고 이동휘 목사님이 우리를 위해 기도해준다면 얼마나 행복하고 기분이 좋겠습니까? 그러나 그보다 엄청난 우주의 주권자, 만왕의 왕이신 하나님께서 탄식하며 우리를 위해 기도해주시고 계시다는 것을 알아야 합니다. '아바 아버지'라 부르짖어 자녀만이 가질 수 있는 영광의 자유에 이르시기 바랍니다."

음란의 영을 결박하라

우리나라는 동네마다 성인용품 가게가 보편화됐다. TV 연예프로그램 중에도 선정적인 내용이 많고 드라마도 불륜드라마가 대부분이다. 그리고 청소년들까지도 컴퓨터 등의 매체를 통해 음란물을 쉽게 접할 수 있는 환경이 되었다. "낮에와 같이 단정히 행하고 방탕하거나 술 취하지 말며 음란하거나 호색하지 말며 다투거나 시기하지 말고 오직 주 예수 그리스도로 옷 입고 정욕을 위하여 육신의 일을 도모하지 말라"(롬 13:13~14). 이 말씀은 방탕한 시절을 보내고 있던 어거스틴을 '성 어거스틴'으로 성화되게 만들었다.

육체의 일은 분명하니 곧 음행과 더러운 것과 호색과 우상숭배와 주술과 원수 맺는 것과 분쟁과 시기와 분냄과 당 짓는 것과 분열함과 이단과 투기와 술 취함과 방탕함과 또 그와 같은 것들이라 전에 너희에게 경계한 것같이 경계하노니 이런 일을 하는 자들은 하나님의 나라를 유업으로 받지 못할 것이요(갈 5:19~21).

박 목사는 이 말씀을 예로 들며 예수님을 믿는 우리들은 '음란의 영'을 결박하고 죄와 피 흘리기까지 싸워야 한다고 강조한다. 죄를 멀리하는 것이 곧 하나님을 사랑하는 것이다. 우리는 하나님을 사랑하는 분량만큼 죄를 멀리할 수 있다. 그리고 죄를 멀리해야 하나님의 사랑을 받을 수 있기 때문이다.

지속적인 교회 갱신이 필요하다

마르틴 루터의 종교개혁 이후 개신교는 끊임없이 교회 갱신을 해왔다. 안디옥교회도 계속 갱신되어야 한다. 현재의 한국교회는 한국 기독교 초기의 순수함을 많이 잃어버렸다. 한국교회가 발전하기 위해서는 세속화된 것을 잘라내 버리고 새롭게 갱신되어야 한다. 안디옥교회도 갱신되어야 한다. 잘하고 있다고 칭찬받고 있지만 이것으로 만족하지 말고 초대교회 수준으로, 하나님의 마음을 시원하게 해드리는 수준까지 더욱 발전해나가야 한다.

박 목사는 말한다. "담임목사인 저와 교역자들부터 개혁되고 갱신되어야합니다. 성도들은 담임목회자나 교역자들 이상으로 그 신앙이 성장하기가 어렵습니다." 박 목사는 자신을 개혁 대상으로까지 표현한다. 성경말씀에 비추어 조금이라도 부족하다 싶으면 곧바로 자신의 부족함을 고백한다. 박 목사는 목에 힘주는 목회자가 아니다. 자기부인 하고 낮은 자리로 내려앉는 겸손의 목회자다.

현대는 종교다원주의 등 안티기독교의 시대이다. '초대교회로 돌아가는 것'밖에는 다른 대안은 없다. '수리아 안디옥교회'나 '예루살렘교회' 같은 초대교회로 돌아가는 것만이 대안이다. 성경말씀대로 하나님의 기쁨이 되는 삶을 살아야지, 내 생각대로 세상 시류에 따라 살아서는 안 된다.

이동휘 목사의
'간단가정예배'

이동휘 목사는 신앙적인 아이디어가 많은 목회자다. 이 목사의 아이디어는 뇌물 안 받기, 신앙적 언어 사용하기, 신우회를 직장 선교회로 바꾸기, 교통질서 잘 지키기, 컴퓨터 선용하기 등이 있는데 그중 한 가지를 소개한다.

가정 문제, 가정예배가 답이다

부부 갈등, 이혼, 대화 없는 가정, 자녀 문제 등에 대한 해답은 바로 '가정예배'다. 가정예배 10분이 자녀의 미래를 약속한다. 이 목사가 제시하는 가정예배 방식은 좀 색다르다. 가정예배의 사회자는 가족들이 한 사람씩 돌아가면서 맡아 진행한다. 그날 사회자가 찬송을 한 장 선택하고 성경봉독은 온 가족이 1절씩 돌아가며 읽고 사회자가 마침기도를 하고 주님 가르쳐주신 기도로 마친다. 이렇게 하면 10분이면 가능하다. 분위기가 좋을 때에는 나눔 시간 등이 길어져 10분을 초과하는 경우도 있지만 그때 상황에 맞게 시간을 조절할 수 있다는 장점이 있다.

나는 우리 가정에 이 목사가 가르쳐준 가정예배를 정착시켰다. 시간이 짧아지니 부담이 적어졌다. 가정예배 후의 나눔 시간이 즐거워졌다. 나눔 시간이 상담(진로상담, 생활상담, 노하우 전수 등) 시간이 되는 경우도 있었다. 대화 부족이 생기지 않았다. 가정예배를 드리다가 중단된 가정에 이 목사가 제안한 방식의 가정예배를 적극 추천한다. 가정예배가 살아나니 가정이 살아났다. 자녀들과의 관계도 끈끈해졌다. 우리 가정은 다시 사랑이 넘치게 되었다. 우리 가정은 가정예배를 드릴 때 주로 거실에서 예배를 드리지만 가끔씩은 다른 곳에서 드리기도 한다. 가족 구성원 중에 특별한 기도 제목이 있거나 자녀 중에 누가 "아빠, 오늘은 제 방에서 드려요"라고 말하면 그날은 그 아이 방에서 가정예배를 드린다. 작은 집이지만 안방과 거실, 주방, 큰아이 방, 작은아이 방 등으로 돌아다니며 예배를 드린다. 우리 가족은 예배를 드리는 장소마다 이름을 붙였다. 거실은 본당, 안방은 임마누엘 선교관, 주방은 예루살렘 성전, 큰아이 방은 한반도 선교관, 작은아이 방은 모리아 성전, 큰아이 방 베란다는 엘리야 제단 이렇게 이름을 붙였다. 이 이름들은 모두 안디옥교회의 예배당 이름에서 따왔다. 안디옥교회는 크고 작은 건물마다 성전의 이름을 지었는데 그 이름과 똑같은 이름으로 지었다. 예배도 각 방을 순회하면서 드리고 사회도 가족 구성원들이 차례로 돌아가면서 인도하니 아이들도 어른들도 재미있고 즐거웠다.

이렇게 가정예배를 드리니 아내와 믿음의 진도(신앙생활에서의 열심의 정도)가 비슷해졌다. 내가 피곤하고 힘들면 아내가 일으켜준다. 그 반대일 때는 내가 일으켜준다. 서로 돕는 배필로 더욱 가까워졌다. 예를 들어 새벽기도, 각종 예배, 기도모임, 제자훈련 때에 서로 권면해준다. 우리 부부는 가정예배를 통하여 서로가 신앙생활의 동역자임을 확인하는 계기가 되었다. 모두 다 이 목사의 '간단 가정예배'를 실천해서 얻은 결실들이다. 이제는 '간단 가정예배'를 거의 빼먹지 않고 드리게 되었다. 항상 간단하게 드리려고 노력하지만 은혜받으면 간혹 부흥회처럼 길어질 때도 있다.

가정예배의 유익

1. 하나님을 경외하는 가정이 되고 신앙교육이 잘되며 부모의 신앙이 자녀에게 흘러가는 통로가 된다.

2. 부부 사이, 부모와 자녀 사이, 자녀들 간의 의사소통이 원활해지고 친밀감이 높아지며 화목해진다.

3. 자녀들의 인간관계 능력이 향상된다.

4. 자녀들이 지혜로워지고 발표력이 향상된다. 리더십 훈련이 자동적으로 이루어진다.

04

부족한
안디옥교회

　지금까지는 안디옥교회의 좋은 점들을 많이 이야기했다. 그러나 안디옥교회는 부족한 교회다. 선교 자랑할 것도 없다. 오직 주님께서 하신 일이고 우리는 주님께 약간의 순종만을 했을 뿐이다. 우리가 선교 자랑하면 교만한 교회가 된다. 우리는 아직도 부족한 안디옥교회를 쓰시는 주님의 은혜가 감격스러울 뿐이다.

　세상에 완전한 교회가 있을까? 그렇지 않을 것이다. 교회는 신앙심이 깊은 사람, 믿음이 얕은 사람, 새 신자 등 다양한 사람이 모인 곳이다. 믿음의 분량과 행동양식이 개인별로 다르다 보니 같은 주의 일을 하면서도 세부 의

견이 맞지 않아 가끔 부딪히고 상처받을 때도 있다. 직분자들 사이에서 또는 일반 성도들 사이에서 서로 상처를 줄 때도 있다. 교회에서 봉사하다가 사람에 의해 상처받을 경우 이를 지나치게 괴로워하고 당황스럽게 생각할 필요는 없다. 다만 기도해야 한다. 성도들 간에 상처가 생긴다면 이는 분명히 기도하라는 뜻이다. 기도의 기회로 삼아야 한다. 내가 좀 더 성화되어갈 수 있는 좋은 기회가 된다. 낙심하지 말아야 한다. 그리고 안디옥교회는 박 목사의 성령 사역(전인적 치유 수양회 등) 한방이면 대부분 예전처럼 회복된다.

찬송가 중에 '나 이제 주님의 새 생명 얻은 몸'으로 시작하는 찬송가가 있다. 그 찬송가에는 '죄인도 원수도 친구로 변한다'라는 구절이 있다. 나는 내가 인간관계에서 상처받고 힘들 때 그 구절만을 반복해서 부르는 버릇이 있다. 이 찬송가 구절을 직장이나 사회에서만 부르는 것이 아니라, 간혹 교회에서 부를 때도 있다. 나도 때로는 교회에서 상처를 줄 때도 있고 받을 때도 있기 때문이다. 교회가 완벽하지 않듯이 성도들도 백퍼센트 온전한 사람은 없는 법임을 알기에 내 자신도 용서하고 상대방도 용서하려고 노력한다. 예수님의 복음에 얼마나 놀라운 능력이 있는지 우리 선진들의 신앙을 통해서도 보지 않았는가?

다른 교회에서 우리 교회로 온 성도들 중에 이런 말을 하는 성도도 있다. "안디옥교회가 좋다고 소문났는데 특별히 좋은 것도 없네요." 어떤 성도는 "안디옥교회는 사랑이 좀 부족합니다"라고 말하기도 한다. 안디옥교회가 선교를 최우선으로 하다 보니 성도 간의 교제가 좀 부족한 것은 사실이다.

주일학교 학생들에게 상품 주고, 봉사자들에게 밥 사주고, 선물 사주고,

기념품 만들어주고, 임직자들에게 성대하게 임직식을 해주고 하는 것들을 전혀 하지 않기 때문에 더욱더 그럴 것이다. 그러나 그렇다고 해서 선교를 미루고 차선에 집중할 수는 없었다. 이 목사는 항상 이야기한다. "아무리 선교를 많이 하더라도 사랑 없이 하는 것은 아무것도 아닙니다." 박 목사도 2기에 새로운 프로그램들을 통하여 '사람을 내놓으라'(예산의 60%를 드리는 것에 그치지 않고 사람의 60%를 드리는 일도 실천하려는 것)는 요구에 답을 내놓을 만한 훈련을 하고 있다. 독수리 제자훈련이 바로 그것이다. 그리고 소그룹이 활성화되면서 성도들 간의 교제도 더욱 강화되고 있다. 특히, 남자성도들이 열린 모임을 통해서 세상 문화에 기웃거리는 삶을 접고 기독교 문화에 관심을 갖게 되는 경우가 많이 생겨나고 있다.

안디옥교회는 독수리 제자훈련을 실시하고 있는데, 그것의 유익함에 대해 말하면 첫째, 사람을 내놓을 수 있다. 둘째, 상처를 치유받는다. 셋째, 신앙이 성장한다. 세상에 완전한 교회는 없다. 오직 예수님만이 완전하시다. 주택가 주변에 있는 교회들은 주차 문제, 소음 문제로 몸살을 앓는다. 안디옥교회도 주차 문제와 소음 문제가 있었다. 안디옥교회 주변에도 '안디옥 교인은 절대 이곳에 주차하지 맙시다. 지킬 것은 지킵시다'라는 내용을 아크릴로 붙여놓은 집이 있다. 이것은 안디옥교회가 완전하지 않다는 증거다. 안디옥교회는 이것을 겸허히 받아들이고 광고 시간에 몇 차례 광고하여 지금은 많이 개선되었다. 그리고 안디옥교회가 있는 블록 주변에 자발적으로 주차 금지 안내판을 세워두어 주변 주민들과 상인들에게 불편이 없도록 노력하고 있다. 그러나 그 아크릴 간판은 아직도 그대로 남아 있다. 나는 이것을 안디옥교회의 자기부인 차원에서 공개한다.

다른 교회들도 장점이 많으므로, 단점(선교, 구제에 노력과 예산투입을 적게 하는 것)만 보완하여 장점(지상명령에 순종, 육안으로 보이는 예수님을 섬기기 등)을 더욱 살려나가면 안디옥교회를 능가할 교회들도 많을 것이다. 한국교회에 그런 교회들이 많이 나오길 기대해본다.

내가 이 책을 통해 말하고자 하는 것은 이동휘 목사나 박진구 목사를 닮으라고 하는 것이 아니다. '사도바울을 닮자'는 것이고, '예수님을 닮자'는 것이다. 안디옥교회를 닮으라는 것도 아니다. 초대교회를 닮으라는 것이다. '초대교회를 닮는 것'은 '안디옥교회의 소망'도 되기 때문이다.

성령님의 역사하시는
힘은 강력하다

　나는 안디옥교회에서 신앙생활 하면서 누구나 하나님께서 주신 감동에 귀 기울이고 하나님 말씀에 순종할 때, 성령님의 강한 역사와 능력이 나타난다는 것을 알게 되었다. 이 목사는 하나님께서 주신 감동이 왔을 때 곧바로 순종했다. 그러자 놀라운 역사가 일어났다. 성령님의 인도하심이 뒤따랐다. 박 목사도 3만 3천의 비전을 세워 사람을 키우라는 하나님의 감동에 순종하고 있다. 나도 미약하지만 예수님을 믿고 세례받은 후 29년째 신앙생활 하면서 하나님을 의지하고 하나님께 순종할 때 성령의 역사하심이 나타난다는 사실을 조금이나마 알게 된 사건들이 있다.

　'성령의 역사는 짧고 강력하다. 그러나 그 인도하심은 길다.' '순종은 짧고, 성화는 길다.' 나는 그동안의 내 신앙생활을 돌아보며 이 두 가지의 고백을 하게 됐다. 그동안 내 신앙생활은 형편없었지만 성령님의 능력은 늘 강력했다. 죄 짓고 불순종한 삶의 연속이었지만 잠깐이라도 순종하는 날에는 성령님의 강한 역사하심이 있었다. 이런 성령님의 임재를 느껴본 경험을 소개하고자 한다.

일천 명 전도 성탄절

10여 년 전, 내가 시골에 있는 교회에 다닐 때였다. 그 교회는 아주 작은 시골 소도시에 있었지만 출석 성도는 200여 명이 되는 교회였다. 어느 해인가, 교회에서 전도 집회가 있었다. 강사님은 집회 시간에 교회에 미션을 던져주었다. 그 미션은 성탄절에 일천 명을 초청하여 예배를 드리라는 것이었다. 강사님은 술에 인 박힌 자, 미신에 찌든 자, 가난한 자, 질병으로 고통 중에 있는 자 할 것 없이 모두 데려오라고 했다. 그 당시 나는 신앙생활이 침체되어 있었고 집안에도 몇 가지 어려움들이 있었다. 영육 간에 지쳐 있는 시기였고 건강도 좋지 않았던 시기였다. 그래서 나에게 어떠한 자신감도 남아 있지 않았다. 그러나 마음만은 갈급했다. 나는 전도 집회를 위한 기도회에 몇 번 참석했고 전도 집회 기간 동안에는 새벽마다 하나님께 매달렸다. 청년 때의 열정을 잃어버리고 에스겔 골짜기의 마른 뼈와도 같았던 내가 다시 일어설 수 있기를 기도했다. 짧은 기간이었지만 새벽기도와 전도 집회는 나의 신앙을 다시 일깨웠다. 전도에 대한 열정도 부족했고 전도하는 것에 대해 약간의 콤플렉스까지 있었던 나였지만 전도에 대한 갈망이 싹트기 시작했다.

드디어 일천 명 전도 총동원 집회가 선포되었다. 교회에서는 일천 명 전도 집회 준비위원회가 구성되었고 그 위원회는 다시 기도분과, 차량분과, 시설분과, 전도분과 등으로 나뉘었다. 그런데 전도분과만 아무도 희망하는 사람이 없었다. 전도에 자신감이 없는 나였지만 청년 때부터 전도하는 일에 대해 사모하는 마음을 가지고 있었기에 "하실 분이 없으시면 제가 맡겠습니다"라고 말했다.

작은 시골교회에서 일천 명이 모인다는 것은 그 당시 성도들의 생각으로는 상상하기 힘든 일이었다. 그러나 나는 도전해보고 싶었다. 그리고 전적으로 하나님께만 매달리기로 마음먹었다. 새벽마다 하나님께 지혜를 간구했고, 새벽기도를 마치고 집으로 돌아오면 곧바로 책상에 앉아 새벽기도 시간에 하나님께서 주신 지혜들을 종이에 옮겨 적었다. 그것은 '전도 대상자 명단 작성 방법', '각 구역별, 교구별 명단 수집 방법', '전도 대상자들을 모셔오기 위한 전략' 등이었다. 당시에는 시골 교회에서 전도 전략, 구체적인 전도 요령 등 전도를 위한 각종 도구들이 많이 개발되지 않아서 일천 명 전도를 위한 자료가 전무한 상태에서 활동을 시작했다.

성탄절을 두 달 반 정도 남겨놓은 시점이었다. 나는 청년들을 모아 내가 새벽기도 시간에 받았던 '하나님께서 주신 지혜'를 가지고 전도 전략을 수립하였다. 청년들은 너무도 순순히 따라주었고 전도 대상자의 명단이 하루하루 늘어가는 기쁨을 함께 나누었다. 우리는 전도 대상자 명단을 놓고 중보기도도 시작하였다. 그로부터 한 달쯤 지난 시점이었다. 성탄절 당일에 참석이 확실시되는 사람들의 숫자가 400여 명이 되었는데 더 이상 늘어나지 않는 것이다. 나는 조급한 마음이 생겨 각 교구별, 구역별로 전도 대상자들을 집계하는 청년들을 독려했다. 각 교구장님, 구역장님들께 좀 더 열심을 내시도록 전화하고, 권면하도록 부탁하였다. 그러나 1주일이 지나도 별다른 변화는 없었다.

나는 새벽기도 시간에 다시 하나님께 매달렸다. 하나님께서 또 지혜를 주셨다. "네가 아무리 힘쓴다고 되는 것이 아니다." 하나님의 도우심 없이는 될 수도 없고 의미도 없다는 감동이 온 것이다. 나는 하나님께 회개기도를 드렸다. 내 힘과 내 능력으로 하려 했던 교만한 마음을 회개한 것이다.

다시 청년들과 함께 모였다. 숫자가 안 늘어나도 걱정하지 말자고 했다. 모든 일은 하나님께서 인도하시는 대로 순종하고 우리는 구역장님들께 격려만 하자고 했다. 청년들은 구역장님들을 만날 때나 전화를 드릴 때 "애쓰십니다. 저희들이 열심히 기도하겠습니다. 잘되고 있습니다"라고 말했다. 그리고 또 다른 감동이 왔다. "전도 대상자가 아니다. 기도 대상자이다." 내가 전도하려 애쓰지 말고 하나님께 그 영혼들의 구원을 위해 기도만 하라는 감동이었다. 우리는 구역장님들께 말했다. "우리는 기도 대상자를 집계하고 있습니다. 전도 대상자가 아닙니다." 교회 광고시간에도 광고했다. 그때 나는 마음속으로 혼자 되뇌었다. '우리가 하는 것이 아닙니다. 성령님이 하십니다.'

우리는 한 달 뒤 천 명에 가까운 '기도 대상자'를 확보했다. 내가 하려 하지 않고 온전히 하나님만을 의지한 우리의 태도를 하나님께서 좋게 보신 것이다. 성탄절을 보름 정도 남겨놓은 시점이었다. 또 다른 감동이 왔다. 그래서 나는 집사님들과 함께 각 마을마다 노인정을 찾아다녔다. "성탄절에 교회에서 어르신들을 대접하려고 합니다. 오신다고 하시면 성탄절 당일에 모시러 오겠습니다." 300여 명의 어르신이 오시겠다고 약속해주었다. 드디어 성탄절 당일이 되었다. 각 분과별로 바쁘게 움직였다. 각 마을마다 봉고차와 승용차를 보내어 어르신들을 모셔왔다. 각 구역별로 승용차를 할당하였기 때문에 차량 봉사에 참여한 승용차가 꽤 많았고 개인마다 전도 대상자들을 모서 오느라 교회 마당과 교회 주변은 북새통을 이루었다. 나도 외삼촌을 비롯한 친척들을 초대하였다.

예배 시간이 되자 본당, 중고등부실, 청년부실, 식당, 본당 내 각 통로, 강대상 주변까지 앉을 자리가 없을 정도로 많은 사람이 모였다. 집계해보니 1,200명이 넘었다. 어떤 분은 1,400명 정도로 집계하였다. 기존 성도를 제외하고도 일천 명이 넘게 초청된 것이었다. 작은 교회가 두 달 반 정도의 짧은 기간 동안에 추진한 일이었는데도 그 모든 것이 가능했다. 성령님의 역사는 강력하다. 나는 아무리 짧은 시간이어도, 내가 하나님께 온전히 향해 있다면 하나님께서는 역사하신다는 것을 알게 되었다. 그러나 그 뒤로 나의 신앙은 또 점점 나태해졌다. 마치 경제학 책에 나오는 경기 곡선처럼 오르락내리락 반복했다. 신앙이 올라갈 때에는 성령님의 역사도 경험할 수 있었다. 신앙이 내려갈 때는 항상 죄 짓고 넘어지고 낭패당하고 근심과 걱정에 휩싸였는데, 대부분 내가 돈이나 명예와 같은 세상 가치를 구하며 살아갈 때였다.

청년들의 변화

내가 전에 다니던 어떤 교회에서의 일이다. 나는 그 교회에서 청년부장을 맡게 되었다. 그해 여름 수련회를 갔다. 전남 신안군에 있는 임자도로 갔다. 임자도는 문준경 전도사가 그 지역을 90% 이상 복음화시키고 순교한 지역으로 문준경 전도사의 피와 땀이 서려 있는 땅이다. 문 전도사는 자신이 버림받은 증도를 '사랑'으로 점령하였다. 거칠고 우상이 많았던 섬마을이 90% 이상 복음화된 것은 물론이고, 현재까지도 증도는 무당, 점쟁이, 술집 등이 없는 곳으로 유명하다. 우리는 그곳에서 즐거운 시간을 가졌다. 임자도는 민어회로 유명한 곳이기도 하다. 임자도교회의 권사님이 마을 이장님에게 부탁해서 바다에 떠 있는 배에서(사람들은 그곳을 바다 창고라 불렀는데 물고기를 바닷속에 보관해두는 곳이어서 물고기가 매우 신선했다) 민어를 가져다가 회를 만들어주었다.

수련회의 첫째 날 저녁이었다. 청년들과 '배우자 선택'에 대한 주제로 담소를 나눴다. 청년들은 아내와의 결혼이야기를 해달라고 졸라댔다. 나는 아내와 만난 지 100일 만에 결혼식(중매가 아니고 연애결혼이었다)을 올린 이야기를 해주었다. 나눔 시간은 기막히게 좋았다. 자신의 부족한 점에 대해 이야기하는 것을 누구도 부끄러워하지 않는 분위기였다.

성령님의 역사는 강력하다. 배우자를 선택할 때도 하나님께서 함께하시면 짧은 기간에도 역사가 나타난다. 수련회도 마찬가지였다. 프로그램이 좋고 무엇을 열심히, 그리고 많이 해야 꼭 성령의 역사하심이 큰 것은 아니다. 진심으로 하나님께 회개하고 하나님의 얼굴을 구하면 짧은 기간에도 강한 능력이 임하신다. 그날 우리는 기도 시간에 먼저 우리의 잘못을 회개하는 시간을 가졌다. 그다음 우리가 원하는 것들을 구하는 기도를 드렸다. 청년들은 오직 순수하고 순전한 마음으로 겸손하게 엎드려 기도했다. 그때 수련회의 분위기는 하나님께 무엇을 달라고 조르는 분위기가 아니었다. 그냥 믿음의 형제, 자매들이 함께 있는 것이 즐거운 분위기였다.

우리는 특정 기도 제목을 놓고 기도하지 않기로 했다. 그저 하나님께서 우리를 통해서 무엇을 하기를 원하시는지 구하기로 하고 청년들도 모두 그렇게 기도하기로 했다. 다 함께 하나님께 기도를 드렸다. 우리는 진심으로 하나님께서 원하시는 것이 무엇인지 알기 원했고 그것을 알려주시라고 간절히 기도드렸다. 기도를 통해 눈에 보이는 별다른 이적과 기사는 없었다.

한 시간쯤 기도한 후에 청년들과 교회에서 앞으로 무엇을 할 것인지에 대해서 대화를 나눴다. 여러 가지 이야기들이 있었는데 그중에 하나가 찬양단 활동을 좀 더 열심히 해보자는 것이었다. 청년들은 그동안 찬양단을 소규모로 구성하여 몇 달 동안 활동하다가 동력을 잃고 활동이 멈추어버리곤 했다고 말했다. 지속적인 활동이 되지 못했던 것이다. 그런데 하나님께서는 좀 더 헌신하기를 원하시는 것 같다고 말했다.

청년들은 순전한 마음으로 하나님의 마음을 얻고자 했다. 나는 "그럼 이제부터 열심히 해봅시다. 하나님께 지혜를 구하면 잘될 것입니다"라고 말했다. 청년들은 수련회를 통하여 마음이 하나가 되었다. 우리는 수련회에서 돌아와 찬양단을 만들어 본격적으로 활동하기 시작했다. 그러나 제대로 된 악기가 없어서 어려움도 많았다. 교회에 악기 구입을 위해 도움을 요청했으나 예산이 없다고 했다. 나중에 안 사실이지만 당회에서는 이번에도 몇 달 하다가 그만 두겠거니 했다는 것이다. 우리는 악기 구입을 위해 하나님께 기도했다. 그리고 악기 구입을 위한 특별 바자회를 열었다. 큰 수익이 나지는 않았지만 바자회 수익금과 몇 분의 찬조로, 그리고 청년 회원들 모두가 조금씩 돈을 모아서 몇 가지의 악기를 구입했다. 악기를 구입하고 나니 우리는 더욱 힘이 났다. 청년들이 주축이 된 찬양단은 그 뒤로도 지치지 않고 활동했다. 몇 달 하다가 그칠 것이라는 당회의 예상은 빗나갔다. 찬양단 활동은 1년이 지나도, 2년이 지나도 계속되었다.

여름 수련회의 짧은 기간 동안에 임한 성령의 역사는 강력했다. 청년들은 하나님께서 주신 사명감에 취해 사역에 지치지 않았고 서로 화합하였다. 나는 지금 그 교회에 다니지는 않지만 8년이 지난 지금도 여전히 왕성하게 활동하고 있고 찬양단원들도 대부분 그 수련회 때 참석했던 청년 회원들로 유지되고 있다는 소식을 들었다. 나는 너무도 기뻤다. 성령님은 아주 짧은 시간 동안 임하셔서도 큰일을 하시고 지속되게 하시는 놀라운 능력을 우리에게 보여주셨다. 나는 하나님께 감사기도를 드렸다. "오, 성령님! 저같이 불의한 자에게도 오셔서 능력을 보여주시네요."

방언

나도 방언의 은사를 받았다. 방언은 정말 신기하고 놀라웠다. 나는 방언의 은사를 받기 전까지 내가 영원히 방언의 은사를 받지 못할 거라 생각했다. 내가 예수님을 믿고 세례를 받은 초창기 때였다. 수련회에 가면 내가 맡고 있는 고등부의 학생들은 대부분 방언을 받는데 정작 교사인 나는 방언을 받지 못했다. 학생들이 다 받는 방언을 나만 못 받는 것이 창피하기도 했다. 하지만 마음속으로 '방언의 은사는 제일 하위의 은사야'라고 말하며 억지로 내 자신을 위로했다. 그리고 그때부터는 방언의 은사를 사모하지 않았다. 그 뒤로도 아내와 딸이 방언의 은사를 받았는데 나는 '별일 아닌 것처럼' 태연하려고 애썼다.

그러나 나에게도 방언의 은사를 받을 기회가 왔다. 안디옥교회에 박사라 사모님이 인도하는 기도모임에 참석하게 된 것이다. 내가 속해 있는 교구의 어떤 집사님이 부탁해서 이루어진 특별 기도모임이었다. 나는 그 기도모임에서 내가 방언을 받으리라고는 상상도 하지 못했다. 그때 나는 "하나님께서 주시면 받겠습니다"라고 기도했다. 그러나 그 순간 뒤에서 "은사는 사모해야 주십니다"라는 박사라 사모님의 목소리가 들렸다. 그래서 기도 내용을 바꿨다. "하나님, 저는 세례받은 지 25년이나 지났는데 아직도 방언의 은사를 체험하지 못했습니다. 하나님의 임재를 느끼고 싶습니다. 꼭 주시기를 원합니다." 나는 조용히 기도했다. 몸부림치지도 않았다. 소나무 한 그루를 뽑겠다는 각오로 기도하지도 않았다. 그저 조용히 기도했다. 그러나 간절히 사모했다. 한참의 시간이 지나자 여기저기에서 방언하는 소리가 들리기 시작했다. 나는 그에 굴하지 않고 기도만 하면서 '하나님이 주시기로 결정하신다면 반드시 주실 거야'라고 믿고 있었다. 사모님은 기도를 잠시 멈추게 하고 "자, 이제는 기도하실 때 '할렐루야' 해보세요"라고 말했다. 나는 '할렐루야'를 시도했다. 그러나 '할'까지는 내 의지대로 했으나 '렐'부터는 내 혀를 스스로 제어할 수가 없었다. 강력한 성령님의 역사로 내 혀는 알아들을 수 없는 말들을 쏟아내고 있었다. 방언을 받은 것이다. 그저 신기하고 놀랍기만 했다.

나는 방언을 받고 얼마 동안은 성령님의 임재에 황홀한 기분을 가지고 신앙생활을 했다. 그러나 시간이 흐르면서 방언기도 하는 것이 두려웠다. 다시 방언을 했을 때 안 나오면 어떡하나 하는 두려움이었다. 그러나 전인적 치유 수양회 때도 마찬가지로 '할'까지만 내 의지로 하면 '렐'부터는 방언으로 바뀌어 나오는 것이었다. 나는 그때 깨달았다. 성령님의 역사는 강력하고 영구적이라는 것을. 성령님께서 한 번 주신 방언은 언제고 다시 해도 할 수 있다는 것을 알게 된 것이다. 아내는 내가 받은 방언은 초급단계의 방언이라고 말해주었다. 새 방언을 사모하면 또 받는다는 것이다. 더욱더 성령님을 사모해야겠다.

그러나 내가 방언의 은사를 받고 느낀 것 한 가지가 있다. "내가 사람의 방언과 천사의 말을 할지라도 사랑이 없으면 소리 나는 구리와 울리는 꽹과리가 되고"(고전 13:1). 이 말씀이 딱 맞았다. 내가 방언의 은사를 받아보니 그랬다. 방언받아도 죄 짓고, 세상 가치가 좋아 보이고, 교만하기는 마찬가지였다. '사랑'으로 하지 않는 '방언기도', '교회 봉사'는 아무것도 아니었다. 그리고 성령의 은사를 사용할 때에는 분쟁이 없고 성도들 간에 돌아보고 연합해야 한다는 것을 알게 되었다. "몸 가운데서 분쟁이 없고 오직 여러 지체가 서로 같이 돌보게 하셨느니라"(고전 12:25).

위의 세 가지 이야기는 짧은 시간에도 강력하게 역사하시는 놀라우신 하나님에 대한 간증이다. 만일 큰 지도자가 순종하여 성령님의 역사하심을 힘입는다면 그 결과는 엄청날 것이다. 안디옥교회가 그 증거이지 않은가. 나는 지도자 한 사람의 헌신이 중요하다고 생각한다. 그 파급효과가 크기 때문이다. 이 목사가 재정의 60%를 선교비로 지출하라는 하나님의 감동에 순종하였기에 지금의 안디옥교회가 있는 것이다.

결단의 순간과 성령님의 역사는 짧은 시간에 이루어지지만 그 결과는 영속적이고 완전하게 이루어진다. 그래서 나는 지도자의 기도가 중요하고 지도자의 성령충만이 중요하고 지도자의 순종이 중요하다고 생각한다. 나 같은 성도의 위치에서도 간증거리가 생기는데 하물며 지도자에게랴.

나의 기도

나는 예수님을 믿고 세례받은 지 올해로 29년이 되었다. 나는 때로 성령이 충만해져서 하나님의 임재를 느낀 적도 있었지만 그렇지 않았을 때가 더 많았다. 성령을 받아도 충만한 데까지 이르지 못하면 많은 부작용을 낳게 된다. 예수님을 믿어도 여전히 세상적인 욕심을 가지고 살게 되고, 형제에게 이기적인 욕심을 가지고 대하기 쉽고, 자매들을 정욕의 눈으로 보기 쉽다. 짧은 나의 기도(중보기도학교 재학 중에 드린 기도) 몇 개를 소개하고자 한다.

〈기도 1〉

주여,

주님만 생각하며,

주님 바라보며,

주님과 동행하며 사는 하루하루가 되게 하옵소서.

세상 바라보다 넘어지고,

세상 바라보다 죄 짓고,

세상 바라보다 낭패당하고,

세상 바라보다 온갖 근심, 걱정에 싸입니다.

주여,

오늘도 주님만 생각하게 하옵소서.

〈기도 2〉

주여,

저는 이제껏 세상적인 욕심으로 사물을 바라보았습니다.

정욕적인 생각으로 자매들을 보았으며,

이기적인 생각으로 형제들을 보았습니다.

주여,

저는 죄인입니다.

이런 죄인을 위해 몸 버려 피 흘려 죽으신 주님,

그 놀라운 사랑에 가슴이 저며 옵니다.

나는 그리스도인이면서 세상 사람들처럼 세상 욕심, 세상 재물, 세상 명예, 세상 자랑, 이런 것들만을 추구하며 살아왔다. 그러다 보니 죄 짓고, 넘어지고, 낭패당하고, 온갖 근심, 걱정에 휩싸였다. 그동안 내가 살아온 삶을 돌이켜 보았을 때 나는 이런 고백밖에는 할 수가 없었다. 이제는 주님의 나라와 주님의 의를 구하며 살아야겠다.

나는 내가 겪은 3가지의 사건을 통해서 주님을 바라보아야 인생의 모든 문제가 해결된다는 사실을 다시 깨달았다. 주님을 떠나면 그 순간 절망과 고통뿐이니 주님께 붙어만 있으면 된다. "너희는 먼저 그의 나라와 그의 의를 구하라 그리하면 이 모든 것을 너희에게 더하시리라"(마 6:33)는 말씀이 생각난다.

'주여, 저의 모든 문제를 주님께 올려드립니다. 주여, 패역하고 무능한 저에게 맡겨두지 마시고 주님께서 도와주시옵소서.'

나는 성 어거스틴이 고백한 것처럼 주 예수 그리스도의 은혜가 없이는 도저히 가망이 없는 사람이다. 하나님의 말씀을 믿지도 않고 순종하지도 않았던 자에게 예수님을 믿게 하시고, 행함도 부족한 자에게 주의 일에 동참하게 하신 그 놀라운 은혜를 이 패역한 육신으로 다 감당하기 어려워 눈물만 흘릴 뿐이다. 나는 1기, 2기 두 담임목사의 겸손한 태도와 자기를 부인하는 모습을 보면서 나를 돌아보았다. 그리고 하나님께 기도를 드렸다.

주님!
주님은 제가 악한 것을 아시지 않습니까?
한두 가지가 아니잖아요?
어찌해야 좋겠습니까?
통회, 자복하는 수밖에 없겠나이다.

악하고 음란한 나를 축복의 통로 안디옥교회로 불러주셔서 신앙생활 할 수 있도록 도우신 하나님의 은혜에 감격할 따름이다.

〈기도3〉(이 책 집필 중 어느 새벽에, '안디옥신앙' 자랑하지 말라는 주님 주신 감동에 순종하고 싶은 마음으로)

주여!

'순교자'들이 우상이 되지 않게 하옵소서.

'믿음의 선진들'이 우상이 되지 않게 하옵소서.

오직 주님의 발자취만을 따르기 원합니다.

순교자들과 믿음의 선진들의 신앙을 본받되

주님의 이름만 높아지기를 원합니다.

만군의 여호와여,

주는 높임을 받으시기에 합당하십니다.

1 이동휘,《천국은 가득차고 지옥은 텅텅 비어라》, 도서출판 바울선교회, 2009, p. 105.

2 이동휘,《일명 깡통 교회 이야기》, 도서출판 두란노, 1996, p. 176.

3 이동휘,《천국은 가득차고 지옥은 텅텅 비어라》, 도서출판 바울선교회, 2009, p. 197.

4 이동휘,《일명 깡통 교회 이야기》, 도서출판 두란노, 1996, p. 108

5 이동휘,《불편하게 삽시다 선교하며 삽시다》, 도서출판 바울선교회, 2008, p. 78.

6 이동휘,《천국은 가득차고 지옥은 텅텅 비어라》, 도서출판 바울선교회, 2009, pp. 16~17.

7 1944. 5. 8 부산에 있는 부인 정양순 여사에게 쓴 손양원 목사의 편지에서

8 김학중,《주기철》, 넥서스CROSS, 2010.

9 주기철, KIATS 역,《주기철》, 홍성사, 2008.

10 안용준,《사랑의 원자탄》, 성관문화사, 2009.

11 손동희,《사랑의 순교자 손양원 목사 옥중 목회》, 보이스사, 2000, p. 143.

12 손동희,《사랑의 순교자 손양원 목사 옥중 목회》, 보이스사, 2000.

13 손동희,《사랑의 순교자 손양원 목사 옥중 목회》, 보이스사, 2000, p. 48

14 손동희,《사랑의 순교자 손양원 목사 옥중 목회》, 보이스사, 2000, p. 55

15 이동휘,《불편하게 삽시다 선교하며 삽시다》, 도서출판 바울선교회, 2008, p. 157.

16 이 목사 홈페이지 방명록에서 '사랑 가득'이라는 필명의 성도가 쓴 글.

17 이동휘,《일명 깡통 교회 이야기》, 도서출판 두란노, 1996, p. 197.

18 이동휘,《천국은 가득차고 지옥은 텅텅 비어라》, 도서출판 바울선교회, 2009, p. 46.

19 국민일보 2010. 6. 10자 쿠키뉴스에서

20 이동휘,《일명 깡통 교회 이야기》, 도서출판 두란노, 1996, p. 116.

21 이동휘,《일명 깡통 교회 이야기》, 도서출판 두란노, 1996, pp. 118~119.

22 손양원 목사의 애양원을 위한 기도 중에서

23 이동휘,《천국은 가득차고 지옥은 텅텅 비어라》, 도서출판 바울선교회, 2009, p. 119.

24 이동휘,《불편하게 삽시다 선교하며 삽시다》, 도서출판 바울선교회, 2008, p. 172.

25 이동휘,《천국은 가득차고 지옥은 텅텅 비어라》, 도서출판 바울선교회, 2009, p. 119.